Die Yanomami-Indianer leben am Oberlauf des Orinoco in kleinen nomadisierenden Gruppen. Dort, wo sie sich für einige Zeit niederlassen, bauen sie ein ringförmiges Schutzdach, unter dem die Gruppe zusammenlebt. Dieses zur Mitte hin offene Dach bildet mit den bei den Hängematten brennenden Feuern die Grenze des Dorfplatzes, den Kreis der Feuer, die Szenerie für Alltag und Spiel, für die Leidenschaften der Liebe und der Kriegszüge, für die magischen Praktiken der Schamanen und die rituelle Zubereitung des Pfeilgiftes Curare.

J. Lizot konnte das extreme Mißtrauen dieser Indianer gegenüber Fremden – Weißen wie Angehörigen anderer Stämme – überwinden. Er erzählt das Leben des Stammes – ohne dabei weder die Härte und Grausamkeit dieser Kultur besonders zu betonen noch auch die »positiven« Eigenschaften der Indianer: den Reichtum ihres sozialen Lebens, die Freizügigkeit ihrer Moral und die Komplexität ihres religiösen Universums. Das Buch beschönigt weder das eine noch das andere.

Dieser Bericht ist keine am Schreibtisch ausgearbeitete Fassung einer ethnologischen Feldforschung. Der Autor lebt seit Jahren bei den Yanomami im tropischen Regenwald Venezuelas; das Buch ist dort entstanden.

Der Autor Jacques Lizot ist Anthropologe und lebt seit 12 Jahren bei den Yanomami.

Jacques Lizot
Im Kreis der Feuer

Aus dem Leben der Yanomami-Indianer

Aus dem Französischen von Eva Moldenhauer

Syndikat

Titel der französischen Originalausgabe: *Le cercle des feux*.
© Editions du Seuil, Paris, 1976.

CIP-Kurztitelaufnahme der Deutschen Bibliothek

Lizot, Jacques:
Im Kreis der Feuer : aus d. Leben d. Yanomami-
Indianer / Jacques Lizot. Aus d. Franz. von
Eva Moldenhauer. – Frankfurt am Main : Syndikat,
1982.
    Einheitssacht.: Le cercle des feux <dt.>
    ISBN 3-8108-0200-X

© der deutschen Ausgabe
Syndikat Autoren- und Verlagsgesellschaft, Frankfurt am Main 1982
Alle Rechte vorbehalten
Umschlag nach Entwürfen von Rambow, Lienemeyer, van de Sand
Motiv: Kremonawe im Festschmuck
Produktion: Klaus Langhoff, Friedrichsdorf
Reproduktion: Reprotechnik D. Wörn, Frankfurt am Main
Gesamtherstellung: Georg Wagner KG, Nördlingen
Printed in Germany
ISBN 3-8108-0200-X

Inhalt

Vorwort zur englischen Ausgabe 7
Prolog 11

I
ALLTAG IM GROSSEN HAUS 19

1 Asche und Tränen 21
2 Liebesgeschichten 49
3 Aus dem Leben der Frauen 89

II
DIE MAGISCHEN MÄCHTE 123

1 Der Weg der Geister 125
2 Die Zauber 152
3 Die Seelenfresser 176

III
KRIEG UND BÜNDNIS 195

1 Die Jagd 197
2 Der Pakt 219

Geographische Karte 256
Anmerkung zur Transkription 257
Glossar 258
Weitere Werke über die Yanomami 263

Vorwort zur englischen Ausgabe

Nicht immer zu Unrecht wirft der gebildete Leser dem Sozialanthropologen seinen übertriebenen Hermetismus vor. Auch wenn wir zu bedenken geben, daß jede wissenschaftliche Disziplin ein eigenes Vokabular, bestimmte Regeln und eine besondere Methodologie benötigt, um sich ausdrücken zu können, müssen wir doch einräumen, daß in den Wissenschaften vom Menschen im allgemeinen unnötiger Mißbrauch bei der Verwendung von Jargons getrieben wurde. Ohne an Strenge zu verlieren, werden wir uns jetzt vielleicht um größere Klarheit bemühen müssen: die Ethnologie ist, häufig ganz unnötigerweise, abweisend und undurchsichtig, mehr und mehr nur den Spezialisten vorbehalten, für den Laien entmutigend.

Eine solche Situation ist bedauerlich. In einer Zeit, wo die letzten Primitiven von der Ausrottung bedroht sind – etwas vorschnell sagen einige sogar, daß es keine primitiven Gesellschaften mehr gibt, und in Brasilien hat die Regierung die Deportation und Konzentration der Yanomami vorgesehen –, müßte sich der Ethnologe, notfalls vorübergehend, zum Sprecher und Verteidiger der Völker machen, bei denen er sich aufhält; es müßte seine Pflicht sein, die Mitglieder seiner eigenen Gesellschaft zu unterrichten und zu informieren, ihnen mit verständlichen Worten zu zeigen, welche unschätzbaren Werte für immer zerstört werden. Ja, das Leben der »Wilden« verdient es, gelebt zu werden: es ist soviel wert wie das unsere, nicht mehr und nicht weniger. Bei den »Primitiven« in die Schule zu gehen heißt nicht, sie um jeden Preis nachahmen oder zu einer Lebensweise zurückkehren zu wollen, zu der wir vielleicht nicht mehr fähig sind; es heißt vielmehr, Respekt zu lernen und eine Lehre zu ziehen, die sich als heilsam erweisen könnte in einem Augenblick, da unsere eigene Zivilisation – *die* Zivilisation, wie wir sie gerne nennen – mit Schwierigkeiten zu kämpfen hat, die ihr eines Tages zum Verhängnis werden könnten.

Das vorliegende Buch wurde im Jahre 1975 im Feld geschrieben, in meinem Lager in Tayari, mitten unter den Indianern; es ist das Ergebnis von sechs Jahren, in denen ich fast ständig das Leben der

Vorwort zur englischen Ausgabe

Yanomami-Indianer aus Venezuala geteilt habe. Es versucht, einem dreifachen Anspruch gerecht zu werden: zum einen, das materielle, gesellschaftliche und religiöse Leben einer noch ganz traditionsgebundenen amerikanisch-indianischen Gesellschaft peinlich genau zu beschreiben und dabei die soziologische Interpretation, die meist nur eine Anregung ist, auf ein Minimum zu beschränken; zum anderen, von den Indianern und nur von ihnen zu sprechen; und schließlich, ein Bild zu entwerfen, das so lebendig wie möglich ist, vielfältige Facetten aufweist, reichhaltige ethnographische Informationen liefert und in klarer Sprache ausgedrückt ist. Natürlich hätte ich auch auf meine eigene Lebenserfahrung bei den Indianern eingehen können, aber aus rein persönlichen Gründen wollte ich über anderes sprechen: ich bin noch nicht imstande, über den furchtbaren Schock zu reden, der diese Erfahrung für mich gewesen ist, und über den Preis, den ich bezahlen mußte, um mit einer Zivilisation vertraut zu werden, die sich so grundlegend von der meinen unterscheidet; vielleicht werde ich niemals dazu imstande sein, solange ich an für mich sehr schmerzvolle Dinge würde rühren müssen. Es klafft hier eine Wunde, die sich erst wieder schließen muß. Außerdem ist die Introspektion, der sich der Feldforscher hingibt, nur selten ein glückliches Unternehmen, und als Reaktion auf vor allem in Frankreich begangene Exzesse wollte ich soweit irgend möglich in den Hintergrund treten. Tatsache bleibt jedoch – das liegt auf der Hand –, daß ich es bin, der beobachtet, erzählt und beschreibt, der den Bericht organisiert; dieselben Ereignisse hätten eine ganz andere Wendung erhalten können, wenn ein anderer sie beobachtet und erzählt hätte. Die Objektivität ist immer relativ.

Weil ich das Leben der Yanomami lange Zeit geteilt habe, konnte ich den Bericht in gewisser Weise und bis zu einem gewissen Grad aus dem Innern ihrer Kultur selbst entwickeln. Somit ist der Leser unmittelbarer Betrachter, er bildet sich seine Meinung anhand der Gefühle, die er empfindet. Ein derartiges Buch kommt natürlich ohne Anmerkungen und ohne Quellenangaben aus, es führt nur vor, was ich gesehen und gehört habe, was mir gesagt worden ist, was ich mir verdeutlichen ließ. Während meines langen Aufenthalts konnte ich mit diesen Männern und Frauen freundschaftliche Beziehungen knüpfen und ihr Vertrauen gewinnen; bei den meisten berichteten Liebesgeschichten war ich der Vermittler, manchmal habe ich Kupplerdienste

Vorwort zur englischen Ausgabe

geleistet. Alle ethnographischen Details, alle Glaubensvorstellungen sind eingehend überprüft worden, und selbst heute, vier Jahre nach der Abfassung des Buchs, finde ich nichts Wichtiges daran zu verändern. Ich war unmittelbarer Zeuge der meisten erwähnten Ereignisse; die Gespräche, Erinnerungen und vertraulichen Mitteilungen habe ich, gleich nachdem ich sie gehört hatte, aus dem Gedächtnis protokolliert, oder sofort transkribiert, oder auch auf Band aufgenommen, wie z. B. die Initation des Schamanen und die darauf folgenden Träume und Dialoge. Die zuweilen sehr persönlichen oder affektgeladenen Deutungen der Protagonisten habe ich weder korrigiert noch verändert: die Art, wie ein Vorfall oder eine Geschichte dargestellt und nach eigenem Geschmack arrangiert wird, ist eine Form der ethnographischen Wirklichkeit. Ebenso habe ich es abgelehnt, die Brüche, die hin und wieder im Fluß der Erzählung auftauchen, durch irgendwelche sprachlichen Kunstgriffe zu überbrücken; diese Lebenssequenzen können den Eindruck vermitteln – ohne daß dem Leser daraus ein Nachteil erwächst –, als seien sie mit dem indiskreten und notwendig selektiven Auge einer Kamera aufgenommen, eine Situation, die der Stellung jedweden Beobachters entspricht, der immer nur ein unvollkommenes Bild des Gemeinschaftslebens einfängt.

Ich wünsche mir, daß mein Buch dazu beiträgt, die allzu übertriebene Vorstellung zu revidieren, die man sich von der Gewalt der Yanomami gemacht hat. Die Yanomami sind Krieger, sie können brutal und grausam sein, aber auch zartfühlend, sensibel und liebenswürdig. Die Gewalt ist nur sporadisch, niemals beherrscht sie das gesellschaftliche Leben für lange Zeit, zwischen zwei Ausbrüchen liegen häufig lange Augenblicke der Ruhe und des Friedens. Wenn man die Gesellschaften der Ebenen Nordamerikas oder die Gesellschaften aus dem südamerikanischen Chaco kennt, dann kann man nicht sagen, daß die Yanomami-Kultur um den Krieg kreist. Diese Indianer sind weder gute noch böse Wilde: es sind Menschen.

Tayari, 17. Juni 1979.

Prolog

Der Fremde hatte sich auf den Weg gemacht. Er hatte erklärt:
»Mutter, ich gehe das Wildschwein jagen.«
»Geh nur, mein Sohn, und töte viele von ihnen.«
Er hatte mehrere kleine Bambuspfeile zugespitzt und sie mit Curare bestrichen, dann war er zu einem steilen Felsen gegangen, der »Fels der Frau, die ihre Regel hat« hieß. Dort hatte er einen hohlen Stengel abgeschnitten, um ein Blasrohr anzufertigen; dieses, aus einem sehr weichen Stengel gemacht, war offensichtlich nicht geschaffen, um zu dauern.

Als er fertig war, drang er in den Wald und lief eine Weile, bis seine Aufmerksamkeit von dumpfen Schlägen geweckt wurde. Er ging auf das Geräusch zu und schlich sich an einen Yanomami heran, der die Schale von wilden Früchten, die er neben sich angehäuft hatte, gegen eine große Wurzel schlug. Der Fremde hielt sich im Wald verborgen; lange lag er auf der Lauer, bevor er einen Pfeil in sein Blasrohr steckte. Der kleine Pfeil schwirrte ab und bohrte sich in das Auge des Indianers. Der Mörder wartete, bis sein Opfer tot war, und lud es dann auf seine Schultern.

Seine Mutter war schwanger. Als sie ihn zurückkehren sah, mit schwerfälligen Schritten wegen der Last, die er trug, jauchzte sie:
»Oh, mein Sohn hat ein Wildschwein getötet.«
Sie freute sich: für ihr Leben gern aß sie Menschenfleisch. Sie zerteilten den Körper und kochten ihn. Ein kleiner Junge lebte bei ihnen, keiner wußte, woher er kam. Als das Fleisch gar war, aßen sie gierig, bis sie satt waren, und bald blieben nur noch die Knochen übrig, die, als sie nach draußen geworfen wurden, einen seltsamen Ton von sich gaben. Es klang etwa wie: *tererere* . . . Man hörte es in der ganzen Nachbarschaft.

Unterdessen beunruhigten sich die Yanomami in dem großen Rundhaus über eine Abwesenheit, die sich so ungewohnt in die Länge zog. Sie verdächtigten den Jaguar, als sie sich aufmachten, ihren Gefährten zu suchen. Ihre Suche war zunächst fruchtlos, dann entdeckten sie

Prolog

Spuren: frische Bruchstellen an Sträuchern, Fußspuren, verstreute Schalen und liegengelassene Früchte. Sie sahen auch andere Zeichen: die des Mörders. Diese gruben sich tief in den Boden ein, wo er weich war. Sie folgten ihnen und gelangten zur Wohnstätte der Fremden. Der Knochenhaufen erfüllte sie mit Schrecken; plötzlich begriffen sie, welches Schicksal ihren Gefährten erteilt hatte. Sie machten sich zum Kampf bereit, befestigten lanzenförmige Spitzen am Ende ihrer Pfeile und schwärmten aus. Der Fremde verteidigte sich mit seinem Blasrohr; seine kleinen Pfeile klapperten, wenn er sie abschoß. Die anderen töteten ihn und drangen bei ihm ein. Als die Frau sie erblickte, wurde sie wahnsinnig vor Wut, sie riß sich ihre Ketten vom Hals, und deren Teile bedeckten den Boden.

Einer von ihnen nahm die Fremde zur Frau. Der Knabe wurde adoptiert und wuchs bei ihnen auf, so daß sie ihn schließlich als einen der Ihren betrachteten. Eines Tages sagte der Junge, er wolle Feuersteine holen; er bat, daß ein kleiner Yanomami ihn begleite: er hatte die Absicht, ihn zu fressen, wenn sie weit weg wären. Die Knaben gingen zu der Stelle, wo sich die Feuersteine befanden, und begannen, sie auszugraben. Mit einem von ihnen, der sehr scharf war, schlug der Knabe dann mit aller Kraft auf den Kopf seines Gefährten ein und tötete ihn. Er zerlegte den Körper in kleine Stücke, kochte sie in Blättern und kehrte erst dann in das große Gemeinschaftshaus zurück, als er alles aufgegessen hatte. Er war satt von Menschenfleisch. Als die Mutter des Kindes sah, daß er allein zurückkam, fragte sie:

»Wo ist mein Sohn?«

Der junge Fremde schwieg. Statt einer Antwort klopfte er mit dem Zeigefinger an den Rand seiner Schneidezähne. Zuerst mißtrauten sie dem Augenschein. Einige erwachsene Männer forderten ihn auf, sie zum Ort der Schandtat zu führen. Dort fanden sie erloschene Scheite, verkohlte Blätter und schaurige Überreste. Voll Kummer und Zorn schlug der Vater des Opfers dem kleinen Fremden den Kopf ab.

Diese Erzählung gibt Aufschluß über die Vorstellung, die die Yanomami von ihren Nachbarn und allgemein von Fremden haben – ob Indianer oder Weiße –, die man häufig des Verbrechens des Kannibalismus bezichtigt. Der Ethnozentrismus, der unseren Studien so abträglich ist und dem wir nur mit großer Mühe entgehen, ist keineswegs eine Besonderheit der technifizierten, von ihrer angeblichen

Prolog

Überlegenheit durchdrungenen Gesellschaften: fast überall findet man Spuren davon, sofern man bereit ist, sie zu erkennen. Um fortzudauern und jene innere Logik zu bewahren, die es ihr erlaubt zu existieren, hat jede Zivilisation das Bedürfnis, sich aufzuwerten und somit ihre Nachbarn mehr oder weniger herabzusetzen. Vielleicht ist darin die Ursache dieses fast universellen Gefühls zu sehen. Letztlich brauchte eine ethnische Gruppe, die sich von den anderen ein allzu schmeichelhaftes Bild machte, nur die nötigen Veränderungen vorzunehmen, um einen unerträglichen Widerspruch zu beseitigen. Was man Akkulturation nennt, hat zuweilen keinen anderen Ursprung.

Leichter verständlich ist die Neigung ethnischer Gruppen, sich selbst mit einem Wort zu bezeichnen, das in ihrer Sprache ganz einfach Mensch, Volk oder Ähnliches bedeutet. Genau das ist der Sinn des Wortes »*yanomami*«. Die Ethnie ist der Mittelpunkt des menschlichen Universums, sie ist die Menschheit schlechthin, um die notwendig alles kreisen muß. Für einen Yanomami ist alles, was nicht zu seiner eigenen soziokulturellen Welt gehört, zwangsläufig fremd, *nabë*. Die Wörter *yanomami* und *nabë* bilden sowohl ein Paar wie einen Gegensatz. Die *nabë* sind zunächst die Indianer der anderen Ethnien, aber auch die Kreolen und die Weißen, die alle in ein und dieselbe Kategorie der Wesen fallen, die keine Beachtung verdienen; ferner sind es die Feinde, denn tatsächlich ist der Fremde ein potentieller Feind, gerade gut genug, um zu stehlen und anzugreifen, ein Gegenstand des Gespötts, auf den Rang eines verachteten und gleichzeitig gefürchteten Untermenschen herabgewürdigt, der schwärzesten Missetaten schuldig.

Es ist nur folgerichtig, daß die Yanomami die Fremden, die Weißen, einer Tat bezichtigen, die für sie eine wahre Greueltat, ein abscheuliches Verbrechen darstellt: Menschenfleisch zu essen. Ihr religiöses Denken und ihr mythisches Universum sind voll von dieser ständigen Bedrohung, diesem beängstigenden Schatten: der realen oder symbolischen Anthropophagie. Für die Yanomami ist jeder Tod ein kannibalischer Akt, er tritt ein, wenn die Seele von einem übernatürlichen Wesen oder von einem menschlichen Wesen gefressen worden ist.

Die Erzählung, die diese Kommentare einleitet, entspringt ganz offensichtlich der Ideologie: sie ist ein Produkt der Einbildungskraft, auch wenn einige ihrer Elemente übertragen sein mögen. Es ist nun interessant zu erfahren, wie dieselben Indianer ein historisches Ereignis interpretieren, mit dem sie konfrontiert waren.

Prolog

Die folgende Geschichte spielt zwischen den Jahren 1940 und 1945. Mehrere Gemeinschaften der heutigen zentralen Yanomami, von zahlreichen und unternehmenden Feinden zurückgedrängt, hatten sich vor kurzem in der Nähe des »Regenflusses« niedergelassen, unweit der Shitoya-Stromschnelle, an einem Ort namens T^{h}orabe. Genau an dieser Stelle hört der Fluß auf, schiffbar zu sein.

»Keiner weiß, woher die Weißen kamen. Sie waren in großen Einbäumen die Strömung hinaufgefahren und von den Felsen aufgehalten worden. Lange waren sie gefahren, um bis dorthin zu gelangen: sie trieben ihre Boote vorwärts, indem sie ruderten und sich auf Stangen stützten, die sie in den Sand stießen. Sie ließen sich direkt am Ufer nieder, schlugen eine ziemlich große Lichtung und bauten ein rechteckiges Haus mit einem doppelten Dach. Sie waren gekommen, um den Latex aus den Gummibäumen zu zapfen, und fingen an, den umliegenden Wald auszubeuten. Sie hatten riesige Töpfe, unter denen ständig ein Feuer brannte.

Als wir von ihrer Ankunft erfuhren, erschraken wir sehr und hielten uns abseits; aber da wir schrecklich neugierig waren, faßten wir uns ein Herz: wir beobachteten sie durch das Laubwerk. Damals hatten wir noch keine metallenen Äxte, nur einige von uns besaßen ein paar schäbige Machetenstücke, die mit einer Bogensehne an einem Holzschaft befestigt waren. Die Fremden dagegen benutzten Macheten, Äxte und Messer: so viele hatten wir noch nie gesehen. Sie hatten auch große Hunde, die uns Angst machten, die wir jedoch gern für uns gehabt hätten. Eines Tages beschlossen die mutigsten von uns, die Weißen zu besuchen. Die ersten Begegnungen waren freundschaftlich; trotz der vielen Dinge, die wir heiß begehrten, wagten wir zuerst nicht zu stehlen. Wir tauschten Früchte und Maniok aus und warfen, in ehrfürchtiger Entfernung von den großen Kesseln kauernd, in denen der Latex brodelt, Holzstücke und Erdklumpen gegen die Wände der Töpfe, und sie gaben ein schauerliches Geräusch von sich: *tin, tin* ... Aus den Kesseln stieg ein beängstigender Rauch: er würde die *shawara*-Dämonen hervorbringen, die in die Körper eindringen und ihnen Schmerz bereiten, Krankheit und bald den Tod verursachen, wenn die Schamanen nicht imstande sind, sie aus ihm zu vertreiben. Mehrere unserer Kinder starben, und wir wußten, daß es wegen der Töpfe und der Weißen geschah.

Einige Zeit später tat Karinahusi so, als wolle er seinen Sohn

Prolog

Shinanokawë gegen einen großen Hund tauschen, den die Weißen ihm anboten. Das Tier war wirklich begehrenswert: es war groß und hochbeinig, seine Wamme hing tief herab. Damals hatten wir fast keine Hunde, und keiner von denen, die wir besaßen, ließ sich mit diesem herrlichen Tier vergleichen. Die Fremden hatten uns zu verstehen gegeben, daß sie Shinanokawë für ihr Gewerbe verwenden wollten. Als der Tausch erfolgte, hatten Vater und Sohn sich abgesprochen: sobald es Nacht geworden wäre, sollte Shinanokawë davonlaufen. Das fiel ihm nicht schwer: er wartete, bis seine Herren schliefen, schlüpfte in den Wald und blieb bis zum Morgengrauen niedergekauert, etwas beunruhigt bei dem Gedanken, daß ein Jaguar in der Gegend herumschleichen könnte. Dann ging er zu den Seinen zurück.

Nach diesem Betrug hielten wir uns fern, da wir uns vor der Vergeltung fürchteten, aber wir hörten nicht auf, an die metallenen Werkzeuge zu denken, und hatten den Plan nicht aufgegeben, sie uns durch irgendeine List anzueignen. Wir ließen einige Zeit verstreichen, bevor wir wieder im Lager der Weißen auftauchten, um zu sehen, wie sie reagieren würden. Als sie uns erblickten, schienen sie über den bösen Streich, den wir ihnen gespielt hatten, nicht verärgert zu sein. Wir kamen zu dem Schluß, daß sie mit ihren Gütern knausrig waren, und das erboste uns. Schon in der Nacht hatten einflußreiche Männer und gefürchtete Krieger lange mit uns gesprochen und uns zum Stehlen angespornt: sie sagten, wir sollten keine Angst vor diesen paar lausigen Fremden haben. Und außerdem verursachten die schändlichen Töpfe den Tod.

Eine Gruppe von Besuchern kam aus Wëtanami an; wir waren Verwandte und Verbündete und hatten in derselben Wohnstatt gelebt; wir hatten uns wegen eines Streits um Frauen getrennt. Wir gingen immer nach Wëtanami, um die Tongefäße zu holen, in denen wir unsere Nahrung kochten; in der Nähe dieses Orts gibt es feine Tonerde. Die Anwesenheit der Besucher nutzend, beschlossen ein paar junge Männer eine Expedition mit dem Ziel, die Weißen zu berauben; einige spornten sie mit ihren Worten an, andere warnten sie: sie hörten nur auf die Ermunterungen und schlugen die Mahnungen zur Vorsicht in den Wind. Trotz meines jungen Alters – ich war noch ein Kind – schloß ich mich ihnen an. Als wir bei der Wohnung der *nabë* angekommen waren, hatte ich so große Angst, daß ich mich abseits hielt. Die Weißen sprachen in ihrer Sprache zu uns, wir antworteten in der unseren, und

Prolog

man verstand einander kaum. Ein Fremder bemerkte mich und kam auf mich zu: panischer Schrecken befiel mich, und ich war nahe daran, Reißaus zu nehmen.

Meine Gefährten beeilten sich nicht, um das Mißtrauen der Weißen einzuschläfern. Wir hatten grüne Plátano, Mehlbananen, mitgebracht und rösteten sie auf der Glut. Wir hatten einen Felssplitter im Wald versteckt, um die gestohlenen Macheten zu schärfen. Während die Fremden ihren Beschäftigungen nachgingen und nicht mehr auf uns achteten, entwendeten wir metallene Geräte und vergruben sie nahe am Ufer im Wasser unter dem Flußsand; es war Trockenzeit, und das Wasser stand niedrig. Mein älterer Bruder gab mir ein Zeichen und sagte zu mir:

›Gehen wir, ich habe eine Machete. Bleiben wir nicht länger: ich habe Angst.‹

Die Leute aus Wẽtanami hatten Kleider genommen, das war zu auffällig, die Weißen merkten es und verlangten, daß man die Dinge zurückgebe. Als wir uns weigerten, zog einer von ihnen eine Pistole und schoß auf einen Unvorsichtigen, der sich verspätet hatte. Er starb nicht, aber sein Oberarmknochen wurde zersplittert: der verwundete Arm hing schlaff herab, ganz verdreht. Verstört rannten wir zu unserem Haus:

›Wir sind von den Fremden angegriffen worden!‹

Die Männer reifen Alters waren zornig und wollten sich sofort rächen.

Der Mond starb. Ein anderer ›setzte sich‹ auf den Himmel. Eines Morgens ging ein junger Mann auf die Jagd. Es war die Zeit, da die männlichen Mutum nachts und frühmorgens ihr eintöniges Lied hören lassen, mit dem sie die Weibchen anlocken: sie ›weinen‹, und ihre Klage zieht die Jäger an; diese stellen sich dort auf, wo die Vögel sitzen, und warten, bis der Tag anbricht, um sie zu töten. Der Jäger brach also auf; es war dunkel, und er schwenkte ein Bündel brennender Scheite, um sich Licht zu machen. Manchmal blieb er stehen, um das Feuer zu schüren und auf die Geräusche zu lauschen. Er hörte keinen Mutum ›weinen‹, doch bei Morgengrauen stieß er auf die Weißen. Da diese ihn nicht bemerkt hatten, legte er sich hinter einen Baum auf die Lauer und schoß einen Pfeil mit Harpunenspitze ab, der die Kehle eines *nabë* durchbohrte. Als er nach Hause kam, ganz außer Atem, denn er war in einem Stück gerannt, rief er:

Prolog

›Ich habe einen Feind mit dem Pfeil getroffen!‹
Bald darauf erbrach er Fett und Haare, und er schloß daraus, daß sein Opfer tot war und daß er seine Seele ›gegessen‹ hatte.
Später erfuhren wir, daß die Weißen abgereist waren; sie hatten sich von der Strömung treiben lassen und ihr Haus verlassen; man sah sie nie wieder. Der Arm des Verwundeten heilte nur langsam und blieb verkrüppelt. Noch heute kann man die Stelle erkennen, wo das Haus der *nabë* stand, Gras ist darauf gewachsen.«

Nach Shitoya, der letzten Stromschnelle, zieht der »Regenfluß« träge seine zahllosen Schleifen, bevor er mit dem Orinoko zusammenfließt. Zwanzig Jahre sind vergangen. T^{h}orabë hat den Namen Karohi angenommen und sich weiter flußabwärts niedergelassen, um den mörderischen Angriffen seiner Feinde zu entrinnen. Die Bewohner haben ihr Haus – sie nennen es *shabono* – am Ufer des Flusses auf einer Anhöhe errichtet, die es vor den Überschwemmungen schützt. Es ist ein großes, kreisförmiges Dach aus Holz und Blättern, unter dem sich sämtliche Haushalte verteilen und in dessen Mitte sich ein großer freier Platz befindet. Um die Wohnstätte herum liegen die Pflanzungen; dahinter bildet der Wald eine riesige wogende Fläche.

Erster Teil
ALLTAG IM GROSSEN HAUS

I
Asche und Tränen

Es ist noch nicht Tag. Der Fluß scheint stillzustehen. Nur einige Strudel bewegen die Oberfläche des Wassers. Ein leichter Nebel schwebt in trägen, fast reglosen Spiralen. Kein Lufthauch. Beim Nahen des Morgens hatte sich die Feuchtigkeit in dem dichten, übereinandergeschichteten Laubwerk niedergeschlagen: jetzt rinnt sie in dicken und lauten Tropfen herab wie gleichmäßiger Regen. Hier und dort stößt ein Tukan die kurzen Töne seines monotonen Gesangs aus. Die morgendliche Kühle ist schärfer geworden; die Indianer schüren die Feuer, Funkengarben sprühen bis zum Dach hinauf. Bald wird die Sonne am Horizont auftauchen und die Wipfel der höchsten Bäume beleuchten. Das große Rundhaus von Karohi erwacht langsam wieder zum Leben: Stimmen suchen einander, Kinder weinen, Hängematten schaukeln unter den Stößen der Körper.

Ohne aufzustehen, vollenden einige Männer die Pfeilspitzen aus Bambus, die sie am Vortag vorbereitet hatten. Denn heute früh wird Turaewë, der Schamane, das Curare herstellen: es darf also nicht an Spitzen fehlen. In dieser Nacht mußte man darauf verzichten, einander zu lieben. Sobald es hell geworden ist, wird es verboten sein, zu baden und zu essen, bis der Experte sein Werk beendet hat. Das Gift stellt Ansprüche; soll es wirksam sein, dann müssen Regeln beachtet werden.

Doch nun steht Turaewë auf. Es ist Zeit, wenn er sich nicht vom Sonnenaufgang überraschen lassen will. Rings um seine Handgelenke und seine Arme malt er mit Holzkohle einen Kreis. Damit die Kleinkinder von den schädlichen Ausdünstungen des Curare keinen plötzlichen und heftigen Durchfall bekommen, wickeln ihre Mütter ein breites Rindenband um ihre Lenden. Turaewë nimmt ein Paket ab, das unter dem Dach hängt. Die Hülle wird aufgerissen; sie enthält das Abgeschabte einer Schlingpflanze, das er auf Blätter schüttet. Der Schamane zieht ein paar Fasern aus seiner Hängematte, zündet sie an, hält sie an das Abgeschabte, das zuerst Feuer fängt, dann erlischt,

Asche und Tränen

sobald die Fasern verbrannt sind. Er muß die Operation mehrmals wiederholen, den Haufen wenden, bis er trocken genug ist, um von selbst zu brennen. Als Turaewë meint, daß die Masse genügend geröstet ist, setzt er sich hin; er legt die Rinde zwischen seine Handflächen, die er zwischen die Schenkel klemmt, um sie kräftiger reiben zu können; dabei spricht er die Versöhnungsformel:

> *kushë ha!*
> hin zur Himmelsscheibe
> wo der Blitz zuckt
> du, *shokoriwë,*
> schließe die Eichel deines Penis.
> *kushë ha! kushë ha!*

Denn es gilt, *shokoriwë,* den Tamandua-Geist, für sich zu gewinnen. Wenn er das Curare mit seinem Urin bespritzt, macht er das Gift wirkungslos.

Die Schlingpflanzenspäne sind zu Pulver zerrieben. Auf Geheiß des Schamanen bringt Hitisiwë das frische Abgeschabte einer anderen Schlingpflanze, die der junge Mann tags zuvor geerntet hatte; nachdem es rasch über dem Feuer getrocknet worden ist, wird es grob zerstoßen und mit dem vorherigen vermischt. Unterdessen formt Turaewë Blätter zu einem Trichter, den er mit der Mischung füllt, während Hitisiwë Wasser heiß macht. Der Trichter wird etwa fünfzehn Zentimeter über dem Boden an einem Gestell befestigt und das siedende Wasser mit einer Kalebasse in kleinen Gaben darübergegossen. Bald tropft aus dem unteren Teil des Trichters, an einer zu diesem Zweck belassenen Blattrippe entlang, eine kaffeeähnliche Flüssigkeit: das ist das Curare.

Nacheinander kommen die Männer herbei und schöpfen den Teil des Giftes, der ihnen zusteht. Dann kehren sie zu ihrem Platz zurück und machen sich daran, mit kleinen Pinseln aus weichen Fasern die Pfeilspitzen zu bestreichen, die sie dann über die Glut halten, damit die Flüssigkeit trocknet. Hebëwë klagt über Kopfschmerzen, sein Vater sieht darin einen Beweis für die Stärke des Giftes.

Hebëwë ist ein etwa fünfzehnjähriger Knabe. Trotz seiner Migräne – die er vielleicht schon wieder vergessen hat – scherzt er leise mit anderen Knaben seines Alters: übermäßiger Lärm schadet dem Curare. Alle versprechen jedem, der es hören will, daß sie die großen Feinde

Alltag im großen Haus

des Augenblicks ausrotten werden, die *mahekoto-t^{h}eri*. Das Yanomami-Curare ist vor allem für die Kriegszüge bestimmt, auch wenn es manchmal dazu dient, die großen Spinnenaffen zu töten. Die meisten Gruppen haben ihren eigenen Spezialisten für seine Herstellung, doch das Produkt, aus einer Pflanze gewonnen, die an ganz bestimmten Stellen vorkommt, ist Gegenstand eines schwunghaften Handels zwischen den verbündeten Gemeinschaften. Das Gift, das Turaewë verwendet, stammt vom oberen Flußlauf.

Am heutigen Tag sind die Männer so sehr von ihrer Arbeit in Anspruch genommen, daß sie es den Frauen überlassen, für Brennholz und Nahrung zu sorgen. Als die Krieger mit dem Bestreichen ihrer Pfeilspitzen fertig sind, verstauen sie sie sorgfältig in Köchern, die sie mit Tierhäuten luftdicht verschließen.

In der folgenden Nacht spürt Hitisiwë, daß das Fieber ihn packt, seine Glieder werden schwer, sein Bauch tut ihm weh. Alle schlafen. Er klagt nicht, und man achtet nicht auf ihn. Am Morgen will er aufstehen, aber ihm wird schwindlig, und er muß sich wieder hinlegen. Zwei Tage später hat der junge Mann einen bösen trockenen Husten. Er kann seinen Kopf nicht gerade halten und kaum noch sprechen. Ein älterer Bruder, diesmal beunruhigt, bittet Turaewë, etwas zu unternehmen. Da Hitisiwë weder stehen noch sitzen kann, wird für ihn eine Hängematte in der Nähe der Stelle angebracht, wo der Schamane die Halluzinogene einzuatmen pflegt.

Hebëwës Vater, Kaõmawë, und Shimoreiwë gesellen sich zu Turaewë. Es sind zwei unbedeutendere Schamanen, besonders Shimoreiwë, über den man sich heimlich lustig macht: ist es nicht seine Spezialität, Hunde zu behandeln? Auch einige Männer, die keine Schamanen sind, kommen herbei, als Zuschauer oder um am Schnupfen der Droge teilzunehmen. Sie setzen sich auf Scheite oder stützen ihre Fersen auf Holzstücke. Jeder Schamane läßt sich mit Hilfe eines Rohrs mehrere Dosen der Droge in die Nasenhöhlen blasen. Turaewës Augen füllen sich mit Tränen, bald steht er unter dem Einfluß der Substanzen. In Karohi ist er der weiseste und mächtigste Schamane, er wird die Heilbehandlung leiten. Schon beben seine Lippen, er ruft die *hekura* an, die Geister des Waldes, seine Gehilfen im Kampf gegen die Krankheiten. Es dauert nicht lange, bis die angerufenen *hekura* erscheinen. Turaewë ist kein gewöhnlicher Mensch mehr: er *ist hekura*

Asche und Tränen

und handelt entsprechend, er singt und tanzt vor dem Kranken, geht mit geschmeidigen und harmonischen Schritten auf einer geraden Linie vor und zurück: es ist der Weg der Geister, den er auf diese Weise beschreibt. Die Arme des Schamanen hängen bald nach unten, bald spreizen sie sich vom Körper ab oder vereinigen sich oben in der Vertikalen. Sein Gesang folgt dem Rhythmus seiner Schritte:

> *tokori*-Baum
> mit dessen Blättern
> wir, die *hekura*,
> unsere Körper bemalen.
> Du, großer weißer Tapir,
> großer silberner Tapir, den die Dämmerung verbirgt.
> *tokori*-Baum, deine zarten Blätter hängen über dem Wasser,
> dein Mund ist von weißem Flaum bedeckt,
> dein offener Mund mit dem weißen Flaum, aus dem der Wind bläst.

Turaewë erforscht das Gesicht des Kranken, entziffert es. Er will herausfinden, welches Übel ihn heimsucht und seine Gesundheit untergräbt, und er erblickt die garstigen schwarzen Bienen, die *shãki kë na,* die sich von Aas und Fäulnis nähren. Ihr widerwärtiger Honig hat die lebenswichtigen Organe und die Eingeweide des Kranken verklebt. Tausende von gefräßigen Kiefern machen sich daran, seine Seele zu fressen. Aufmerksam deutet Turaewë die Symptome; er erklärt die langsame, doch unerbittliche Arbeit der Insekten, die Wunden der Bisse, die Ausscheidungen des klebrigen Honigs, der sich ausbreitet, die inneren Organe umhüllt und bereits für die Taubheit des Kranken verantwortlich ist.

Nun, da das Übel benannt, definiert, geortet ist, kommt es darauf an, es unverzüglich zu bekämpfen und dazu den Beistand der größten und mächtigsten *hekura* zu erbitten, die allein helfen können, das Übel erfolgreich auszumerzen.

Turaewë hält seine Hände wie einen Schirm über die Augen und heftet den Blick auf eine senkrecht zu dem Kranken verlaufende Achse. Auf den Zehenspitzen stehend beobachtet er einen Punkt, der für einen Mann, der seiner Fähigkeiten ermangelt, unsichtbar ist. Plötzlich findet er, was er sucht, und ruft:

»Oh, du lächerliche Figur! Geist des Riesentatu, komm her zu mir!«

Alltag im großen Haus

Ringsum wird gelacht bei der Erwähnung des häßlichen Tiers. Aber der *hekura* beeilt sich nicht, er hat sein Felsenlager noch nicht verlassen. Turaewë wiederholt seine Beschwörung:
»Geist des Riesentatu, steig herab in mich!«
Als der *hekura* sich endlich einstellt, verkörpert der Schamane das Tier. Er nimmt seinen Tanz und seinen Gesang wieder auf:
»Ich bin der Geist des Riesentatu! Ich bin der Geist des Riesentatu!«
Er ist neben dem Kranken, er schiebt sich unter seine Lenden. Seine Krallen, seine mächtigen Gliedmaßen spüren den klebrigen Honig der schwarzen Bienen auf und werfen ihn weg, befreien die gefangenen Organe und den Körper von seinem Druck.

Kaōmawë hat den Geist eines Steines angerufen, der hart und scharf ist wie der Quarz, milchig wie Latex: es ist *kakuruwë,* der sägt, reißt, schneidet, zerfleischt und seine Kraft mit der schrecklichen Kraft des Riesentatu vereinigt. Als die zähflüssige Masse zerfetzt ist, legen die beiden Schamanen den Kranken auf die Erde, damit sie besser um ihn herumgehen können. Dann lösen sie den schlechten Honig ab, stoßen ihn in die Unterwelt, wo er ein Volk von merkwürdigen, kahlen Wesen, die *amahiri,* anstecken wird.

Als die drei Schamanen von dem heftigen Kampf, den sie ausgefochten haben, erschöpft sind, befehlen sie, daß man den Kranken zu seiner Feuerstelle zurückbringe.

Mit einer stillenden Frau schläft man nicht, die Übertretung dieses Verbots hat zur Folge, »ein Kind zu beschädigen«, wie der Ausdruck lautet. Man glaubt, daß eine neue Schwangerschaft für den Säugling verhängnisvoll wäre: er würde heftige Magenkrämpfe bekommen und sterben. Geschlechtsverkehr ist bis zur Entwöhnung untersagt, die nicht vor dem dritten Lebensjahr erfolgt, so daß die Geburten im allgemeinen drei Jahre auseinanderliegen. Was immer der tiefe und wahre Grund dieser Praxis sein mag, ihre Folgen verbinden sich mit denen des Kindesmords (der weniger häufig vorkommt, als man behauptet) und des Krieges, um das demographische Wachstum einzuschränken und in vernünftigen Grenzen zu halten. Man täusche sich jedoch nicht; die Indianer Südamerikas befanden sich zur Zeit der Eroberung in Expansion, und der Kontinent war bei weitem nicht jene riesige menschliche Einöde, die man sich so gerne vorgestellt hat. Noch

Asche und Tränen

vor knapp zwanzig Jahren war die Yanomami-Bevölkerung, der das unerhörte Privileg ihrer Isolierung zugute kam, im Wachstum begriffen, und man konnte die letzten Phasen ihrer territorialen Expansion im einzelnen verfolgen.

Kaōmawë träumt, er sei im Begriff, ein Kind zu beschädigen. Er will eine Frau lieben, die ein Neugeborenes stillt. Die Frau wehrt ab und will sich zurückziehen. Er fleht sie an:

»Geh nicht fort, wir werden uns nur ein einziges Mal paaren. Danach ziehe ich mich zurück.«

»Nein, mein Kind ist noch zu klein. Ich bin mit dem Blut der Entbindung beschmutzt.«

»Nur ein einziges Mal, laß es uns nur ein einziges Mal machen. Ich werde nicht wiederkommen.«

Und während er spricht, umfängt er die Taille der Frau mit seinen Schenkeln. Sie fleht:

»Führe nur das äußerste Ende deines Penis ein, stecke ihn nicht ganz hinein!«

Er kann sich nicht beherrschen: er dringt tief in sie ein und vollzieht den Koitus.

Dann nähert er sich einer anderen Frau, ihr Schamhügel ist stark behaart, ihr Teint ist hell, sie ist fleischig: eine Schönheit. Er legt sich neben sie, streichelt ihr Geschlecht und sagt:

»Lieben wir uns!«

»Dazu schätzen wir uns nicht genug.«

»Wir haben immer Achtung voreinander gehabt. Heute begehre ich dich.«

Er redet, fährt fort, ihren Schamhügel zu liebkosen, und fügt bald hinzu:

»Erlaubst du mir, daß ich deine Vulva anfasse? Mal sehen, ob du Lust empfindest.«

Sie antwortet nicht, lacht jedoch in ihre Hände, was einer Zustimmung gleichkommt. Er läßt seine Hand über ihr Geschlecht gleiten und fühlt die weiche Vulva unter seinen Fingern. Er denkt:

»Jetzt berühre ich eine Vulva, meine Finger werden übel riechen!«

Ein merkwürdiges Gefühl weckt ihn auf. Er öffnet die Augen und errät, daß es bald hell wird: eine leichte Brise kühlt die Luft, der Momot-Vogel läßt sein endloses *hutu, hutu* vernehmen. Er steht auf und begibt sich zum niederen Teil des Dachs, um zu urinieren. Er facht

Alltag im großen Haus

das Feuer an, und im Schein der Flammen sieht er, daß seine Hündin werfen wird. Er weckt Mabroma, seine Frau, um sie davon zu unterrichten. Obwohl Kerama schon vier Jahre alt ist, schläft sie noch bei ihrer Mutter, die das Kind nun behutsam von ihrem Körper löst, um es nicht aufzuwecken, als sie aus der Hängematte steigt. Sie wirft einen Blick auf das Tier, sammelt ein paar Blätter auf und schiebt sie darunter. Sie wollen bei dem Wurf dabeisein, werden sich jedoch bis zum Tag gedulden müssen. Spöttisch beobachten Hebëwë und Kremoanawë die Szene. Hebëwë höhnt:

»Das sind die Kleinen von Yēbiwë!«

Man feixt: Yēbiwë geht mit seinem Hund allein in den Wald, um ihn zu ficken.

Unterdessen kommt nach und nach die Plazenta heraus. Ganz leise wiederholt Mabroma, ohne müde zu werden:

»Es werden Männchen sein, es werden Männchen sein . . .«

Denn sie gibt Hunden den Vorzug. Dann stockt der langsame Austritt der Plazenta. Die Hündin verliert die Geduld und schickt sich an, aufzustehen; Mabroma schreit sie an:

»Drück, drück und bleib liegen!«

Schließlich werden drei Welpen geboren: zwei Weibchen und ein Männchen. Mabroma ist nur halb zufrieden.

Die ganze Familie geht hinaus in den Garten, um Bananen zu holen; die beiden Knaben tun es nicht in der Absicht, ihren Eltern zu helfen, auf diesen Gedanken kommen sie gar nicht, sondern um Zuckerrohr zu lutschen und nachzusehen, ob vielleicht eine Papaya reif ist. Als alle in das große Haus zurückkommen, stellen sie fest, daß die Hündin ihre Kleinen aufgefressen hat. Wütend verprügelt Mabroma das Tier und bindet ihm die Pfoten zusammen. Wie alle Yanomami-Hunde ist das arme Tier von erbärmlicher Magerkeit. Den ganzen Tag über wird es verfolgt. Mabromas Zorn wächst, je später es wird, so daß Schläge und Schmähungen bald nicht mehr genügen, den Verlust der Welpen wiedergutzumachen. Außer sich packt sie schließlich ein brennendes Holzscheit und legt es auf das Geschlecht des Tieres. Schmerzensgeheul, das Fleisch brutzelt und schwelt, einen ekelhaften Gestank verbreitend. Auf die Gefahr hin, gebissen zu werden, betrachtet die kleine Kerama neugierig die Wunde: sie zieht die Hinterpfoten auseinander und ruft belustigt:

»Ihre Vagina ist ganz gebraten!«

Asche und Tränen

Mißbilligend murmelt Hebëwë:
»Wenn ich sehe, wie grausam die Yanomami sind, wäre ich am liebsten weit weg von ihnen.«
Dabei ist er selbst nicht gerade zartfühlend und geht mit den Tieren nicht immer sanft um.

Die Hunde sind erst vor kurzem bei den Yanomami eingeführt worden. Als Karohi kurz nach 1940 in Shitoya lebte, gab es kaum mehr als ein oder zwei Hunde in jeder Gemeinschaft. Noch früher, zu Beginn des Jahrhunderts, als die Indianer in Husirawë wohnten, waren Hunde äußerst selten und gelangten erst nach einer langen Reise und dank dem komplizierten Spiel des wirtschaftlichen und matrimonialen Austauschs in eine bestimmte lokale Gruppe. Trotz seiner späten Ankunft wurde der Hund voll in das kulturelle System integriert; er ist das Haustier schlechthin; dennoch hat er keinen speziellen Namen, man bezeichnet ihn mit dem Wort *hiima,* das für jedes zahme Tier verwendet wird.

Die Indianer essen die Tiere nicht, die sie aufziehen, und wenn man ihnen die Möglichkeit einer solchen Handlung unterbreitet, behaupten sie, daß nur wahre Kannibalen dazu fähig seien; sollte ein solches Verbrechen begangen werden, so würde es dieselben übernatürlichen Strafen und dieselben Krankheiten nach sich ziehen, die einen Mörder heimsuchen würden, der vergäße, sich dem *unokai*-Ritual zu unterwerfen. Wie alle Indianer des Waldes haben auch die Yanomami zahme Tiere. Daß sie keine Haustiere haben, hat wahrscheinlich folgenden Grund: wozu eine Herde halten oder Viehzucht treiben, wenn es unmöglich ist, die daraus stammenden Tiere zu essen? Die aus der Hand des Menschen empfangene Nahrung ist der Operator, der den Übergang vom Naturzustand zum Kulturzustand ermöglicht, sie transzendiert die anfängliche Realität. Ein Neugeborenes, das noch nicht gestillt worden ist, hat noch keinen Status, es ist ein Ding im Übergang, noch nicht ganz Lebewesen, und man darf es töten, wenn es eine offenkundige angeborene Mißbildung aufweist oder wenn seine Eltern es nicht wollen; der Kindesmord wird unmöglich, sobald das Kind ein einziges Mal Muttermilch getrunken hat.

Noch mehr als die anderen Tiere ist der Hund ein kulturelles Tier; wie die Menschen trägt er einen Namen, wie sie hat er Anspruch auf schamanistische Behandlung, wie sie wird er verbrannt, wenn er ge-

Alltag im großen Haus

storben ist. Man begräbt seine Asche und ehrt ihn, wenn er ein guter Jäger war, mit einem kleinen Leichenschmaus. Die Yanomami lieben die Hunde; aber sie mißhandeln sie und geben ihnen wenig zu essen; allein ihre Existenz zählt.

Hebëwës Eltern haben immer Pech mit ihren Hunden gehabt. Früher besaßen sie einen mit Namen Irahikibowë. Sie waren stolz auf ihn: er war ein vortrefflicher Jagdgefährte, und keiner tat es ihm gleich, wenn es galt, einen Tapir aufzustöbern oder die Fährte eines Aguti zu verfolgen; er war flink und hatte eine gute Nase. Eines Tages ging Kaōmawë in Begleitung seines Bruders auf die Jagd. Der Hund setzte der Fährte eines Pekari nach; er bellte, und man erriet, daß er ihm dicht auf der Spur war, dann verstummte er plötzlich. Die beiden Brüder suchten ihn lange vergeblich. Als sie ihn fanden, war er tot. An den Fußspuren und den Überresten erkannten sie, daß der Hund, in die Verfolgung vertieft, in die Nähe eines Jaguar geraten war, der gerade einen Tamandua verspeiste. Das Raubtier hatte seine Beute fahren lassen, um sich auf das Haustier zu stürzen und es zu töten. Es war riesig, nach seinen Fußspuren und seinen Hauern zu urteilen – Hauer so groß wie Brasilnüsse, die eine glatte, tiefe, unheilbare Wunde in den Nacken des Hundes geschlagen hatten.

Die Jäger weinten und beschlossen, sich zu rächen. Zuerst errichteten sie eine Art Plattform in den niederen Zweigen eines Baumes, um sich hier auf die Lauer zu legen, dann befestigten sie die Überreste des Tamandua an einer Stange, denn sie dachten, das Raubtier werde zurückkehren und sich daran laben. Nach einer Weile tauchte der Jaguar auf, er fauchte gräßlich, sein Schwanz peitschte durch die Luft, und er hatte es auf den Körper des Hundes abgesehen. Kaōmawë spannte seinen *briki*-Bogen, der Pfeil schnellte ab, aber der Schuß ging daneben, und der Pfeil verlor sich in der Vegetation. Nun schoß der jüngere Bruder, die lanzenförmige Spitze bohrte sich in die Flanke des Tieres, das einen ungeheuren Sprung machte und im Unterholz verschwand, wo es unauffindbar blieb: die beiden Männer hätten ihm gern den Kopf abgeschlagen, um ihn auf dem Platz der Wohnstätte zu verbrennen und auf diese Weise die Zähne zu vernichten, die den Tod verursacht hatten. Bei ihrer Rückkehr verbrannten sie den Körper des Hundes, den sie mitgebracht hatten, und beerdigten die Asche hinter dem Haus. Sie hielten eine Zeremonie für ihn ab, mit Fleisch und gekochten Bananen.

Asche und Tränen

Eines Tages verkündete eine Frau, die aus dem Wald zurückkam: »Da hinten liegt ein Jaguar. Wir haben seine Knochen gefunden.«

Ein letztes Mal untersucht die kleine Kerama die »ganz gebratene Vagina« der unglücklichen Hündin, dann geht sie zu anderen Kindern, die auf dem Platz in der Mitte spielen. Es sind drei Knaben und ein Mädchen, Kerama ist die kleinste von allen. Die Kinder verspotten sich gegenseitig, sie beschuldigen einander, ein großes Arschloch zu haben. Jedes zeigt dem anderen, einen wie großen Anus es bei ihm vermutet. Zeigefinger und Daumen zusammen reichen nicht mehr aus, das Kaliber anzugeben, bald müssen die Arme herhalten. Als Haotoiwë keine Beweismittel mehr hat, reißt er sein Gesäß auseinander und schreit den anderen zu, die sich gegen ihn verbündet haben:
»Da, seht mein Arschloch, es furzt auf euch!«
Ein großer Schmetterling flattert vorbei; damit er nicht fortfliegt, sagt Kerama zu ihm:
»Schwiegermutter, Schwiegermutter, ich habe Durst!«
Das muß man sagen, wenn man Schmetterlinge fangen will. Unbekümmert entgleiten die buntgescheckten Flügel den gewandten Fingern des Kindes.
Plötzlich unterbrechen die Kinder ihr Spiel und die Erwachsenen ihre Gespräche, um Morayema zuzuhören, die sich mit ihrem Mann Mokaukawë zankt; sie schreit:
»Spiel du nur den Schlauberger und putz dich heraus! Wer wird dir Holz holen, wenn ich es nicht mehr tue? Nachts wirst du vor Kälte zittern und den anderen, die schlafen, heimlich Scheite stehlen. Du Schandmaul! Das Kind, das du mir gemacht hast, hat einen so großen Kopf, daß es mindestens zwei Gehirne haben muß.«
»Wenn es stirbt, wirst du jammern. Und sollte dieses Unglück eintreten, dann werde ich sagen: ›Sieh dir die Hängematte an, in der ich schlafe, sie starrt vor Dreck, weil du sie nie wäschst!‹«
»Dein Garten ist so klein, daß alle darüber lachen. Mein Mann und ich, wir müssen dich ernähren.«
»Du weißt, daß ich meine Parzelle nicht vergrößern kann, weil sie von denen der anderen umgeben ist.«
»Schlag doch eine neue Lichtung hinter dem Garten!«
Der Streit dauert an, er erschöpft sich in unendlich abgedroschenen Themen. Es ist nicht das erste Mal, daß Morayema und Mokaukawë

Alltag im großen Haus

sich zanken. Zusammen mit Shōnikiwë bilden sie einen polyandrischen Haushalt. Mokaukawë, der dank dem Entgegenkommen von Shōnikiwë, seinem älteren Bruder, Morayemas zweiter Mann ist, ist für immer dazu verurteilt, das Schicksal jener Heranwachsenden zu teilen, die bei ihren Schwiegereltern voreheliche Dienste ableisten. Denn der Status des Nebenmannes bringt die Verpflichtung mit sich, den Haushalt mit Wildbret zu versorgen und die verrufensten Arbeiten zu verrichten: dieselben, die die jungen Männer für die Eltern ihrer Frau leisten müssen. Aber Mokaukawë ist kein Jüngling mehr. Er hat seine eigene Feuerstelle und erhält von Morayema die gekochte Nahrung und das Brennholz. Seine Abhängigkeit und unsicherer Status zwingen ihn, um die Gunst einer Gattin zu betteln, die sie ihm geizig gewährt.

Die Yanomami lieben die Arbeit nicht sonderlich, aber Mokaukawë ist übermäßig faul, und diese Haltung, die zu seiner Natur gehört, gerät in Widerspruch zu den besonderen Verpflichtungen seines Standes; daher seine Gereiztheit, sein Groll und seine heftigen Auseinandersetzungen mit Morayema. Man erkennt ihm die Vaterschaft von Morayemas Knaben zu, ohne ihm deren Rechte oder die Möglichkeit einzuräumen, seinem Sohn die Zuneigung zuteil werden zu lassen, die er empfindet. Die Mutter, die das Kind manchmal sehr rüde behandelt, duldet keinen Vorwurf in dieser Hinsicht, denn sie ist sich des Schutzes gewiß, den sie von seiten Shōnikiwës genießt.

In einer Gesellschaft, in der auf zehn Männer acht Frauen kommen und in der außerdem die Polygynie erlaubt ist, gibt es zwangsläufig Männer, die leer ausgehen. Junge Leute verharren im Zölibat, andere haben nur den Ausweg, die Frau eines anderen mit diesem zu teilen. Man kann sich die Konflikte ausmalen, deren indirekte Ursache die Frauen sind, sowie den Wettstreit der Männer, sie sich anzuzeigen.

Als die Stimmen endlich verstummt sind, ist die Abenddämmerung nahe, und Kremoanawë geht auf Rebhuhnjagd. Er kehrt mit der Nacht zurück; er hat nichts erlegt. Er geht mit langsamen Schritten, schon kann er die dunkle Masse des Daches am Ende des Wegs erkennen, als er flüsternde Stimmen hört und in der nahen Vegetation undeutliche Bewegungen wahrnimmt. Er merkt auf und bleibt stehen. Er glaubt, daß es feindliche Krieger auf einem Streifzug sind, die hier auf der Lauer liegen, oder Hexer, die bösen Zauber aussenden. Seine Hände umklammern den Bogen, langsam legt er einen Pfeil auf die Sehne. Schon zielt er, als aus der nahen Wohnstatt gerufen wird:

Alltag im großen Haus

»Rut^hemi! Was treibst du?«
Ganz in seiner Nähe flüstert eine Stimme im Dickicht:
»Deine Mutter ruft dich.«
»Gehen wir zurück«, antwortet eine weibliche Stimme.
Kremoanawë begreift: es sind Rut^hemi und Moriwë, die sich am Rande des Wegs versteckt haben und sich lieben. Er sagt:
»Was treibt ihr? Fast hätte ich euch für Feinde gehalten!«
Er hört nicht auf ihre Antwort und geht weiter, halb verärgert über seinen Irrtum, halb belustigt über die Störung, die er verursacht hat.

Die Lineage, zu der Hitisiwë und seine Brüder gehören, stammt nicht aus Karohi. Ihr Vater wurde bei den Gruppen flußaufwärts geboren, wo er bis zum Alter von sechzehn, siebzehn Jahren lebte; dann war er nach Karohi gekommen, um die Schwester von Kaōmawë zu heiraten, war hier geblieben und Stammvater eines neuen Geschlechts geworden. Von jemandem, der sich auf diese Weise in der Gruppe seiner Schwiegereltern niederläßt, sagt man: »Er wurde während seines Ehedienstes gefangen.«

Im allgemeinen ziehen die Schwiegersöhne es vor, in ihre eigene Gruppe zurückzukehren, nachdem sie ihren Schwiegereltern ein oder zwei Jahre gedient haben.

Hitisiwës Vater ist tot, wahrscheinlich von der Schlafkrankheit dahingerafft. Der Hauptzweig der Lineage, zu der er gehörte, ist bei den Gruppen am oberen Flußlauf geblieben, auf drei benachbarte Gemeinschaften verteilt.

Innerhalb von zwei Tagen ist der Gesundheitszustand des jungen Mannes hoffnungslos geworden: er kann weder essen noch aufstehen, nicht einmal sprechen. Seine Kiefer sind wie verklemmt. Da die lokalen Schamanen außerstande waren, das Übel zu bannen, wird in Erwägung gezogen, einen Verwandten vom oberen Flußlauf zu holen, der ebenfalls ein guter Schamane ist und vielleicht Erfolg haben würde, wo die anderen ohnmächtig waren. Der Plan wird erörtert, aber es ist schon zu spät: ein herzzerreißendes Schluchzen verkündet den Tod des jungen Mannes.

Ein ungeheures Geschrei erhebt sich, das bald alle unter dem Gemeinschaftsdach Versammelten erfaßt: Schluchzen, Totenklagen, endloses Wehgeheul. Binnen kurzem sitzen die Frauen neben dem Verstorbenen auf der Erde. Sie schlagen sich die Seiten, klatschen in

Asche und Tränen

die Hände; dicke Tränen rollen über ihre Wangen. Bald kommen auch die Männer, stellen oder setzen sich hinter sie, Pfeil und Bogen in der erhobenen Faust. Viele Finger huschen über die nun leblose Brust und klammern sich an sie, wie um sie zu zerreißen, andere drücken die Haare des Toten. Das Gesicht des Toten ist erstaunlich entspannt und friedlich. Man hat seine Lider geschlossen. Die Unterlippe hält noch einen ewigen Tabakpriem, der leicht geöffnete Mund läßt ihn erkennen. Die Hautfarbe ist bleich, gelblich; Hände, kaum verkrampft, gleiten erneut die Brust hinauf. Die beiden Brüder sind da, in dumpfer Trauer wiederholen sie immer wieder:

»Kleiner Bruder! Kleiner Bruder!«

Ihre Stimmen sind rauh vor Verzweiflung, von schwerem Schluchzen unterbrochen. Hebëwë und Kremoanawë sind bei ihrer Feuerstelle. Ihre Hängematte schwankt unter den Stößen ihrer Körper. Auch sie weinen:

»Mein Schwager! O mein Schwager!«

Jeder drückt dem Toten sein Bedauern aus und erwähnt dabei die Art der Verwandtschaft, die ihn mit ihm verband.

Unverzüglich wird ein Bote zu den Verwandten in Tayari geschickt. Bald kommen sie: Mamikiyima und seine beiden Söhne, Bokorawë, der Schamane, begleitet von seiner Frau und seiner hübschen kleinen Tochter, und viele andere. Der hitzige Ebrëwë läuft im Kreis um den zentralen Platz herum; er hat sich des Bogens des Verstorbenen bemächtigt, läßt sie Sehne gegen den Bogenstab klatschen und schwenkt Pfeile, deren Spitzen entfernt worden sind. Andere gehen ihm voraus oder folgen ihm. Jeder trägt einen Gegenstand, der dem toten Jüngling gehört hat, und führt ihn allen ein letztes Mal vor Augen. Bokorawës Frau tanzt und setzt ihre Totenklage fort: sie hält zwei Rollen Angelleine in der Hand, ein Köcher hängt auf ihrem Rücken, doch der Tragegurt liegt auf ihrer Stirn, statt um den Hals zu führen, wie es sich gehört. Morayema, die Schwiegermutter des Verstorbenen – er sollte ihre Tochter heiraten –, hebt zwei Pakete Tabakrollen sowie Armbinden aus Baumwolle hoch. Shõnikiwë, der Schwiegervater, schwingt eine Machete.

Eine große Menschenmenge ist in der Mitte der Wohnstatt in Bewegung. Und alle diese öffentlich gezeigten Gegenstände müssen bald vom Feuer vernichtet werden, denn kein Besitz darf in Zukunft an etwas erinnern, dessen Anwesenheit man in all ihren materiellen

Alltag im großen Haus

Äußerungen zu beseitigen trachten wird. Schon ist man in den Garten gegangen, um die magischen Pflanzen auszugraben und die jungen Palmbäume abzuschneiden, die Hitisiwë gehörten. Man hört die heisere Stimme von Shõnikiwë, der eine Lobrede auf seinen Schwiegersohn hält:

»Er war wild und tapfer, er fürchtete sich weder vor Schlägen noch vor dem Schmerz. Nie hatte er Angst, immer war er der erste, wenn es galt, die Feinde zu bekämpfen. Er war ein vollkommener Jäger.«

Ebrëwë, der immer noch den Bogen trägt, bleibt vor einem schmalen Durchgang stehen, der nach draußen auf einen Weg führt. Er sagt:

»Oh, du mein Schwiegersohn, durch diese Tür wirst du nie wieder gehen. Dieser Bogen, den ich trage und der dir gehörte, wird kein Wild mehr erlegen. O mein Schwiegersohn, nie mehr wird dein Pfeil Mutums und Tapire durchbohren.«

Doch hinter dem Kummer errät man Wut. Sie explodiert in konkreten Anklagen. Man braucht Verantwortliche für diesen Tod. Man findet die Schuldigen, es sind die südlichen Yanomami, die schrecklichen *shamathari*, die Feinde, die *nabë*. Der Jüngling, das steht jetzt fest, ist Opfer ihrer Zaubereien; ihre bösen Schamanen haben die *hekura* geschickt, damit sie den Tod nach Karohi bringen. Frauenstimmen, unerträglich schrill, fordern zur Rache auf. Die Männer, so sagen sie, dürfen keine Schwäche zeigen; Schlag um Schlag, Tod um Tod muß heimgezahlt werden. Wenn man nicht unbarmherzige Vergeltung übt, werden die Feinde, unserer Kraftlosigkeit gewiß, wüten und uns Verlust um Verlust beibringen; unsere Tränen werden nicht mehr aufhören zu fließen. Das sagen die Frauen, besonders die Alten, die viel gesehen haben im Lauf eines langen Lebens.

Unbekümmert setzen die Kinder ihre Spiele fort, und ihre Fröhlichkeit unterbricht mitunter die Schmerzenslaute der kollektiven Trauer. Doch der Tumult legt sich, schließlich kehren die Erwachsenen einer nach dem anderen zu ihren Feuerstellen zurück. Wishami röstet grüne Bananen, auf der Glut liegt ein Päckchen Fische. Erschöpft verschlingt Kaõmawë eine Scheibe Papaya. Mabroma füttert ihre Nachkommenschaft mit gekochtem Fisch und Plátano. Hebëwë bemerkt, daß die dreilöchrige Flöte, die er soeben fertiggestellt hat, rissig ist, er unterbricht sein Weinen, um sich zu vergewissern, ob das Instrument noch funktioniert. Überall nimmt man Nahrung zu sich; es wird langsam dunkel. Der Tote ist jetzt allein, seine Hängematte ist verlassen. Die

Asche und Tränen

Eintönigkeit des Alltags, der Automatismus der vertrauten, gedankenlos vollzogenen Gesten gewinnen wieder die Oberhand.

Die Nacht sinkt nieder. Wie jedesmal zündet Mabroma ein Feuer neben ihren beiden Jungen an, die getrennt leben. Indem sie sich von ihren Eltern und ihren Schwestern absondern, bringen sie ihr Unabhängigkeitsbedürfnis zum Ausdruck. Hebëwë legt sich hin; er sieht, daß Baiwë sich neben dem Körper seines Bruders niederläßt, um bei ihm zu wachen, ein Feuer macht, das bald lebhaft flackert, die Bahnen der Hängematte über seine steifen Glieder zieht. Erneut sind vereinzelte Schluchzer zu hören, die bald der Schlaf erstickt. Plötzlich bemerkt Hebëwë etwas, das sich ungeschickt zwischen den Holzklötzen bewegt, die am Fuß des Daches einen wirksamen Schutz gegen die wilden Tiere, die Feinde, die nächtlichen Geister und die Gespenster bilden. Er bläst das Feuer an und entdeckt eine grünliche Kröte. Sie heißt *kunamaru*. Der Knabe beginnt leise, fast ehrerbietig zu ihr zu sprechen:

»Entferne dich, geh weg, bleib nicht hier: du siehst doch, daß ich nicht krank bin!«

Um jeden Preis muß er das Tier entfernen, ohne es zu brüskieren. Man sagt, daß es nachts auf die Brust der Schläfer kriecht und sie mit todbringendem Urin bespritzt. Man muß den Batrachier mit Zartgefühl behandeln, denn einst war er ein berühmter Schamane, und sollte man ihn aus Versehen töten oder verwunden, würden bestimmt andere kommen und ihn rächen.

Friedlich ist die Nacht. Der Himmel ist wolkenlos; der Mond steht in seinem ersten Viertel, und das Firmament wimmelt von Sternen. Fern im Wald hört man die dumpfen Schreie eines Agamischwarms. Entlang des »Regenflusses« und in den nahe gelegenen Sümpfen quaken Kröten aller Art wie außer sich. Manchmal zuckt man zusammen beim schaurigen Gesang einer Nachtschwalbe.

Bei Tagesanbruch haben die Frauen geschwärzte Wangen zum Zeichen der Trauer. Auf welche Weise sie das schöne, fast glänzende Schwarz zustande bringen, das so fest an ihrer Haut klebt, bleibt ein Geheimnis. Auf Befragen behaupten alle, daß sie sich damit begnügen, ihre Tränen mit dem Schmutz ihrer Wangen zu mischen. Aber es scheint ganz unmöglich zu sein, daß sie damit das matte, so hervorstechende Schwarz erzielen können, das auf dem Gesicht eine Kruste bildet, als habe man Harz verwendet. Auch auf einer schmutzigen Haut

Alltag im großen Haus

hinterlassen Tränen nur gelbliche Spuren. Wenn man die Vermutung äußert, das Zeichen, das sie auf den Wangen tragen, könnte durch Beimengen von Asche oder Holzkohle entstanden sein, dann weisen die Frauen, selbst unter vier Augen befragt, diese Hypothese entschieden zurück: eifersüchtig wollen sie ein Geheimnis hüten. Das Schwarz ist für die Frauen Symbol der Trauer; der weiße Flaum der Raubvögel bleibt ausschließlich den Männern vorbehalten.

Shõnikiwë hat begonnen, den zentralen Platz vor seiner Feuerstelle zu säubern. Ebrëwë und Ubrawë schneiden Stangenholz und hacken Scheite. Zu einem letzten Abschied hat man sich erneut um den Leichnam versammelt, der in der Hängematte übriggeblieben ist. Die Tänze und Totenklagen setzen wieder ein, und wieder werden die Besitztümer des Toten vorgezeigt. Mabroma trägt ihre kleine Tochter rittlings auf der Hüfte. Die blinde Bomamoma, auf einen Stock gestützt, die großen verschlossenen Augen zum Himmel gerichtet, verirrt sich in der Mitte des Platzes, als sie an dem makabren Ritual teilnehmen will.

Und schon errichtet man den Scheiterhaufen, genau an der Stelle, die Shõnikiwë soeben gereinigt hat. Ebrëwë legt Stangenholz nebeneinander und um es herum kreuzweise übereinandergeschichtete Scheite, die einen rechteckigen Rahmen bilden. In der Mitte verteilt er Späne und trockene Zweige, dann holt er brennende Holzscheite und Glut aus verschiedenen Feuerstellen. Mit Hilfe eines Fächers kräftig geschürt, schlägt das Feuer bald Flammen. Nun braucht man nur noch den Rahmen zu verstärken, indem man auf beiden Seiten dicke Stangen in die Erde rammt.

Plötzlich wird das große Haus von einem entsetzlichen Getöse erfüllt. Ebrëwë schlägt seine Machete gegen die Stützpfosten des Daches. Schreie, Weinen und Wehklagen werden immer lauter. Alle umringen den Toten, die Frauen sitzend, die Männer stehend, sie haben ihre Waffen mitgebracht. Ebrëwë und Kaõmawë nehmen die Hängematte ab, in der der Tote ruht, und legen sie, jeder ein Ende tragend, auf den Scheiterhaufen. Schon umzingeln die Flammen den Körper, schon fängt die Hängematte Feuer, als Hebëwë den Leichnam hastig mit Scheiten bedeckt. Alle sind zurückgewichen, außer Bomamoma, die sich in dem dichten Rauch verirrt, der aus der Glut aufsteigt. Und dieser Rauch ist angefüllt mit den bösen Dämonen der Krankheit, den *shawara*, die mit ihm entweichen, durch die Einäscherung befreit.

Asche und Tränen

Von panischem Schrecken gepackt, weiß die arme alte Frau nicht, wohin sie fliehen soll. Sie ringt nach Atem, ihre Hände greifen ins Leere. Niemand hat ihre Angst bemerkt, außer Mabroma, die nun Remaema befiehlt, sie zu ihrer Hängematte zurückzubringen. Unterdessen vernichtet Kaōmawë die Befiederung der Pfeile, die Hitisiwë gehört haben, er hat ihren Schaft zerbrochen, den Bogen zerschlagen und alles in das verzehrende Feuer geworfen.

Nun ist es wieder ruhig geworden. Man hat den Eindruck, daß die Gemeinschaft zeitweise von einem plötzlichen Gedächtnisschwund befallen wird, der ebenso schnell vergeht, wie er gekommen ist, und einen dramatischen Wechsel von maßloser Verzweiflung zu gespielter Gleichgültigkeit erzeugt. Die Trennung von Pflicht, Ritus und Alltag ist nahezu vollkommen: für uns ist sie befremdlich, unvorstellbar. Noch sind nicht alle Besitztümer des Toten dem Feuer übergeben worden. Der Rest wird mehreren Personen anvertraut, die sie bis zu dem Zeitpunkt aufbewahren, da man sie zurückerstatten muß, damit sie ebenfalls zerstört werden. Da sich jeder um diese Ehre bewirbt, kommt es bei der Verteilung zu Streitereien und Händeln. Mabroma verlangt einige lanzenförmige Pfeilspitzen. Stolz zeigt sie sie Hebëwë:

»Das, mein Sohn, sind die Besitztümer deines Schwagers.«

Ihre Augen und Wangen sind tränennaß und ihre Stimme voll unendlicher Traurigkeit. Mabroma wickelt die Besitztümer ihres Schwiegersohns in einen alten Stofflappen und versteckt sie in einem kleinen Korb, der unter dem Dach hängt.

Eine Gruppe von Männern hat sich bei Shōnikiwë versammelt, um zu plaudern. Man muß sich an den feindlichen Schamanen rächen, aber man verschiebt die Vergeltung auf später. Man kritisiert den Missionar von Mavaca, der die kleinen Kinder entführen und in ein Internat einsperren will, der den Indianern seinen Willen aufzwingen möchte und geizig ist; die Leute aus Karohi wollen ihre Knaben nicht hergeben und werden widerborstig, wenn man ihnen Befehle erteilt. Man plaudert über dies und jenes, tauscht Neuigkeiten aus, äußert seine Meinung über die Ereignisse. Hin und wieder verläßt Ebrëwë die Versammlung, um die Glut und das brennende Holz des Scheiterhaufens aufeinanderzuhäufen. Er sieht, daß der Schädel des Toten bloßliegt, ein schmelzender Fleischklumpen droht herunterzufallen. Mit Hilfe eines langen Stockes bringt er alles wieder in Ordnung, indem er hier etwas anhebt, dort etwas verschiebt oder befestigt. Dann legt er

Kind, das Raupen röstet

Holz nach, bevor er seinen Platz in der Gruppe wieder einnimmt.

Baiwë hat den entrindeten Stamm eines *kanaye*-Baums von etwa einem Meter Länge und fünfundzwanzig Zentimetern Durchmesser aus dem Wald geholt. Man wird ihn aushöhlen und in diesem Mörser die verkohlten Knochen des Verstorbenen zerstoßen. Das Innere des Stammes wird mit der Machete bearbeitet, und die Wände werden über dem Feuer gehärtet. Eine mühsame und kniffelige Arbeit, bei der

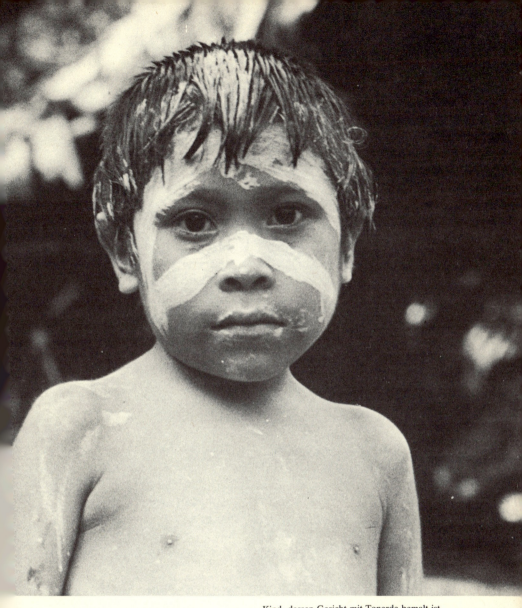

Kind, dessen Gesicht mit Tonerde bemalt ist

Baiwë, Frērema und Shimiwë einander abwechseln. Als der Mörser fertig ist, färbt man die Außenwand mit Urucu und schmückt jedes Ende mit einem Band aus zusammengeklebtem weißen Flaum.

Der Scheiterhaufen ist von selbst erloschen. Am späten Nachmittag, als er abgekühlt ist, sammeln die beiden Brüder des Toten die Knochenreste ein: hockend legen sie sie in Körbe; nur ihre rechte Hand arbeitet, die linke ruht auf dem Schenkel. Zum Schluß fegen sie die

Alltag im großen Haus

Stätte der Verbrennung, beseitigen die Asche und das verkohlte Holz. Der Boden ist nun sauber, von der Hitze getrocknet und hart; die Indianer sagen, er ist »gekocht«, so wie die Erde eines Gartens »gekocht« ist, wenn man die Vegetation abgebrannt und die Glut mit Wasser übergossen hat, um Pflanzungen anzulegen; »rohe« Erde ließe sich nicht bestellen.

Die beiden Brüder zerstoßen die Knochen in dem Mörser; sie sind darauf bedacht, ein sehr feines Pulver zu erzielen, das sie dann in Urucurot gefärbte Kürbisflaschen füllen, die mit Bienenwachs luftdicht verschlossen werden. Shõnikiwë erhält als Schwiegervater, Baiwë als älterer Bruder eine Flasche. Eine dritte wird zurückgelegt: die Verwandten aus Warabawë werden kommen und ihren Anteil am Toten fordern. Später wird der Mörser in Brennholz verwandelt.

Hitisiwë gehört nun der Vergangenheit an; er muß in absolute Vergessenheit sinken. Unter keinem Vorwand darf sein Name erwähnt werden. Das Knochenpulver und die letzten Habseligkeiten des Toten werden bei den entsprechenden Zeremonien verschwinden. Die vergangene Existenz des jungen Mannes muß ausgelöscht werden, nichts mehr darf sie den Lebenden in Erinnerung rufen.

Hebëwë ist melancholisch. Er sagt zu seinem Vater:

»Ich habe Angst vor dem Tod. Ich fühle, daß ich nie ein reifer Mann sein werde; ich werde vorher verschwinden. Die Seuchen werden mich dahinraffen, ich werde von einem Jaguar aufgefressen oder von einer Schlange gebissen werden. Ich weiß, daß mein Leben kurz sein wird, und das bringt mich zum Weinen. Warum müssen wir sterben? Wie sieht das Land der Seelen aus?«

»Wir sterben wegen des Rauchs und wegen Kaiman«, antwortet Kaõmawë.

Dann erinnert er an den Mythos vom Ursprung des Feuers.

»Früher besaß Kaiman das Feuer. Er lebte in einem Land, das die ›Waika‹ bewohnten, in der Nähe eines Flusses mit Namen ›Fluß der beiden, die ihre Zunge gegessen haben‹. Dorthin begab sich Kaiman in Begleitung seiner Frau, um Raupen zu kochen, ohne gesehen zu werden. Denn zu jener Zeit kannten die Yanomami den Gebrauch des Feuers noch nicht, und sie aßen ihre Nahrung roh: man hörte das Geräusch, das sie beim Kauen machten. Eines Tages entdeckte die Tochter des bunten Rebhuhns, Bokorariyoma, als sie die Erde scharrte, Überreste von verkohlten Blättern und eine gekochte Raupe,

Asche und Tränen

die versehentlich auf den Boden gefallen war. Sie brachte ihren Fund nach Hause, man untersuchte ihn und kam zu dem Schluß, daß Kaiman das Feuer besaß und daß er seine Nahrung kochte. Sie vereinbarten:
›Wir werden lustig sein und ihn zum Lachen bringen!‹
Als Kaiman zurückkam, gefolgt von seiner Frau Brueheyoma, einer Fröschin von kleinem Wuchs, scharten sie sich um die beiden. Kaiman trug ein Paket, auf das er rohe Raupen gelegt hatte, die er anbieten wollte, wobei er jene, die er selbst zu verspeisen gedachte, vorsorglich zuunterst verstaut hatte. Sie begannen zu spielen und Scherze zu treiben, aber Kaiman lächelte nicht einmal über ihre Possen. Sie pißten sich gegenseitig an. Als Kolibri an die Reihe kam, hob er sein Hinterteil und bespritzte die Zuschauer mit einem Strahl flüssiger Exkremente. Kaiman verbarg das Feuer in seinem Rachen; er mußte laut lachen und ließ es fallen. Der Vogel Yorekitirawë bemächtigte sich augenblicklich des Feuers, aber er konnte nicht hoch fliegen. Da löste ein anderer Vogel, Kanaboromi, ihn ab und legte das Feuer sehr hoch in einen Baum. Kaiman ließ seinem Zorn freien Lauf. Folgendes sagte er zu den Yanomami:
›Dieses Feuer, das ihr mir geraubt habt, dieses ewige Feuer wird euch Kummer bereiten: sein Rauch wird euch krank machen und den Tod bringen, es wird eure Körper verzehren. Eure Knochen werden zu Staub werden. Ich aber werde unsterblich bleiben, im kühlen Wasser, wo ich leben werde.‹«
Kaōmawë fährt fort:
»Unsere Vorfahren waren unsterblich, bis sie in den Besitz des Feuers kamen. Die Seelen verlassen den Körper im Augenblick des Todes. Sie klettern die Schnur der Hängematte und die Stützpfosten des Daches hinauf, um auf der Himmelsscheibe zu leben. Wenn man den Körper verbrennt, leidet die Seele; ihre Nase, ihre Augen werden heiß, aber ihre Gestalt ähnelt genau dem Körper, zu dem sie gehört hat. Der Wald im Land der Seelen ist der gleiche wie hier, es gibt Früchte, Honig, Wild in Hülle und Fülle; man trifft Wildschweine in großer Zahl. Die Seelen sind in einem großen Rundhaus versammelt, und Donner herrscht über sie. Blitz ist der Sohn von Donner; er ist von wunderbarer Schönheit; er verbindet sich inzestuös mit seiner Mutter. Im Haus der Seelen lebt Hera; das ist ein Dämon, Herr der Schlangen, die er um seinen Körper geschlungen trägt: es sind seine Glückstiere. Manchmal stellt Hera sich tot, dann verströmt sein Mund einen gräß-

Alltag im großen Haus

lichen Gestank; sein Kopf neigt sich zur Seite, ekliger Speichel rinnt aus seinen Mundwinkeln. Die Seelen glauben, daß er wirklich tot ist, sie geraten in Aufregung, sie weinen und tanzen auf dem großen Platz in der Mitte. Donner befiehlt ihnen, den Scheiterhaufen zu errichten und den Körper zu verbrennen. Doch wenn die Flammen hochschlagen und die Seelen sich anschicken, die Hängematte abzunehmen, in der er liegt, wird Hera wieder lebendig und lacht hämisch.

Die Yanomami, die zu Lebzeiten knausrig mit ihren Besitztümern gewesen sind, kommen nicht in das große Haus der Seelen. An einem Wegrand kauert ein Wesen von abstoßender Häßlichkeit, es ist Warawatawë. Er zeigt ihren verirrten Seelen den Weg, den sie nehmen müssen; dann wandern sie auf einem schmalen Pfad, der um einen großen Hügel herumführt. Hinter diesem Hügel befindet sich eine riesige Feuerglut, der *shobari kë wakë*, eingeschlossen in ein großes frisches und zartes Blatt: die Seelen werden von ihm angelockt, sie fallen hinein und verbrennen. Es gibt auch die unterirdische Welt der *amahiri*, die genauso aussehen wie wir, nur daß sie kahl sind. Ihr Land gleicht dem unseren, sie haben Wohnungen, die unseren *shabono* ähneln, sie gehen auf die Jagd und haben Pflanzungen. Zu ihnen schicken unsere Schamanen die bösen Dämonen, die sie aus dem Körper der Kranken holen, um sich ihrer zu entledigen. Die *amahiri* werden von ihnen angesteckt, und aus Rache dringen sie manchmal in unsere Welt ein, um sich der Seelen der Yanomami zu bemächtigen. Wir erscheinen ihnen so, wie uns die Himmelsscheibe erscheint: die Strahlen der Sonne gelangen bis zu ihnen, denn unsere Sonne ist durchsichtig für sie. Man sagt, daß andere Yanomami, die weit im Norden leben, die Toten nicht genau in derselben Weise behandeln wie wir. Beim feierlichen Verzehr der Asche bemalen sie ihre Körper mit rotem Ocker und zeichnen dann auf diese Grundierung dunklere Motive mit einer Substanz, die sie mit dem Knochenpulver des Toten vermischt haben. Zum Zeichen ihrer großen Trauer schlagen die Frauen mit Keulen auf die Männer ein. Dann wird der Rest des Knochenpulvers in einem Tongefäß mit Bananenbrei vermischt.«

Dies erklärte Kaōmawë in aller Ausführlichkeit seinem betrübten Sohn.

Ein Monat ist vergangen, als man beschließt, den ersten feierlichen Verzehr der Totenasche zu organisieren. Shōnikiwë geht in seinen

Asche und Tränen

Garten und holt vier Plátanotrauben, die er sofort vor seiner Feuerstelle unter dem Dach des Hauses aufhängt. Als Fraktionsführer und designierter Schwager des Verschiedenen möchte Kaōmawë sich ebenfalls an den Kosten der Zeremonie beteiligen. Infolgedessen wird es zwei lange Jagdzüge und zwei Fleischverteilungen geben. Es sind sieben Trauben, die Kaōmawë unter seinem Dach befestigt: Bananentrauben, die in dem großen Haus so protzig zum Reifen aufgehängt sind, weisen immer auf den Platz eines einflußreichen Mannes hin. Ein solches Aufhängen von Plátano gibt das Signal für den Beginn eines Jagdrituals mit Namen *heri,* das regelmäßig mit einem Leichenschmaus verbunden ist.

Vier Tage später haben die Bananen merklich ihre Farbe verändert, was darauf hindeutet, daß sie bald reif sind. Als es dunkel wird, befiehlt Kaōmawë zwei Jägern seiner Fraktion, am nächsten Tag aufzubrechen: die Bananen werden bald gelb sein. Er weist auch auf die Zerstörungen hin, die die Vögel in den Pflanzungen anrichten, auf deren unzureichenden Umfang und auf die Notwendigkeit, unverzüglich mit neuen Rodungen zu beginnen, wenn es nicht an Nahrung mangeln soll. Als er seine Ansprache beendet hat, wendet er sich unvermittelt an seinen Hund:

»Hier darfst du nicht scheißen. Du mußt rausgehen, oder du kriegst Prügel.«

Die Kinder nutzen den letzten Schein der Abenddämmerung und vergnügen sich damit, die aufgeblähte Harnblase eines Ameisenbären in die Luft zu werfen. Andere spielen Krieg; sie mimen tapfere Krieger und schießen sich kleine Pfeile mit scharfen Spitzen in den Hintern, die sich manchmal in die Haut bohren und Blut fließen lassen.

Am nächsten Tag, sobald es dämmert, brechen zwei Gruppen von Jägern auf; die eine wird von Baiwë angeführt, die andere von Shōnikiwë: beide haben eine Kürbisflasche bei sich, die die Asche von Hitisiwë enthält. Die eine Gruppe wird den »Regenfluß« hinaufziehen, die andere den Fluß überqueren und sich nach Norden wenden.

Alle sind enttäuscht, als sie nach zehn Tagen Abwesenheit zurückkehren: es gibt wenig Wild, und das Festmahl wird karg sein.

Während die Frauen das gekochte Fleisch auf einem hölzernen Räucherrost über den Feuerstellen aufhängen, stärken sich die Jäger, reiben ihren Körper mit Urucu und brauner Farbe ein, schmücken sich mit den Federn und Bälgen bunter Vögel und versammeln sich, um

Asche und Tränen

gemeinsam das berauschende Pulver zu inhalieren.

Unterdessen macht Shimoreiwë die Runde um den großen Platz, er rüttelt an jedem Stützpfosten am vorderen Teil des Daches und ruft dabei den Namen von Boreawë, dem Herrn der Mehlbananen. Damit meint Shimoreiwë die Blüte des Bananenbaums zu beschleunigen: alle bedeutenden Männer aus Karohi machen sich Sorgen um den unzulänglichen Ertrag der Pflanzungen.

Mittlerweile hat man grüne Plátano geholt und schält sie mit den Zähnen. Sie werden zur selben Zeit zum Kochen aufgestellt wie das Fleisch, jedoch in anderen Gefäßen, auf große Feuer unter dem hohen Teil des Daches oder am Rand des zentralen Platzes; um diese Feuer und um das Kochen der Nahrung für die Zeremonie kümmern sich die Männer. Aus dem mitgebrachten Wild hat man die Kaimane aussondern müssen, da sie für den Leichenschmaus ungeeignet sind, so daß gerade genug Fleisch übrigbleibt, um dem Ritual Genüge zu tun.

Sporadisch hört man wieder Weinen und Wehgeschrei, darunter den Klageruf von Baiwë:

»Mein kleiner Bruder! Mein kleiner Bruder!«

Ohne daß Ebrëwës obszöne Späße und das Gelächter, das sie auslösen, verstummen.

Mabroma hat gerade ein großes Knäuel Baumwolle fertiggesponnen; zufrieden betrachtet sie ihr Werk und sagt:

»Ich werde es mit ›denen von flußaufwärts‹ gegen einen Hund tauschen.«

Wie jeden Tag ist Taromi berauscht von der *yakōana*-Droge, die man aus der Rinde eines Baumes zubereitet. Ebrëwë beobachtet ihn mit verächtlicher Miene und urteilt:

»Er schnupft nur die *yakōana*-Droge, die vorzeitig alt macht, wenn man zuviel davon nimmt. Seht nur, wie runzlig sein Hintern schon ist!«

Am nächsten Tag, als die Sonne im Zenit steht, ist endlich alles bereit. Nun werden die reifen Plátano, die jetzt gelb und sehr süß sind, für das Kompott geschält. Man kocht sie lange in Wasser, knetet sie dann mit einem mehrfach gegabelten Ast; man verdünnt das Kompott mit kaltem Wasser, bis es die richtige Konsistenz hat.

Die blutsaugenden kleinen Mücken sind so zahlreich, daß einige ihre Hängematte hoch unter dem Dach aufgehängt haben, um sich der Plage zu erwehren.

Alltag im großen Haus

Baiwë hat einen Korb voll Fleisch und gekochter Plátano zubereitet und bietet ihn Arusiwë an. Bei einem Leichenschmaus nimmt derjenige, der die Nahrung liefert, niemals selbst die Verteilung vor. Er überläßt diese Tätigkeit einer Person, die er ehren möchte; manchmal fällt die Wahl auf einen Besucher, auf jemanden, der nicht zur Gemeinschaft gehört. Arusiwë ist geschmeichelt, als man den Korb vor ihn hinstellt, er kann ein zufriedenes Lächeln nicht unterdrücken. Shõnikiwë reicht die Gabe einem vor kurzem angekommenen Gast aus einer benachbarten Gemeinschaft. Gleichzeitig wird an alle Bananenkompott verteilt, wobei man darauf achtet, daß für die Totenfeier genügend übrigbleibt.

Plötzlich setzen die Wehklagen wieder ein. Eine Kaskade gebündelter und klappernder Pfeile in den Fäusten der Männer; man versammelt sich vor Baiwës Feuerstelle. Ebrëwë füllt eine große Kalebasse mit noch heißem Bananenkompott, er schüttet das hellgraue Pulver der zerstoßenen Knochen hinein und verrührt es mit den Fingerspitzen seiner rechten Hand. Er reicht diese Mischung Kaõmawë, der sie in großen Zügen schluckt, ohne Atem zu holen. Auch Shimiwë und Warami, Onkel und Tante mütterlicherseits, sowie Baiwë, der älteste Bruder des Toten, nehmen die Mischung zu sich. Eine ähnliche Zeremonie spielt sich bei Shõnikiwë ab, der die Knochen allein mit seiner Frau trinkt. Diejenigen, die die Totenasche verzehrt haben, erhalten kein Fleisch. Das Wildbret würde ihnen furchtbare Bauchschmerzen bereiten.

Mit einemmal verstummen alle Schmerzenslaute. Jeder kehrt zu seiner Arbeit zurück. Man spinnt, plaudert, Kinder balgen sich. Die beiden halbleeren Kürbisflaschen werden wieder in dem kleinen roten Korb verstaut. Es ist noch genug Pulver übrig für eine zweite Zeremonie. In einem Jahr vielleicht.

II
Liebesgeschichten

Die Sexualität der kleinen Yanomami wird nicht unterdrückt, solange sie unaufdringlich und verborgen bleibt. In diesem Punkt stimmt sie mit der der Erwachsenen überein. Obwohl Träger eines besonderen Sinnes, ist das Geschlecht dennoch ein Organ wie jedes andere und wird folglich spielerischen Erkundungen unterzogen. Die Erwachsenen sprechen offen über die Sexualität und die Fortpflanzungsfunktionen; die Rolle der menschlichen Paarung und die Lust, die sie bereitet, werden den Kindern nicht verheimlicht. Denn das alles ist etwas ganz Natürliches.

Gelegentlich scheuen Kinder und Heranwachsende sich nicht, Sodomie zu treiben. Sie sprechen nur zurückhaltend darüber, denn wie die Masturbation ist sie eine marginale sexuelle Betätigung, die nur jene etwas angeht, die sie praktizieren; aber sie ruft kein schlechtes Gewissen hervor, das – ebenso wie die Reue – aus der Indianermoral verbannt ist: Anschuldigungen der Sodomie werden selten erhoben; und wenn es doch geschieht, dann rufen sie bei denen, die man verdächtigt, nur schwachen Protest hervor. Es lohnt nicht, daß man sich daran stößt, und damit ist schon gesagt, für wie belanglos man es im Grunde hält. Häufig kann man Knaben jeder Altersstufe sehen, die aus Spielerei öffentlich Sodomie simulieren; meist sind es Schwäger, die gewöhnlich eine dauerhafte Zuneigung füreinander hegen. Homosexuelle Praktiken, die in dieser Verwandtschaftskategorie häufiger vorkommen, sind zwischen Brüdern oder Vettern ersten Grades nicht außergewöhnlich. Es ist zwar eine Schande, die »Vagina« einer Schwester zu »essen« – wie der Ausdruck der Indianer lautet –, nicht aber, den »Anus« seines Bruders zu »essen«: die Gesellschaft gebietet den Austausch der Töchter und Schwestern, aber sie kodifiziert nicht die Sexualität zwischen Personen desselben Geschlechts. Trotz allem muß präzisiert werden, daß sich die Homosexualität der Schwäger von der der Brüder unterscheidet. Im einen Fall verbindet ein Gefühl gegenseitiger Freundschaft zwei junge Männer, die Frauen und materielle

Der Orinoko bei Mavaca

Güter untereinander austauschen und die sich als Ebenbürtige betrachten; die homosexuelle Beziehung zu einem Schwager nimmt den heterosexuellen Austausch vorweg, den man mit dessen Schwester haben wird: es ist in gewisser Weise eine Situation des Wartens. Im zweiten Fall hängt die Beziehung von den Umständen ab, sie kommt ohne schöne Gefühle aus und erfolgt zwischen Ungleichen: in der Gruppe der Geschwister und Parallelvettern haben die Älteren

Autorität über die Jüngeren: es sind die ersteren, die den »Anus« der letzteren »essen«.

Wie alle kleinen Indianer hatte auch Hebëwë eine frühentwickelte, jedoch kaum objektbezogene Sexualität. Denn die Regel lautet, daß alles, was Vergnügen bereitet, an sich gut ist. Über die tastenden Versuche seiner Kindheit spricht er mit Zurückhaltung, aber ohne Scham, wie über eine vergangene Zeit. Seine wenigen Vertrauten sind

Liebesgeschichten

die jungen Männer seines Alters, zu denen er Vertrauen hat und die oft seine Komplizen gewesen sind.

Er erinnert sich, daß er und andere Kinder mit den Fingern Löcher in den Boden bohrten, die Wandungen mit Wasser oder Spucke befeuchteten, bevor sie ihren Penis hineinsteckten. Sie behaupteten, das Loch sei eine Vagina und sie würden mit einer Frau kopulieren. Natürlich empfanden sie bei dieser derben Methode kein Vergnügen. Einer von ihnen, der ein wenig älter war, kam zum Orgasmus, indem er den Koitus mit einer Kürbisfrucht simulierte – einer von jenen Früchten, aus denen man die Kalebassen herstellt. Eines Tages ging Hebëwë mit Yebiwë fischen. Yebiwë fing einen Rochen; er war groß und hatte eine schöne Zeichnung auf dem Rücken. Dieser Selachier trägt am Schwanz einen gefährlichen Stachel, mit dem er die Unvorsichtigen sticht und eine Unzahl giftiger Haare in der Wunde zurückläßt, die schreckliche Schmerzen verursachen. Yebiwë schnitt den Schwanz ab und fischte weiter. Bald fehlte es an Regenwürmern, er ging welche holen und ließ den Knaben allein am Flußufer zurück. Hebëwë nutzte den Augenblick des Alleinseins und fickte den Rochen. Zuerst erschien er ihm von entmutigender Kälte, aber er hielt durch und behauptet heute, Wohlbehagen empfunden zu haben. Ein andermal begleitete Hebëwë eine Gruppe erwachsener Männer, die sich ins Haus eines Missionars begaben, um verschiedene Gegenstände zu erbitten. Der Weiße war geizig. Er feilschte um die Menge, wollte die Indianer zwingen, zu arbeiten oder an den Gebeten teilzunehmen, damit sie verdienten, was sie verlangten. Hebëwë starb vor Langeweile. Er ging hinaus, streifte müßig umher und stieß auf pickende Hühner. Ohne zu überlegen, was er tat, stellte er ihnen nach; es gelang ihm, eines von ihnen zu erwischen, und er nahm es mit in den Hochwald. Was tun mit dem Tier? Er wollte sich mit ihm paaren, aber der Vogel gackerte unentwegt und sträubte sich. Hebëwë wurde ungeduldig, er fürchtete, entdeckt zu werden, er zerstrümmerte den Schädel des Tieres an einem Baumstamm und warf es in den Orinoko. Mit der unschuldigsten Miene der Welt trat er wieder bei dem Missionar ein.

Als sie klein waren, machten Hebëwë, Kremoanawë und Moriwë – drei »Brüder« – gemeinsam der kleinen Rut^{h}emi den Hof. Sie war das einzige kleine Mädchen in Karohi, das ihnen erlaubt war; sie redeten es mit einem Verwandtschaftsnamen an, der »Gattin« bedeutet. Die Knappheit möglicher Gattinnen ist für die männlichen Kinder aus

Alltag im großen Haus

Karohi immer ein mißliches Thema gewesen. Um eine Frau zu erhalten und zu heiraten, haben sie keine andere Möglichkeit, als sich dem Inzest hinzugeben oder in einer fremden Gemeinschaft den vorehelichen Dienst zu leisten, den sie ihren Schwiegereltern schulden. Aus diesem Grunde sind viele Männer aus Karohi anderswohin gezogen. Die Fortsetzung dieser Geschichte zeigt deutlich, welche Folgen sich aus dieser Situation für Hebëwë und Moriwë ergaben.

Die drei Knaben waren eher Komplizen als Rivalen, und sie setzten alles daran, die Gunst der kleinen Dame zu erringen. Eines Tages gelang es ihnen, sie in den Wald zu locken, unter dem Vorwand, daß sie *hayu*-Früchte pflücken wollten, die rot und groß sind wie Kirschen und köstlich schmecken. Das kleine Mädchen war gewitzt genug, um ihre Hintergedanken zu erraten, und man kann davon ausgehen, daß es, wenn es zustimmte, sich ihnen anzuschließen, alle Gefahren auf sich nahm. Zuerst schaukelten sie auf einer Liane, die fast bis zum Boden reichte, eine Schleife bildete und wieder zum Gipfel eines Baumes hinaufstieg. Sie gerieten außer Atem und stießen sich so hoch nach oben, daß sie vor Schreck aufschrien. Als erster kam Kremoanawë zum Kern der Sache:

»Wenn wir Liebe machen würden?«

Rut[h]emi zog eine Schnute, und es sah so aus, als würde sie ablehnen; das war schiere Koketterie, ganz offensichtlich machte es ihr Spaß, die Knaben zu ärgern. Kremoanawë ließ sich nicht täuschen, er zog sie vom Weg fort; dann kam Moriwë an die Reihe. Natürlich war das Mädchen unberührt, und sie begnügten sich, ihren Penis an ihrer Vulva zu reiben, ohne in sie einzudringen. Als Hebëwë an der Reihe war, spielte er denjenigen, der es nicht eilig hat, ließ seine älteren Gefährten vorgehen und blieb mit seiner Freundin allein zurück. Sie säumten so lange, daß man sich im Waldlager über ihre Abwesenheit beunruhigte. Die Eltern fragten:

»Wo sind sie? Was machen sie?«

»Sie machen Liebe«, teilte der zurückgekehrte Kremoanawë schelmisch mit.

Die Erwachsenen, von Sorge gepeinigt, stellten sich die unwahrscheinlichsten Unfälle vor. Sie stürzten los, um die Kinder zu suchen, und riefen ihre Namen. Man sah sie ohne Eile zurückkommen, unbekümmert über die Aufregung, die sie verursacht hatten.

Hebëwës erste wirkliche Leidenschaft galt einem jungen Mädchen

Liebesgeschichten

aus Wayabotorewë. Sie hieß Bawahoma. Ihre Eltern waren schon lange tot, sie lebte mit ihrer Großmutter, der sie bei den häuslichen Arbeiten half. Sie waren für einige Zeit nach Karohi gekommen. Bald legte sich Hebëwë zu ihr in die Hängematte; in diesem Fall mußte er vorsichtig sein, denn die Großmutter war auf ihre Enkelin eifersüchtig und konnte den Gedanken nicht ertragen, daß sie einen Geliebten haben könnte; bald wartete Bawahoma, bis die Alte eingeschlafen war, um zu Hebëwë zu gehen: dann hatten sie ihre Ruhe, denn die Eltern des Knaben zeigten sich gleichgültig, ja sogar als Komplizen: ganz offensichtlich vermieden sie es, das Feuer zu oft zu schüren, um die Spiele der beiden nicht zu stören. Tagsüber verabredeten sie sich im Wald. Noch heute weist Hebëwë, wenn er durch den Wald geht, auf die vielen Stellen hin, die er mit ihr aufgesucht hatte. Einmal hatte er das Vergnügen, sie die ganze Nacht bei sich zu behalten. Sie liebten sich sehr. Sie war ein ausgelassenes Mädchen; sie biß ihn bis aufs Blut; sie zerriß die Schnüre seines baumwollenen Lendenschurzes, so daß er viele verlor. Einmal sagte sie zu ihm:

»Bemalen wir unsere Körper mit Urucu!«

»Laß das bleiben: die anderen werden unser Verhältnis bemerken und uns bewachen.«

Wenn sich nämlich zwei junge Leute füreinander anmalen, verdächtigt man sie sofort, daß sie verliebt sind. So gab sie sich damit zufrieden, ein wenig Farbe auf ihr Gesicht zu schmieren.

Wenn sie sich verabreden wollten, schickten sie einander Kinder als Boten, die sie in das Geheimnis einweihten.

Eines Tages beschloß die Großmutter, wieder fortzugehen; sie waren von dieser Nachricht niedergeschmettert. Bawahoma versuchte, Hebëwë dazu zu bewegen, daß er sie begleite, aber es war unmöglich. Ihre Traurigkeit war so groß, daß sie weinten. Ein oder zwei Monate später begleitete Hebëwë einige Besucher, die sich zur Gruppe seiner Freundin am oberen Lauf des »Regenflusses« begaben. Er winkte ihr zu, sobald er sie erkannte; sie tat so, als bemerke sie nichts, und seither achtet er sie nicht mehr.

Um auszudrücken, wie oft er sie geliebt hatte, zeigt Hebëwë die zehn Finger seiner Hände, denen er seine zehn Fußzehen hinzufügt, was für einen Yanomami wirklich eine hohe Zahl ist. Er behauptet, daß er sie entjungfert habe. Wenn er die Vorzüge ihrer Vagina rühmen will, sagt er, daß sie wunderbar eng und warm war. Um diese Wärme zu

Alltag im großen Haus

verdeutlichen, streicht er mit der Hand über ein glimmendes Feuer und sagt:

»Genauso war sie.«

Nun interessiert sich Hebëwë schon lange nicht mehr für die kindlichen Spiele: den Penis an der Erde reiben, sich mit Fischen oder Vögeln paaren, masturbieren. Allenfalls verlockt ihn noch die Freundschaft eines Knaben. Die Frauen sind es, die jetzt sein Verlangen wecken. Er ist in das komplizierte, so erregende wie gefährliche Spiel des männlichen Wettstreits um die Gunst der Frauen eingetreten. Das einzige, was ihn manchmal quält, ist die Behauptung seiner Eltern, daß frühe Liebschaften unweigerlich zum Ausfall der Schamhaare führen.

Vor ein paar Tagen ist ein etwa vierzehnjähriger Knabe in Karohi eingetroffen. Seine Gruppe wohnt sehr weit weg, mehrere Tagesmärsche entfernt in einer bergigen Gegend am Ufer des »Honigflusses«. Er war mit einer Gruppe von Besuchern gekommen, die nur eine Nacht hier verbrachten. Da er den Wunsch geäußert hatte, einige Zeit in Karohi zu bleiben, hat Kaõmawë ihn eingeladen, in seiner Familie zu leben. Man kennt weder den Eigennamen noch den Verwandtschaftsnamen des Jungen. Man weiß nur, daß er aus Bashobëka stammt, und die ältesten Männer aus Karohi erinnern sich, daß die Vorfahren dieser Gruppe in der Vergangenheit mit den ihren Verbindung gehabt und vor sehr langer Zeit sogar Krieg gegeneinander geführt hatten. Das läßt vermuten, daß die beiden Gemeinschaften einst enge verwandtschaftliche Beziehungen unterhielten, die heute völlig in Vergessenheit geraten sind.

Um das Problem der Identität des Knaben zu lösen, nennt man ihn Fama. Das Wort *hama* bedeutet »Besucher«; indem man das *h* durch ein *f* ersetzt, verspottet man den Dialekt der »Leute von flußaufwärts«, jener Leute, von denen es in Karohi heißt, daß sie »wie Papageien« quasseln, und auf die man mit einer gewissen Herablassung blickt: »die von flußaufwärts« sind gewissermaßen die Wilden derer »von flußabwärts«. In dieser Haltung ist das Ergebnis eines jüngeren historischen Prozesses zu sehen, der zu einer leichten Differenzierung der Sprachen führt, sowie eine Folge des Einflusses der Missionsstationen bei jenen Gemeinschaften, die an den Ufern der großen Wasserläufe wohnen, während die Gemeinschaften im Innern, die vor Kontakten mit den

Liebesgeschichten

Weißen geschützt sind, keinen unmittelbaren Zugang zu fertigen Gütern haben und bestimmte Bräuche noch nicht kennen, die die Gruppen flußabwärts bereits angenommen haben.

Die Yanomami können nicht nur Fremden gegenüber unleidlich sein, sondern auch gegenüber Mitgliedern ihrer eigenen Ethnie, wenn diese, da in einer Gemeinschaft isoliert, wo sie keine Blutsverwandten haben, im Fall einer Auseinandersetzung auf keine Hilfe zählen können. Und Fama ist fremd in Karohi. Dennoch ist die Haltung der Gastgeber gegenüber ihrem jungen Besucher nicht völlig negativ, eher eine Mischung aus Höflichkeit, Großzügigkeit und Bosheit. Auf der einen Seite behandeln Kaōmawë und seine Frau Mabroma den Knaben gut und gewähren ihm seinen Anteil an Nahrung; Hebëwë und Kremoanawë, ihre Söhne, geben ihm Zeichen aufrichtiger Zuneigung, die sich verstärkt, je länger Famas Aufenthalt währt. Auf der anderen Seite können sie es nicht lassen, ihn auf diese oder jene Weise lächerlich zu machen oder zu demütigen.

Viele Verwandte sind aus Tayari eingetroffen. Am Nachmittag begibt sich eine fröhliche Schar von Kindern und Heranwachsenden in den Garten, um Zuckerrohr und Papaya zu essen. Der junge Fama, eingeschüchtert durch die Anwesenheit von Personen, die er nicht kennt, zieht es vor, im Haus zu bleiben. Kremoanawë, der nichts davon hören will, ruft ihm herrisch zu:

»Komm, Besucher, komm mit uns. Bleib nicht allein. Sonst glauben unsere Freunde, daß du sie verabscheust!«

Langsam gehen sie zwischen den Bananenstauden. Die Kleinsten bleiben etwas zurück, weil sie Pfeile auf Eidechsen schießen, die sich in der Sonne wärmen. Vorsichtig läuft Fama am Ende des Zugs, und Kremoanawë sagt leise zu den anderen:

»Wir werden ihm die Eichel entblößen.«

Nichts ist für einen Indianer erniedrigender, als mit nackter Eichel gesehen zu werden: es ist der Gipfel der Obszönität. Der Anstand gebietet nämlich, daß die Vorhaut, sorgfältig über die Eichel gezogen, mit einer dünnen Schnur an einem Gürtel befestigt wird. Man schieb sie nur zum Urinieren zurück, nachdem man sich hingekauert hat. Noch vor kurzem befestigten die jungen Männer zu Beginn der Pubertät ihre Vorhaut auf diese Weise; jetzt, da der Lendenschurz in Mode gekommen ist, lassen sie ihren von dem Stoff bedeckten Penis hängen, aber ihre Scham, wenn sie mit nackter Eichel gesehen werden, ist noch genauso stark wie früher.

Ein Kreis bildet sich um Fama; er blickt in die spöttischen Gesichter, ahnt, daß sie etwas gegen ihn im Schilde führen, und flüchtet in die Pflanzungen. Hebëwë rennt ihm nach, kann ihn zwar nicht einholen, aber so außer Atem bringen, daß die anderen ihn mühelos fangen können. Kremoanawë und Hebëwë halten nun je einen Arm fest, Moriwë umklammert ein Bein, Tōhōwë hängt sich an das andere, und so liegt Fama am Boden, von vier Burschen fixiert. In diesem Augenblick kommt Mabroma vorbei; von dem Gelächter angelockt, nähert sie sich. Sie hat Mitleid mit dem Knaben und verlangt, daß man ihn loslasse; man hört nicht auf sie. Hebëwë hat zwei kleine Stöcke aufgelesen, mit denen er die Vorhaut langsam zurückschiebt. Die Eichel kommt zum Vorschein, rosig und feucht, vom begeisterten Kreischen der ausgelassenen Schar begrüßt. Fama windet sich, heult vor Wut und Scham. Als sie genug gelacht haben, lassen sie ihr Opfer los, das wütend mit Erklumpen und Holzstücken um sich wirft. Sie erheitern sich und quietschen vor Vergnügen.

Als sie wieder unter dem großen Dach sind, wo sie der Muße frönen, versammeln sie sich um Hebëwës Feuer. Vor ihnen geht Wishami häuslichen Tätigkeiten nach. Ihr kleiner Junge wälzt sich im Staub. Zu beschäftigt, um zu bemerken, daß die Knaben sie beobachten, bückt sie sich mit gespreizten Beinen und setzt für einen kurzen Augenblick ihr Geschlecht den Blicken der Heranwachsenden aus. Sie kichern in ihre Hände und stoßen sich mit dem Ellbogen; Kremoanawë spannt auf unanständige Weise; deutlich zeichnet sich die Form seines Penis unter dem Lendenschurz ab. Um die Erektion abzubrechen, läßt er sein Glied durch einen senkrechten Druck auf seine Spitze knacken. Wishami ist für ihn eine »ältere Schwester«, eine Person, mit der er keinen Geschlechtsverkehr haben darf.

Es ist dunkel geworden. Hebëwë kann nicht still sitzen: er hat die kleine Kiaroma bemerkt, die heute früh mit einer Gruppe von Verwandten eingetroffen ist. Mehrmals schickt er Tiyetirawë als Boten zu ihr und ruht nicht eher, als bis sie zu ihm kommt. Vorsichtig setzt sich Kiaroma auf den Rand der Hängematte. Sie plaudern lange: Hebëwë erzählt ihr mit vielen Einzelheiten seine wahren oder erfundenen Heldentaten als Jäger. Schließlich legt Kiaroma sich neben ihn. Ringsum ist viel Bewegung, und das stört sie: Remaema kommt Holzscheite holen, Baiwë trinkt aus dem Topf, der auf der Erde steht,

Liebesgeschichten

Kremoanawë schlürft endlos eine Mischung aus Palmfrüchten und Wasser. Immer herrscht solche Unruhe vor dem Einschlafen. Endlich wird alles still, in der Hängematte errät man Widerstand, einen undeutlichen Kampf. Hebëwës Stimme, kaum hörbar, wird eindringlicher:
»Nein, jetzt sofort. Geh nicht weg, jetzt gleich!«
Kiaroma sagt, daß sie dringend urinieren müsse; Hebëwë willigt ein, sie loszulassen, nachdem sie versprochen hat, unverzüglich zu ihm zurückzukommen. Das Mädchen verschwindet unter dem Dach des Rundhauses. Als sie zurückkommt, schleicht sie sich zu ihren Eltern, statt ihr Versprechen zu halten. Hebëwë verbirgt seinen Ärger nicht und stößt grobe Schmähungen aus.
Wenige Tage später tritt ein Ereignis ein, das für Hebëwë sehr folgenschwer sein wird. Es ist früh am Morgen, die Sonne steht noch tief am Horizont, als Ebëwë aus Tayari eintrifft und eine Botschaft von Bosiarima bringt, der Hebëwë als Schwiegersohn verlangt. Schon seit langem waren Gerüchte umgegangen, Vorboten der offiziellen Aufforderung. Unverhohlen gibt Hebëwë seine Zurückhaltung zu erkennen: zwar lebt ein großer Teil seiner eigenen Abstammungsgruppe in Tayari, er weiß, daß er nicht verfolgt und gehänselt werden wird wie Fama von ihm und seinem Bruder; vielmehr hält ihn seine Faulheit zurück – und seine Abneigung gegen Veränderungen. In Karohi erhält er von seiner Mutter Nahrung und Brennholz, er geht nur dann fischen und jagen, wenn er Lust dazu hat. Das einzig Unersprießliche für ihn ist der Frauenmangel. Wenn er gelegentlich, für kurze und flüchtige Augenblicke, Rut^hemi treffen kann, dann haben sie beide den Mann zu fürchten, der jetzt ihr Gatte ist. Aber er kennt ein paar Mädchen, die auf seine Avancen eingehen, wenn sie in Karohi zu Besuch sind, oder die ihn willkommen heißen, wenn er sie in ihrer Wohnstatt aufsucht. Würde er nach Tayari gehen, um der Aufforderung nachzukommen, wäre er jeden Tag gezwungen, an den Jagd- und Fischfangexpeditionen teilzunehmen. Ein Schwiegersohn muß seine Schwiegereltern mit Wild versorgen, die Lasten schleppen, zur Zeit des Rodens die großen Bäume des Waldes fällen, auf Stämme klettern, um die wilden Früchte zu pflücken, beim Bau der Wohnstätten helfen oder das Gemeinschaftsdach reparieren. Schluß für ihn mit den langen Mußestunden in der Hängematte und mit dem Schlendern von Feuerstelle zu Feuerstelle. Er wird von seinen Schwiegereltern seine Nahrung und seinen

Alltag im großen Haus

Tabak erhalten, aber keine weiteren Ansprüche stellen können. In Karohi pflegt er von seiner Mutter zu verlangen, daß sie sich Tag und Nacht seinen vielen Launen unterwirft.

Daher zeigt Hebëwë keine Eile, Ebrëwë zu antworten. Dieser drängt seinen Neffen ihm übrigen nicht, er läßt sich Zeit, macht darauf aufmerksam, daß der Schwiegervater sehr darauf bestanden hat, ihn als Schwiegersohn zu haben: er darf sicher sein, daß man ihn gut behandeln wird. Die Frau, die man ihm anbietet, ist nicht zu verachten: sie ist jung und von einnehmendem Wesen, in Karohi kann er gewiß nicht hoffen, eine Gattin zu finden; wenn er zu lange zögert, wird Bosiarima, des Wartens müde, seine Tochter einem anderen geben. Diese Argumente, in die Unterhaltung eingeflochten, überzeugen Hebëwë am Ende, ganz plötzlich entschließt er sich. Ohne ein Wort zu sagen, ohne seine tiefen Gefühle zu zeigen, bindet er seine Hängematte ab, nimmt seinen Bogen und seine Pfeile und entfernt sich, gefolgt von Ebrëwë. Mabroma ist stumm geblieben, zwei Tränen netzen ihre Augen, als er verschwindet.

Hebëwë und Ebrëwë gehen schnell voran, ohne zu sprechen. Der viel benutzte Weg ist breit und gut markiert. Die Sonne steht tief, als sie in Tayari ankommen.

Ein geräumiges Dach erhebt sich direkt am Ufer des Orinoko. Sicher hat es oben an dem großen Fluß geregnet, denn sein Wasser ist schlammig; auf dem durchweichten Ufer erfrischen sich flügelschwirrend Myriaden gelber und weißer Schmetterlinge.

Die Bewohner, etwas über siebzig Personen, teilen sich in zwei große Lineages, die jeweils einen genau umrissenen Teil des Rundhauses bewohnen. Diese Zweiteilung der Bevölkerung in dem großen Haus ist nicht immer die Regel, manchmal teilen drei oder vier Lineages die Gemeinschaft in ebenso viele homogene Fraktionen, die, gleichmäßig nebeneinander angeordnet, den gesamten bewohnten Raum einnehmen. Hebëwë richtet sich in dem Teil ein, der seinem Verwandtschaftsgrad entspricht, an der Feuerstelle des jungen Tõhõwë. Nichts einfacher als das: er braucht nur seine Waffen an eine Querstange zu lehnen und seine Hängematte anzubringen, um zu Hause zu sein.

Es gibt viele junge Leute in Tayari, so daß eine freundschaftliche und heitere Stimmung herrscht. Schweigend, wie es einem Neuankömmling ansteht, hat Hebëwë einen Arm unter dem Nacken angewinkelt, die freie Hand hält er nach Art neu angekommener Besucher vor seinen

Frau aus Bishaasi (Mavaca)

Mund. Er beobachtet die Kinder, die auf dem Platz in der Mitte spielen; sie sind in zwei Mannschaften geteilt und kämpfen gegeneinander mit langen, aus weichem Holz geschnittenen Knüppeln, die die Haut nicht verletzen, aber Beulen verursachen können. Die Schläge gehen ins Ungewisse, wer getroffen worden ist, beißt die Zähne zusammen, um nicht zu zeigen, daß es ihm weh tut, und versucht, dem Gegner den Schlag zurückzugeben. Als die Kinder ihr Spiel beendet

Alltag im großen Haus

haben, pflanzen sie ihre Waffen in zwei parallelen Linien auf.

In der Nähe inhaliert eine Gruppe von Heranwachsenden ein Halluzinogene Zum Spaß ruft eine Art großer Teufel einen etwa zehnjährigen Knaben herbei und befiehlt ihm, ebenfalls von der Droge zu nehmen: er sagt, daß es feige sei, sich davor zu drücken. Das Kind wagt nicht abzulehnen, man bläst ihm mehrere sehr starke Dosen ein; von der Substanz niedergestreckt, fällt es hin, sein Kopf schlägt auf den Boden.

Im Osten droht eine dicke Regenwolke. Am Feuer neben dem von Hebëwë richtet Bokorawë, der Schamane, die nächtlichen Sitzstangen für seinen Papagei her: zwei mit einem Querstab verbundene Bogenteile. Im nahen Wald läßt ein Königsspecht seinen Schrei vernehmen; Tõhõwë ruft ihm den konventionellen Satz zu:

»Ich bin noch jung, ich bin noch jung!«

Unvermittelt zerplatzt die Wolke. Es ist einer der kurzen und heftigen abendlichen Gewitterstürme. Der Wind bläst und biegt die Wipfel der Bäume; Tropfen fallen, immer dichter, Blitze zerreißen die dicke Masse der Wolken. Die zahmen Agami stolzieren auf ihren hohen Beinen mit ruckartigen Schritten über den zentralen Platz, mitten durch den Regenguß, denn sie suchen das Wasser. Die großen Pfützen, die sich bilden, sind für sie Badewannen, in denen sie sich flügelschlagend wälzen; manchmal stoßen sie jenen erstaunlichen Schrei aus, der ihnen den Namen Trompetenvögel eingetragen hat. Die Frauen waschen sich an den Dachrinnen, andere nutzen das unverhoffte Glück, um ihre Töpfe zu füllen. Hebëwë bemerkt, daß am benachbarten Feuer die alte Yerusi jedesmal hustet, wenn sie furzt. Hisami geht mit einer Freundin hinter das Dach, sie pissen stehend mit gespreizten Beinen und gebogener Taille, damit der Urinstrahl so weit wie möglich spritzt. Bei Rubrowë fängt ein grob geflochtener Korb, der zu dicht über der Glut hängt, plötzlich Feuer. Er enthält geräucherte Fische, die einer nach dem anderen herausfallen. Man versucht, die Flammen mit der Hand zu löschen, dann kommt man auf die Idee, sie mit Wasser zu besprengen. Die Nachbarn brechen in Gelächter aus, hocherfreut über den Zwischenfall.

Endlich erscheint Tabrobemi, seine Frau; sie trägt ein Paket gerösteter Plátano, die mit einer Faser zusammengeschnürt sind. Sie reicht diese Nahrung ihrem jungen Gatten und entfernt sich wieder, ohne das Wort an ihn zu richten.

Liebesgeschichten

Als Kind war Tabrobemi sehr krank gewesen. Sie hatte einen jener endlosen Durchfälle gehabt, die nur allzuoft das Leben der kleinen Indianer gefährden; sie war schrecklich mager und häßlich geworden und wäre beinahe gestorben. Dank der aufopfernden Fürsorge der Schamanen, die sie unermüdlich pflegten, wurde sie gerettet. Sie nahm wieder zu und bekam bald ihre erste Regel. Trotz ihrer stumpfen, spröden und spärlichen Haare, die ihr den Spitznamen »die Kahle« eintrugen, ist sie jetzt ein hübsches Mädchen, dem die Knaben den Hof machen. Sie ist von heiterem, freundlichem Wesen, aber sie hat ihre Launen. Sie bricht in Tränen aus, sobald man ihr heftig widerspricht. Wie alle heranwachsenden Yanomami-Mädchen hängt sie sehr an ihren Eltern und hat wenig Lust, sie zu verlassen. Man sagt, sie sei freigebig gegenüber den Knaben und ihren Avancen geneigt.

Die Nacht kommt; die Luft ist wieder lau geworden, der Himmel von den Wolken gereinigt, die ihn überzogen hatten. Es ist Vollmond; bald wird seine Scheibe hinter dem Vorhang der Bäume aufgehen. Kinder jagen die Glühwürmchen, die sich unter das Dach verirren; sie erwischen ein paar, werfen sie in die Luft, um sie wieder aufzufangen; manchen gelingt es zu entwischen. Einige Männer, die ihr Geschrei satt haben, verlangen, daß man das Spiel beende. Niemand gehorcht ihnen. Die Frauen mischen sich ein, eine von ihnen sagt:

»Ihr werdet sie ins Auge kriegen!«

Doch die Kinder haben es mit dem Parieren nicht eilig. Später gehen sie aus eigenem Antrieb eines nach dem anderen fort, manchmal ein Insekt mitnehmend, das sie mit einem Faden an ihrer Hängematte befestigen, um ihr Glühen während der Nacht zu betrachten. Damit die Yanomami einander erkennen können, wenn sie im Dunkeln herumlaufen, zerquetschen sie Glühwürmchen auf ihren Schultern und auf ihrer Brust, so daß diese phosphoreszieren. Man sagt, die Glühwürmchen seien Sterne, die vom Himmel fallen.

Tōhōwë stiehlt sich davon und geht zu Rubrowë, wo er die schöne Brahaima zu Besuch antrifft. Er legt sich in eine Hängematte parallel zu der Frau; ihre Körper sind einander so nahe, daß sie sich berühren. Sie plaudern über gleichgültige Dinge. Brahaima legt ein Bein auf die Schenkel des Knaben, dessen Begehren bei diesem Zeichen erwacht. Sie setzen die Unterhaltung fort; Tōhōwë ist verwirrt und weiß nicht mehr, was er sagt. Bald streicht eine Hand über seine Leiste, er möchte die Berührung, die folgen wird, verhindern und schützt sich mit der

Alltag im großen Haus

Hand. Er ist von Rubrowës Anwesenheit eingeschüchtert und möchte gehen; aber man bittet ihn, noch zu bleiben. Er hätte sich zur Liebe entschlossen, aber nun taucht nach und nach die flammende Scheibe des Mondes auf und wirft ihr Licht in das Haus.

Bald verbindet Hebëwë, Tõhõwë und Erasiwë eine tiefe Freundschaft. Letzterer sagt »Vater« zu den beiden anderen, obwohl der Altersunterschied zwischen ihnen nur zwei oder drei Jahre beträgt. Alle kleinen Dinge des täglichen Lebens machen sie gemeinsam; sie gehen zusammen in den Wald, um zu jagen und zu fischen, sie teilen ihre Mahlzeiten, helfen einander bei jeder Gelegenheit und vertrauen sich viele kleine Geheimnisse an. Tabrobemi dagegen zeigt ihrem Gatten die kalte Schulter; wie es sich gehört, bringt sie ihm die Nahrung, die ihm ihre Eltern schicken, und bereitet ihm jeden Tag einen Tabakpriem zu, sie entlaust ihn sorgfältig, entfernt die kleinen roten Punkte, die das Saugen der Sandmücken auf der Haut hinterläßt, mit den Fingernägeln oder den Zähnen. Es kommt vor, daß sie sich gehenläßt und sich neben ihn legt. Freilich überhört sie seine Rufe. Er mag noch so bitten:
»Machen wir Liebe?«
Immer antwortet sie mit Nein.
Da seine Gattin ihn verschmäht, wird Hebëwës Aufmerksamkeit von der anmutigen Shubama gefesselt; sie ist mit einem ihrer Vettern verheiratet, der Hishokoiwë heißt und ebenfalls aus Karohi stammt. Shubama zeigt Hebëwë ein freundliches Gesicht und wirft ihm glühende Blicke zu. Als das der Knabe sieht, schickt er Tõhõwë zu ihr, um ihre Einwilligung zu erbitten, sich mit ihm im Wald zu treffen. Augenblicklich gewährt sie ihm diese Gunst, und ohne Wissen des Ehemannes entspinnt sich eine Liebesaffäre. Die Liebenden treffen sich an vereinbarten Orten; Tõhõwë und Erasiwë sind eingeweiht und helfen ihrem Gefährten. Jeden Morgen läßt Shubama Hebëwë ausrichten, daß sie zusammen in den Wald gehen werden; sie verlassen das Haus durch verschiedene Ausgänge, lieben sich, schlendern umher auf der Suche nach wilden Früchten, die sie dann essen. Sie trennen sich, wenn die Sonne im Zenit steht, und kehren zu verschiedenen Zeiten in die Wohnstatt zurück. Ihr Treiben währt einen ganzen Mond, ohne daß Hishokoiwë Verdacht schöpft. Eines Nachts treffen sie sich hinter dem Dach und lieben sich im Schutz des an dieser Stelle sehr dichten

Liebesgeschichten

Gestrüpps. Sie sind dem *shabono* so nahe, daß sie die Gespräche hören können. Unterdessen braucht Hishokoiwë seine Frau und stellt fest, daß sie nicht da ist; er bemerkt auch Hebëwës Abwesenheit. Entdeckt er dieses Zusammentreffen von selbst, oder hat ihn ein Freund von den Seitensprüngen seiner Frau unterrichtet? Zu allem Unglück ruft auch noch Shubamas Mutter laut nach ihr:
»Shubama, wo bist du? Komm sofort her!«
»Das ist deine Mutter«, sagt Hebëwë, der es gehört hat.
»Was macht das? Hast du Angst?«
Hebëwë will nicht als Feigling gelten und insistiert nicht. Sie säumen noch, das ist unvorsichtig. Schließlich geht Shubama zurück zu ihren Eltern. Hebëwë wartet einen Augenblick, bevor er ins Haus schlüpft und sich in seine Hängematte legt. Hishokoiwë belauert sie: er hat begriffen, er weiß von ihrem Verhältnis, schweigt jedoch.

Von diesem Augenblick an werden die Beziehungen zwischen den beiden Rivalen eisig. Shubama, von ihren Eltern und ihrem Ehemann scharf bewacht, kann sich nicht mehr frei bewegen. Ein Gerücht geht um: wahrscheinlich aus Prahlerei hat Hishokoiwë einigen Vertrauten mitgeteilt, daß er Hebëwë töten werde. Dieser berät sich mit seinen Gefährten; sie nehmen die Drohung ernst: es ist besser, sich von dem Gegner nicht überraschen zu lassen, sondern im zuvorzukommen und ihn als ersten zu treffen.

Die einflußreichen Männer, die Alten und die Fraktionsführer, beschließen, die Gruppe zu einem Lagerplatz zu führen, wo der »Regenfluß« und der Orinoko zusammenfließen. An dieser Stelle gibt es große Kolonien von *wabu*-Bäumen, deren Früchte gerade reifen. Bequem in einem provisorischen Lager eingerichtet, werden sich die Indianer von den Produkten des Sammelns und der Jagd ernähren, und die Ruhe, die sie den Gartenpflanzungen gönnen, wird es diesen erlauben zu wachsen, so daß sie bei der Heimkehr reiche Ernte liefern werden.

Mit dem unbedingt Notwendigen ausgerüstet, dringen die Familien in den Wald und gelangen nach einer unterwegs verbrachten Nacht ans Ziel. Das Lager wird am Ufer eines dunklen und ruhigen Bachs aufgeschlagen. Es ist die Jahreszeit der »hohen Wasser«; der Orinoko und der »Regenfluß«, von den jüngsten Regenfällen angeschwollen, führen Äste und Baumstämme mit sich. Eisvögel, die unvermittelt vom Fliegen zum Schwimmen übergehen, schießen ins Wasser und tauchen

Provisorisches Lager im Wald

mit einem glitzernden Fisch im Schnabel wieder empor. Manchmal kommt ein kleiner Fisch an die Oberfläche und saust, von den Schwingungen seines Schwanzes angetrieben, davon, um einem fleischfressenden Artgenossen zu entwischen. Eine lärmende Kolonie von *cacicus* hat ihre Nester an den niedrigen Zweigen eines Genipa aufgehängt; es sind geschickte Nachahmer von Tierschreien, und ihr ohrenbetäubendes Geschnatter erinnert nacheinander an die Spechte, die Satansaffen,

die Papageien, die Aras oder die Tukane. Ein morscher alter Baum, von der Feuchtigkeit und den Termiten zerfressen, kracht donnernd zu Boden.

Hebëwë, Tõhõwë und Erasiwë hausen unter demselben Wetterschirm: drei Stangen, im Dreieck in den Boden gerammt, tragen ein trapezförmiges, mit *ketiba*-Blättern bedecktes Dach. Die Unterkunft ist einfach, schnell zu bauen und schützt gut vor Regen, sofern das

Alltag im großen Haus

Dach den richtigen Neigungswinkel hat und die Blätter sorgfältig angebracht sind.

Die drei Knaben, die entschlossen sind, so schnell wie möglich zu handeln, warten auf eine günstige Gelegenheit. Eines Morgens geht Hishokoiwë mit seiner Frau Palmfrüchte suchen, die er tags zuvor auf der Jagd entdeckt hat. Er packt seinen Bogen und seine Machete und steigt mit seiner Frau, die eine Kiepe trägt, in ein Boot, um den »Regenfluß« hinaufzurudern. Hebëwë und seine Gefährten spüren, daß der Augenblick gekommen ist. Sie warten, bis sich die Unterkünfte rings um sie leeren. Die Sonne steht hoch, als sie eine Fadenrolle, ein paar Hängematten und ihre Waffen nehmen. Einer alten Frau, die dageblieben ist, um Früchte zu kochen, erklären sie, daß sie fischen gehen.

Sie folgen dem Ufer flußaufwärts, auf der Suche nach dem Ehepaar. An den niederen Stellen werden sie von dem Wasser behindert, das den Boden überschwemmt; die am Rand der Wasserläufe oft undurchdringliche Vegetation zwingt zu vielen Umwegen. Ihre Mordlust schwindet in dem Maße, in dem die Zeit verstreicht, und je mehr Mühe es sie kostet, voranzukommen. Sie jagen kleine Vögel, verfolgen Affen, scherzen und vergessen bereits den Anlaß ihrer Wanderung, als plötzlich Stimmen am Ufer ihre Aufmerksamkeit erregen. Sie lauschen und erkennen Hishokoiwë und seine Frau, die sich auf dem Rückweg befinden. Schnell bahnen sich die Knaben einen Weg durch ein Gewirr von Schlingpflanzen; die Strömung trägt das Fahrzeug mit großer Geschwindigkeit fort, man muß sich beeilen. Hebëwë murmelt:

»Diesmal töte ich ihn!«

Er legt einen Pfeil auf, spannt den Bogen und zielt. Tôhôwë drückt das Laub für ihn beiseite. Das Boot gleitet an ihnen vorbei: Hishokoiwë, der am Heck paddelt, kehrt ihnen den Rücken zu und entfernt sich. Der Bogen entspannt abrupt, man hört das trockene Geräusch der Sehne, die gegen den Bogenstab schnellt: der Pfeil schwirrt ab, seine lanzenförmige Bambusspitze dringt in die Schulter des jungen Mannes ein, prallt jedoch vom Schulterblatt ab und fällt herunter.

Schmerz und Überraschung sind so gewaltig, daß Hishokoiwë das Paddel losläßt und brüllt:

»Wer will mich denn töten?«

Shubama verliert ihre Ruhe nicht, sie holt das Paddel ein, das neben dem Boot treibt, und schlägt so kräftig ins Wasser, daß sie und ihr

Liebesgeschichten

Mann den Blicken der Angreifer entschwinden. Es war höchste Zeit: Hebëwë hatte einen zweiten Pfeil in den Bogen gespannt. Die drei Komplizen sind ratlos und wissen nicht, was sie nun tun sollen. Hebëwë erklärt, daß man ins Lager zurück muß; was immer geschehe, er will nicht als Feigling gelten. Ihr Opfer und seine Frau sind schon vor ihnen eingetroffen. Als Hebëwë auftaucht, geht Hishokoiwës Schwiegervater, von seinen Brüdern flankiert, drohend auf ihn zu; Tōhōwë und Erasiwë sind nicht unmittelbar betroffen und halten es für ratsam, ihren Unterschlupf aufzusuchen. Im Nu ist Hebëwë entwaffnet, seine Pfeile zerbrochen, sein Bogen in kleine Stücke zerschlagen. Die einen packen ihn an den Armen, schwingen Äxte über seinem Kopf und schwören, daß sie ihn spalten werden; andere kommen und stechen ihn mit Pfeilspitzen. Frauen, die in ihrer Hängematte liegengeblieben sind, stoßen Schmähungen aus und schreien, man solle ihn umbringen. Shubamas Vater versetzt ihm zwei kräftige Keulenschläge. Von Schwindel erfaßt, ist Hebëwë im Begriff, das Bewußtsein zu verlieren, ein schwarzer Schleier senkt sich über seine Augen; er reißt sich zusammen und bleibt stehen. Ein dünnes Blutrinnsal auf seiner Stirn macht ihn blind, ein anderes läuft den Hals und den Rücken hinunter. Seine Bestrafer lassen von ihm ab, mit der Züchtigung zufrieden; und er kann sich in seine Hängematte legen. Er hat Schmerzen und gibt keinen Laut von sich. Die Leute seiner Verwandtschaft haben sich nicht gezeigt; allzu offenkundig war er im Unrecht, nur sein Vater hätte ihn verteidigen können.

Tōhōwë wischt seinem Freund das Blut ab, entfernt die in der Wunde klebenden Haare: die Kopfhaut ist glatt eingerissen, aber die Verletzung ist nicht schwer.

In der Nacht nimmt ihn sein Schwiegervater beiseite. Er kann nichts anfangen, sagt er, mit einem Taugenichts von Schwiegersohn, der mit der Frau eines anderen schläft und die eigene vernachlässigt, der so faul ist, daß er weder jagen noch fischen geht. Er will nichts mehr von ihm wissen und entzieht ihm seine Tochter. Soll er gehen! Bei Tagesanbruch rollt Hebëwë seine Hängematte zusammen, borgt sich von Tōhōwë einen Bogen und Pfeile und dringt in den Wald ein, um zu seinen Eltern zurückzukehren.

Als Hebëwës Abenteuer in Karohi bekannt wird, kristallisiert es die Rivalitäten, erhitzt die Gemüter, entfacht die Leidenschaften. Das öffentliche Gerede und die Lust am Skandal entstellen die Tatsachen

69

Alltag im großen Haus

und übertreiben willkürlich den Ernst der Lage. Die beiden streitenden Parteien, die die Gemeinschaft spalten, treten einander nun offen entgegen, zumal die eine von Kaõmawë, also dem Vater des Angreifers Hebëwë, angefeuert wird, die andere von Shimoreiwë, dem Vater des Opfers Hishokoiwë. Unabwendbar fügt sich jeder Konflikt in das Muster der Verwandtschaftsbeziehungen oder in das – häufig zugrundeliegende – Muster der Fraktionsgegensätze. Die Eltern stellen sich immer auf die Seite ihrer Kinder, was diese auch getan haben mögen. Niemals wird eine Tat nach einem Moralkodex bewertet, niemals zeigt der Täter Reue oder Bedauern; die Verurteilung ergibt sich vielmehr aus der Störung eines unsicheren und subtilen gesellschaftlichen Gleichgewichts, einer Unausgeglichenheit zwischen den rivalisierenden Kräften: ist die Fraktion des Schuldigen in der Minderheit, so wird er der Strafe nicht entgehen; ist sie die stärkere, so bleibt er ungeschoren. Letztlich ist es nicht einmal notwendig, einander bewaffnet entgegenzutreten, denn die gesellschaftliche Unordnung, die aus einer Verfehlung erwächst, ist aufgrund des Unbehagens, das sie in der Gemeinschaft hervorruft, eine Strafe, die stark genug wirkt, um Feindseligkeit und Aggression zu bremsen.

Shimoreiwë hält eine kurze, aber heftige öffentliche Ansprache:

»Sollte mein Sohn an seiner Verletzung sterben, dann werden wir gegeneinander kämpfen müssen; eure Körper wird die Rache treffen, die ich für sie bestimme. Wenn er überlebt und gesund wird, dann werden wir uns auf alle Fälle trennen. Nie mehr werde ich mit Menschen leben können, die meinen Sohn ermorden wollten. Aus Spielerei hat man ihn töten wollen! Aus Spielerei! Einen anderen Grund gab es nicht. Man hat ihn heimtückisch angegriffen. Er war nicht auf der Hut. Ihr seid schlecht! Ihr seid schlecht!«

Mabroma steht ihm an Heftigkeit nicht nach. Doch ihre Rede, die auf Shimoreiwës Worte nicht eingeht, richtet sich gegen den Mann, der ihren Sohn geschlagen hat:

»Shikowei ist ein grundschlechter und feiger Mensch. Mein Sohn ist unschuldig, er hat sich nur verteidigt. Da ihr uns verabscheut, werden wir nach Batanawë ziehen, wo mein älterer Bruder lebt. Dort werden wir Zuflucht suchen. Ihr seid mir widerwärtig, eure Feigheit kennt keine Grenzen. Nein, ich werde nicht länger bei euch bleiben, die ihr uns haßt!«

Damit ist die Frage des Zusammenlebens gestellt: die Gemeinschaft

Liebesgeschichten

ist im Begriff, auseinanderzubrechen und als solche zu verschwinden. Die Spaltung einer lokalen Gruppe in widerstreitende Fraktionen kündigt häufig, wenn sie von einem Konflikt zu hart gebeutelt wird, ihre mögliche Auflösung an. Dann werden die unsinnigsten Pläne ausgesprochen.

Weniger heftig, da wohl weniger betroffen, kommentieren einige das Ereignis wie folgt:

»Warum hat Hebëwë so großes Vergnügen daran gefunden, mit Shubama zu huren?«

Bisher hat Kaõmawë geschwiegen, er wartet, bis es dunkel ist, um in eine Schmährede auszubrechen, die seiner herausragenden Rolle in Kahori würdig ist:

»Ihr wollt fortgehen? So geht doch. Wir werden euch nicht bitten zu bleiben, vielleicht werde ich euch zuvorkommen. Ich ziehe es vor, mich unseren Feinden in Mahekoto anzuschließen, meine Hängematte in der Nähe von ›Schiefmaul‹ aufzuhängen, statt eure bösen Gesichter zu betrachten. Warum habt ihr den Bogen und die Pfeile meines Sohnes zerbrochen? Warum? Sollen sie, die so feige sind, das bei unseren gemeinsamen Feinden tun. Aber sie haben Angst! Shikowei, du hast meinen Sohn geschlagen, komm her und miß dich mit mir in einem Kampf mit der Keule! Glaubst du, ich werde diese Beleidigung durchgehen lassen, ohne sie gebührend zu beantworten? Wenn ihr uns in den Krieg begleitet, dann wissen wir, daß ihr euch damit zufriedengebt, uns zu folgen. Niemals habt ihr aus eigenem Antrieb einen Streifzug unternommen: ihr schließt euch den anderen an und lauft ihnen hinterher. Ihr verliert eure Zeit, ihr macht euch lächerlich, nie habt ihr jemanden getötet, niemals schießt ihr einen Pfeil auf einen Feind. Du selbst, Shikowei, der du so aussiehst, als seist du wild und tapfer, du hast zwar eine fettige Haut, wie Mörder sie haben, aber jeder weiß, daß du noch nie jemand getötet hast. Deine Augen haben sich geweitet, als du meinen Sohn geschlagen hast. Geh hin und töte Asiyawë, unseren Feind, der wenigstens tapfer ist! Wir werden uns mit der Keule messen, zweifle nicht daran. Vielleicht wirst du mich schlagen, aber denke nur nicht, du könntest stehen bleiben. Schlag mich mit deiner Keule oder mit deiner Axt, mir ist es gleich, ich fürchte dich nicht. Wir werden miteinander kämpfen. Früher hast du aus Angeberei denen aus Witokaya gesagt, daß du mich töten wolltest! Ich habe gewartet, vergeblich. Ich werde mich denen aus Witokaya anschließen, sie ge-

Alltag im großen Haus

hören zu meiner Verwandtschaft, wir werden dich in die Flucht schlagen. Früher hast du einmal behauptet, du wolltest die aus Batanawë töten, aber du hast nicht einmal einen Mond abgewartet, um sie zu besuchen und Güter von ihnen zu fordern. Du bist nichts weiter als ein Lügner, ein Aufschneider. In Tayari heulen die Frauen vor Wut, ihre Lippen verzerren sich vor Bosheit; sollen sie schweigen oder euch anspornen, angesichts der Feinde Mut zu beweisen. Denn ihr seid nichts anderes als Feiglinge, ja, Memmen! Shikowei, ich weiß genau, daß du die Angewohnheit hast, den Hals zu recken, um die Krieger zu betrachten, die auf dem zentralen Platz in einer Reihe stehen, bereit, die Feinde zu schlagen. Wirst du dich ihnen anschließen? Du hast das Blut meines Sohnes vergossen, jetzt mußt du meine Schläge fürchten. Glaube nicht, du könntest uns entwischen, wenn du auf die andere Seite des Orinoko gehst, um dort zu wohnen. Bleib, wo du bist, bleib in Tayari! Ich jedenfalls ziehe es vor, mich unseren Feinden anzuschließen, mich mit ihnen zu verbünden; wenn sie mir Gastfreundschaft gewähren, gibt es unter ihnen Männer, zu denen ich ›Vater‹, ›Bruder‹ oder ›Sohn‹ sage: sie sind von meiner Verwandtschaft. Beschwere dich nicht über dieses Bündnis, du weißt genau, daß eure Frauen trotz des Krieges, den wir führen, ihre Besuche in Mahekoto fortgesetzt haben und manchmal unsere Pläne verrieten. Nein, geh nicht weg, bleib in Tayari, fahre fort, deine Hängematte dort anzubringen, deinen Garten zu vergrößern! Ich werde unter den Kriegern sein, die euch angreifen werden. Schabt und hobelt eure Bögen, macht sie geschmeidig und kampftauglich: dreht die Sehnen, begradigt eure Pfeile! Wenn ihr uns mit schwarzer Farbe bemalt sehen werdet, dann werdet ihr eure Augen weit aufreißen vor Schrecken, ihr werdet in euren Booten bleiben, unschlüssig, da ihr nicht mehr wißt, an welchem Ufer ihr anlegen sollt!«

So weit ist der Streit gediehen, als man hinter eine andere Affäre kommt: den Inzest zwischen Moriwë – dem »Bruder« von Hebëwë – und Hiyomi. Schon seit langem treiben es die jungen Leute heimlich miteinander: sie treffen sich im Wald, legen sich in dieselbe Hängematte, wenn die anderen schlafen. Moriwë »ißt« die Vagina von Hiyomi, obwohl sie für ihn eine »Mutter« ist. Jetzt will er sie zur Frau haben und holt sie an seine Feuerstelle, womit er seinen Inzest offenkundig macht.

Liebesgeschichten

Die Mißbilligung äußert sich anfangs nur leise und indirekt. Eines Morgens, in aller Frühe, noch bevor die Dämmerung den Himmel bleicht, ruft Frērema laut:
»Was geht vor? Warum säumt der Tag so lange?«
Moriwë weiß genau, daß die Anspielung ihm gilt und daß sich Frērema auf ein bestimmtes Ereignis bezieht. Man erzählt, daß sich in den mythischen Zeiten der Yanomami-Vorfahren die jungen Männer inzestuös mit ihren Schwestern verbanden. Da hörte der Tag auf, es herrschte tiefe Dunkelheit in der Wohnstatt, sie dauerte so lange, daß ihnen das Brennholz ausging. Sie schlotterten vor Kälte, die Feuer waren erloschen, auf allen vieren krochen sie herum und suchten tastend nach Reisig. Einige waren unschuldig, sie wagten sich aus dem *shabono* heraus und sahen, daß es draußen Tag war. Während sie sich entfernten, verwandelten sich die anderen in Faultiere, und die Nacht zerrann.
Im geheimen mißbilligt Mabroma den Inzest, aber sie enthält sich jeden öffentlichen Kommentars. Sie zieht die Lehre aus der Situation und sagt zu ihren Söhnen:
»Was sie tun, ist unrein. Wer dem Inzest verfällt, verbrennt nicht bei der Einäscherung.«
Die beiden Brüder beschränken sich darauf, über Moriwë zu spotten, und sagen leise unter sich:
»Du hast eine ölige Stirn, du bist inzestuös!«
Seit Moriwë mit Hiyomi schläft, sagt er nicht mehr »Mutter« zu ihr, und sie nennt ihn nicht mehr »kleiner Bruder« wie früher, sie benutzen Spitznamen oder vermeiden es, sich genauer ausdrücken zu müssen. Indem sie auf ihre jeweiligen Verwandtschaftsnamen verzichten, zerstören sie fiktiv das Band der Blutsverwandtschaft. Dagegen folgen sie korrekt dem Brauch, wenn sie ihre Eltern ansprechen. Hiyomi sagt zu Moriwës Vater »älterer Bruder«, und Moriwës kleine Schwester sagt immer noch »Mutter« zu Hiyomi, obwohl diese jetzt ihren Bruder heiratet. Die Manipulation des Verwandtschaftsvokabulars betrifft stets nur die Termini, mit denen die Schuldigen einander anreden; häufig ist ein offenbarer Widerspruch in der Art der Benennung der Grund, daß eine inzestuöse Beziehung entdeckt wird.
Die Yanomami verurteilen den Inzest, nehmen ihn jedoch nicht immer ernst; alles hängt von der Persönlichkeit und von der lokalen politischen Lage in dem Augenblick ab, da ein Fall bekannt wird. Ein

Alltag im großen Haus

weitverbreitetes Scherzwort lautet:

»Nur mein Mund sagt ›Mutter‹ (oder ›Schwester‹), der ganze untere Teil meines Körpers sagt ›Gattin‹ zu ihr.«

Es gibt nur wenige Yanomami, die nicht mindestens einmal in ihrem Leben die Vagina einer verbotenen Verwandten »gegessen« haben: einer »Schwester«, »Schwiegermutter« oder »Mutter«. Die Schuldigen werden nicht immer entdeckt, und wenn man sie entdeckt, ist die Bestrafung nicht unbedingt hart. Der Fall eines Heranwachsenden, der mit Machetenhieben übersät ist, weil er mit einer »Schwester« geschlafen hat, ist ungewöhnlich.

Während einer Drogensitzung steigt die Spannung. Ahnungslos wie meistens sitzt Moriwë in einer Gruppe junger Männer, als sich Wakamoshiwë mit zusammengebissenen Zähnen und einem Faden grünlichem Rotz an der Nase zu ihm beugt und murmelt:

»Inzestuöser! Inzestuöser! Du bist inzestuös!«

Moriwë ist nicht imstande, etwas zu verstehen. Turaewë dagegen, der die Beschimpfung gehört hat, wartet, bis es dunkel ist, um seinen Sohn öffentlich zu verteidigen.

»Was habt ihr leise zu reden? Was sagt ihr? Werdet ihr endlich aufhören, böse Worte zu sagen? Bis jetzt habe ich geschwiegen, aber ich bin es leid, mir anzuhören, was man leise sagt. Genug! Man soll meinen Sohn in Ruhe lassen. Ihr sprecht von Inzest? Wißt ihr denn nicht, daß nur die Tapferen ihn begehen, da sie weder böse Worte noch Züchtigungen fürchten? Andere hätten sich im Wald versteckt, er aber zeigt sich, weil er keine Angst vor euch hat. Schweigt, garstige Mäuler, die der Neid verzehrt. Alle, die einen anmutigen Körper und angenehme Züge haben, sind inzestuös. Mein Sohn ist hier neben mir, laßt euch nicht einfallen, Pfeile auf ihn zu schießen oder ihn auf den Kopf zu schlagen. Ihr sagt, ihr wollt fortgehen, euch von uns trennen; auch ich werde abseits leben, damit ich euch nicht mehr hören muß. Ich werde den ›Regenfluß‹ hinunterziehen und dort neues Rodeland anlegen. Bis dahin schweigt und bleibt ruhig!«

Am nächsten Morgen kommt es zwischen Natoma und Moriwës Mutter zu einer heftigen Auseinandersetzung; letztere behauptet, daß Hiyomi, die unfähig sei, ihren sexuellen Appetit zu zügeln, sich mit dem Erstbesten paare, und sei es ein Kind oder ein naher Verwandter. Natoma, die Frau von Hiyomis Bruder, grollt:

»Schon seit langem schlafen sie zusammen. Hast du es nicht be-

Liebesgeschichten

merkt? Sag nicht, daß du nichts wußtest, wo sie sich doch ganz in deiner Nähe umarmten! Sahst du sie nachts nicht aufstehen? Du hast inzestuösen Unrat zur Welt gebracht, denn es handelt sich um deinen Sohn.«

Die Stimmen werden immer lauter, bis die Frauen, vom Zorn hingerissen und um einander zu beleidigen, ihre Personennamen brüllen.

Moriwë schweigt, scheinbar gleichgültig. Er nimmt seine Fischleine, ein Paddel und ein Messer und geht zur Landungsstelle. Hiyomi, allein zurückgeblieben, weint in ihrer Hängematte. Sie wartet, bis Moriwës Eltern aufbrechen, um im Garten Maniok zu ernten; dann steht sie auf, breitet ihre in einem Beutel enthaltenen Sachen aus, zerreißt ingrimmig ein Stück Stoff, zerbricht Ketten aus Muschelperlen. Natoma hat erraten, daß sie fortgehen will; sie taucht auf, um die Dinge an sich zu nehmen, die ihr gehören: einen Topf und eine wertlose Kalebasse. Neugierig kommen einige Frauen herbei und setzen sich. Unterdessen wickelt Hiyomi die Dinge ein, die sie mitnehmen will. Zaghaft versucht Mabroma, sie zurückzuhalten, aber das Mädchen stellt sich taub, nimmt seine Hängematte ab und geht. Man hört dumpfe Geräusche in einem Boot, dann das Plätschern des vom Paddel geschlagenen Wassers. Kokobirama sammelt hastig die Stoffetzen auf, die den Boden übersäen, und bringt ein Stück Maniokfladen an sich, das in einem Korb zurückgeblieben ist.

Die Sonne steht senkrecht, als Moriwë zurückkehrt. Er scheint die Abwesenheit seiner Frau nicht zu bemerken. Er löst ein paar reife Bananen ab, bricht ein Stück Fladen und legt sich hin. Von ferne winkt Hebëwë ihn zu sich. Als er bei ihm ist, unterrichtet er ihn von den letzten Ereignissen und von Hiyomis Flucht. Moriwë ist wortkarg; er kehrt zu seiner Feuerstelle zurück, prüft mit zusammengekniffenem Auge seine Pfeile und begradigt sie über der Hitze der angefachten Glut. Als er geht, sagt eine Frau:

»Weshalb sie suchen? Soll er sie doch lassen, wo sie ist.«

Moriwë glaubt, daß seine Frau nach Wayaboterewë zu ihrem zweiten älteren Bruder gegangen ist; daher schlägt er den Pfad ein, der zu dieser Gruppe führt. Doch so aufmerksam er den Boden auch absucht, keinerlei Fußspur weist darauf hin, daß vor kurzem jemand den Weg benutzt hat. Er geht weiter bis zu einem schlammigen und sumpfigen Gebiet. Hier ist ganz offenkundig seit langem niemand gegangen; es

Liebesgeschichten

bleibt ihm nichts anderes übrig, als umzukehren. Als er wieder in der Nähe von Karohi angekommen ist, begegnet er der Ausreißerin vor dem Garten. Sie willigt ein, in die Wohnstatt zurückzukehren, da sie begreift, daß, wenn man beharrlich ist, der Streit sich am Ende legen wird.

Ihre Entschlossenheit trägt Früchte, man tut so, als sähe man sie nicht, die kränkenden Bemerkungen werden seltener. Jeden Tag gehen sie zusammen hinaus, um zu fischen, Früchte zu sammeln, Raupen aufzulesen. Moriwë rodet den Wald, um Pflanzungen anzulegen. Während er die Lianen und die Sträucher abschneidet, setzt sie sich abseits nieder und flicht die Korbwaren des Haushalts. Mit diesen Tätigkeiten geben sie ihrer Verbindung die wirtschaftliche Unabhängigkeit. Denn normalerweise ist jede Familie in der Lage, alle ihre Bedürfnisse zu befriedigen; die Nahrungsmittel kommen aus dem Wald und den Gartenpflanzungen, ein Ehepaar ist imstande, alle für die materielle Existenz notwendigen Dinge herzustellen.

Die Zeit vergeht. Ein Mond stirbt, ein neuer entsteht und wächst am Himmel. Karohi findet zu friedlichen Tagen zurück, und alles erscheint seltsam eintönig nach einer so großen Aufregung. Man duldet nun die inzestuöse Verbindung: Moriwë und Hiyomi haben die Partie gewonnen.

Außerdem erfährt man, daß Hishokoiwë geheilt ist, und man sagt, Hebewës Schwiegervater habe seinen Groll vergessen und wünsche, daß sein Schwiegersohn zurückkehrt. Die Anlässe der Zwietracht sind verschwunden, und es ist nicht mehr die Rede davon, sich zu trennen.

Hebëwë gibt sich einem gelangweilten Müßiggang hin; jeden Tag stopft er sich mit Halluzinogenen voll; da er eine Frau sucht, meint er, daß ihm immerhin Hiyomi zugute kommen könnte. Mit dem Inzest hat Moriwë den Weg für ihn gebahnt. In Yanomami-Termini sind sie füreinander Geschwisterkinder, Söhne von Brüdern, das heißt »Brüder«; als solche haben sie Recht auf dieselben Frauen. Fortan will Hebëwë vergessen, daß Hiyomi für ihn eine »Mutter« ist, und sich nur noch an dies erinnern: daß sie die Frau eines »Bruders« ist. Beharrlich versucht er, seinen Plan zu verwirklichen, und streicht um den Haushalt, in Erwartung einer günstigen Gelegenheit. Eines Nachts geht Hiyomi zum Fluß hinunter, um sich zu waschen; Hebëwë folgt ihr. Einen Geliebten zu haben, fasziniert sie, sie leistet nicht den geringsten

Alltag im großen Haus

Widerstand, und sie paaren sich. Plötzlich fällt ein Lichtschein auf sie. Es ist Moriwë, der mißtrauisch auftaucht, eine Handvoll brennender Blätter in der Hand. Im Augenblick des Orgasmus überrascht, zieht Hebëwë sich zurück. Während er sich entfernt, hört er das Jammern der geschlagenen Hiyomi.

Auch nach Hebëwës Fortgang aus Tayari bleiben Tôhôwë und Erasiwë befreundet. Am benachbarten Feuer leben Bokorawë und Yerusi mit ihrer erwachsenen Tochter Hisami. Yerusi hat als Nebenmann Ayawë, den älteren Bruder von Tôhôwë. Ayawë lebt anderswo im *shabono,* des Abends taucht er manchmal unvermutet auf, legt sich in Yerusis Nähe nieder, bleibt lange Augenblicke dort, stumm, fast reglos, und nimmt hin und wieder den Letztgeborenen des Haushalts zu sich. Seine Diskretion ist vorbildlich. Ayawë und Tôhôwë nehmen an den wirtschaftlichen Tätigkeiten der Familie Bokorawë teil. In Wahrheit ist allein der ältere aktiv. Tôhôwë tut nur, was ihm gefällt, und als Gegenleistung für seine unregelmäßige Arbeit erhält er von Bokorawë einen Teil seiner Nahrung: geröstete Bananen, etwas Fisch oder gekochtes Fleisch, Früchte der Jahreszeit. Tôhôwë teilt mit Erasiwë, der ihm seinerseits einen Teil der Nahrung anbietet, die er von seinem Vater bekommt. In allen Handlungen des täglichen Lebens vereint die beiden Knaben eine unbedingte Solidarität.

Tôhôwë war noch ein kleines Kind, als er seinen Vater und seine Mutter verlor. Nacheinander zogen ihn seine älteren Brüder groß. Im allgemeinen ist er ein wohlgelaunter und gefälliger Knabe, der gerne hilft, wenn man ihn darum bittet, Eigenschaften, die in Tayari sehr geschätzt sind. Seine Wutanfälle dagegen sind ungemein heftig, er zerbricht und zerreißt alles, was ihm in die Hände fällt, zuerst seine eigenen Besitzstücke, dann die der anderen, da er in blindem Jähzorn niemanden mehr fürchtet. Danach flüchtet er sich in totale Schweigsamkeit, aus der nichts ihn herauszuholen vermag. Er verweigert jede Nahrung. Diese Anfälle sind Zeichen einer fast pathologischen Erregbarkeit, die jedoch sowohl sein Zartgefühl wie seine Gebrechlichkeit verrät. Als Kind war er fast häßlich. Die Pubertät hat die Formen seines Körpers gekräftigt und ebenmäßiger gemacht, seine Gesichtszüge verfeinert, während die Struktur seiner Haut zart und schön geblieben ist und seine Gesichtsfarbe jene matte Tönung bewahrt hat, die die Indianer so schätzen.

Liebesgeschichten

Tõhõwë war etwa zwölf Jahre alt, als er nach Tayari kam. Zuvor hatte er in Wayabotorewë und in Karohi gelebt, wo seine anderen Brüder sind. Er ging völlig nackt. Er erinnert sich, daß Makokoiwë ihm den ersten Lendenschurz aus rotem Tuch umgelegt hat, der gut nach Neuem roch: es bereitete ihm großes Vergnügen, ihn zu tragen. Er masturbierte: er spuckte in seine Hände und ahmte die Lendenbewegungen des Koitus nach – dem für die kleinen Indianer die Masturbation so weit wie möglich ähneln muß. Dann kam die Pubertät. Anfangs interessierte er sich für noch »grüne« Mädchen; er zog mehrere von ihnen ins Dickicht, um seinen mit Spucke befeuchteten Penis an ihrer Vulva oder ihrem Unterleib zu reiben. Er sagt, daß diese Praxis den Penis schmerzempfindlich mache. Aufmerksam betrachtete er die Farbe seines ersten Spermas: man sagt, daß alle, deren Sperma gelblich ist, nur Kinder zeugen, die jung sterben. Er wunderte sich, daß es eher farblos war. Lange hat er geglaubt, daß die Frauen, ganz wie die Männer, nur zwei Öffnungen haben: den After und die Vagina, die auch als Harnröhre dient.

In Tayari gibt man ihm den Beinamen »der Bärtige«, aus einem Grund, der in Vergessenheit geraten ist, und obwohl er kaum einen Bart hat. Um ihn zu necken, sagen die Erwachsenen oft zu ihm:

»Du, ›der Bärtige‹, du reißt dir vor Sonnenaufgang die Haare aus dem Kinn, versteckst sie den ganzen Tag über und pflanzt sie in der Dämmerung wieder ein.«

Seit Hebëwë fortgegangen ist, schleicht Tabrobemi, seine Frau, um Tõhõwë herum. Sie schiebt ihre Freundschaft zu Hisami vor, der sie Besuche abstatten will, um den größten Teil ihrer Zeit hier zu verbringen. Verstohlen wirft sie dem Knaben flammende Blicke zu. Sie spielen zusammen mit anderen jungen Leuten. Sie krakeelen, laufen einander nach, beißen sich, bespritzen sich beim Baden und wälzen sich im Sand. Anfangs ist sich Tõhõwë des Gefühls nicht bewußt, daß er im Herzen des jungen Mädchens keimen läßt. Nicht einen Augenblick kommt es ihm in den Sinn, daß es zwischen ihnen etwas anderes geben könnte als gute Kameradschaft. Obwohl sie gleichaltrig sind, ist sie für ihn eine »Tochter«, das heißt eine Frau, mit der er keine geschlechtliche Beziehung haben darf. Das Verwandtschaftsband, das zwischen ihnen besteht, erlaubt es ihnen, sich frei zu bewegen, ohne den Argwohn der anderen zu wecken, und ihre Freundschaft fortzusetzen. Im übrigen ist es Tabrobemi, die, als erste verliebt, den größten Eifer zeigt und am

79

Alltag im großen Haus

unternehmungslustigsten ist. Tõhõwë dagegen legt eine große Naivität an den Tag.

Den Platz, den Tabrobemi in seinem Leben einnimmt, entdeckt Tõhõwë, als sie mit ihren Eltern für ein paar Tage fortgeht, um im Moor Fische zu räuchern. Ohne allen Zweifel hatte sich Tõhõwë an die ständige Gegenwart des jungen Mädchens gewöhnt. Nun verspürt er ein merkwürdiges Unbehagen, er will sie auf der Stelle sehen: diese Abwesenheit ist ihm unerträglich und verschlägt ihm den Appetit, er kann sich das Bild seiner Freundin nicht aus dem Kopf schlagen, nichts interessiert ihn mehr. Einen Augenblick lang erwägt er den unsinnigen Plan, ihr zu folgen und sie zu bitten, mit ihm in den Wald zu fliehen, wo sie zusammen leben würden. Da er nicht weiß, was er tun soll, verläßt er Erasiwë für eine Weile und schlägt sein Lager an Tabrobemis Feuerstelle auf, wo er ihren kleinen Bruder antrifft, einen zwölfjährigen Knaben. Er schließt Freundschaft mit ihm und überträgt auf ihn die Zuneigung, die er für seine Schwester empfindet: er schläft bei ihm, macht ihm viele Nahrungsgeschenke und kann nach Belieben die Örtlichkeit besichtigen, wo Tabrobemi lebt, und sich in der Illusion ihrer verschwommenen Gegenwart wiegen, die eine überwache Sensibilität ihm als Wirklichkeit vorgaukelt.

Eines Morgens kommt sie zurück, mit Fischen und Früchten beladen, Sträuße aus gelben Blüten im Ohrläppchen, mit roter Farbe bemalt. Tõhõwë kann seine Erregung nur mit Mühe verbergen. Kurz darauf bringt ihm der kleine Bruder, zweifellos von ihr gesandt, einen in ein grünes Blatt gewickelten geräucherten Fisch. Wenig später kommt Tabrobemi, sie bringt Genipafrüchte, die sie zubereiten will, um sich die Haut zu färben. Tõhõwë bohrt mit einem Nagel Löcher in ein Stück Blech, um eine Reibe herzustellen; sie arbeitet, aber ihre Blicke heften sich eindringlich auf ihn, so als wolle sie ihm ihre Gefühle mitteilen. Die fleischige Schale der Früchte wird gerieben und ausgepreßt; der auf der Haut verteilte Saft nimmt beim Trocknen eine dunkelblaue Farbe an, die mehrere Tage hält.

Am nächsten Tag kampiert die ganze Gruppe im Wald in der Nähe einer Stelle, wo man in großen Mengen *morē*-Früchte findet. Die Bäume, auf denen sie wachsen, tragen nur alle vier Jahre; zur Erklärung dieser Anomalie sagen die Indianer, daß Donner ihr Herr ist und ihre Blüte so lange wie möglich hinauszögert. Um Donner dahin zu bringen, daß er die Bäume Früchte tragen läßt, reisen die Schamanen

Liebesgeschichten

ins Himmelsgewölbe, wo er wohnt. Dort treffen sie ihn, lassen ihn ins Wasser fallen und jagen ihm damit einen solchen Schrecken ein, daß er ihnen gewährt, worum sie bitten: die Blüten erscheinen und bald darauf die Früchte.

Tõhõwë und Erasiwë wollen unter demselben Schutzschirm zusammenbleiben. Sie heuern Kinder an, die die Blätter für das Dach auflesen sollen. Während sie im Wald herumschlendern, stoßen sie auf ein Wespennest, das unter einem breiten Blatt verborgen ist. Die wütenden Insekten stechen alle, die an der Spitze des Zuges gehen, und schlagen die Gruppe in die Flucht. Als die Kinder sich wieder sammeln, warten sie, bis die Wespen sich beruhigt haben, und spornen sich dann gegenseitig an: wer hat den Mut, das Nest mit seinen Händen zu zerquetschen? Der stets beherzte Erasiwë entschließt sich. Behutsam nähert er sich soweit wie möglich, und seine hervorschnellenden Hände zerdrücken die Insekten. Einige von ihnen konnten entweichen und stechen ihn; aber er rührt sich nicht und schützt seine Augen mit der Hand. Die Kinder zerstreuen sich. Als sie zurückkommen, die Arme voller Blätter, entdeckt Tõhõwë eine Doppelschleiche, eine Art Eidechse ohne Füße, blind und harmlos, mit schwarzweiß gestreiftem Körper; einen Teil ihres Lebens verbringt sie unter der Erde. Die Yanomami, die sie zu den Schlangen zählen, sind der Überzeugung, daß ihr Biß einen tödlichen Blutsturz zur Folge hat. Bei ihrem Anblick zuckt Tõhõwë zusammen, die Kinder legen ihre Last ab und bilden einen vorsichtigen Kreis um sie. Sie beobachten das ungeschickte Kriechen des Tieres und vergnügen sich damit, sein mühsames Fortkommen zu erschweren, indem sie ihm Hindernisse in den Weg werfen. Erasiwë bemerkt:

»Bestimmt ist ein großer und starker Yanomami von einem Pfeil getötet worden, denn diese Schlange ist von stattlichem Wuchs.«

Die Indianer meinen, daß aus dem Rückgrat jedes im Krieg getöteten Mannes eine Doppelschleiche kriecht. Diese Eidechse bringen sie in Verbindung mit der unterirdischen Welt, in der das Volk der *amahiri* wohnt; in der Tat kommt es nicht selten vor, daß sie auf dem zentralen Platz auftauchen; doch die Behausung, in der sie erscheint, ist niemals die des Menschen, aus dem sie gekrochen ist. Wenn man sie erblickt, fragt man sie:

»Wer bist du? Woher kommst du?«

Ist die Doppelschleiche freundlich gestimmt, dann stößt sie spitze

81

Alltag im großen Haus

Schreie aus:
»*ei, ei, ei!*«
Gibt sie dagegen keinen Laut von sich, dann ist es ratsam, ihr zu mißtrauen.

Die Dämmerung ist gekommen. Ein Lichterschein läßt den Horizont erglühen und bespritzt die Wolken und die Wipfel der hohen Bäume mit Blut. Die Schamanen lesen Unheil daraus, sie behaupten, das Abendrot rühre von den Epidemien her, die, von einem Dämon losgelassen, auseinanderstieben, um die Menschen zu verseuchen. Das Rot dunkelt und rutscht ins Violett. Nach und nach breitet die Nacht sich aus, eine mondlose Nacht, finster wie ein unterirdischer Gang. Im Schein der Feuer ißt man einen Brei aus *morē*-Früchten, die wie kleine braune Oliven aussehen, zusammen mit gerösteten Plátano. Dunkle Hautteilchen bleiben an den Fingern kleben, wenn man die Früchte im Wasser verrührt; sie lassen sich nur schwer ablösen, und die Indianer meinen, daß sie der Ursprung der Sommersprossen sind: wenn man versehentlich welche verschluckt, tauchen sie an der Oberfläche der Haut wieder auf. Tōhōwē, der auf der linken Wange einen solchen Fleck hat, ließ ihn sich lieber herausschneiden, als die sarkastischen Bemerkungen der anderen Knaben anzuhören, die stets bereit sind, sich über die Mängel anderer lustig zu machen. Da der Fleck immer wieder nachwächst, muß er ihn jedesmal von neuem entfernen. Die jungen Männer entledigen sich auch ihrer Warzen, sie reißen sie mit Hilfe eines Fadens aus. Lieber den Schmerz und das fließende Blut ertragen, als sich dem Gespött aussetzen.

Tōhōwē und Erasiwē beenden gerade ihr Mahl, als sich ein Kuppler einstellt, den Tabrobemi geschickt hat. Sie läßt ausrichten, man möge eine Hängematte freilassen; in Kürze werde sie kommen, von Hisami begleitet. Tōhōwēs Glücksgefühl wird von Furcht gedämpft; er begehrt sie, aber er weiß, daß er einen Inzest begehen wird. Die Flammen der Feuer haben sich beschwichtigt und nur glühende Kohlen zurückgelassen, deren glimmendes Zucken ihnen das Aussehen von Lebewesen verleiht. Die beiden Mädchen kommen, schnatternd wie Vögel, schäumend vor Leben und ersticktem Lachen. Hisami trägt eine schäbige Hängematte aus schmutziger Baumwolle unter dem Arm, die sie am unteren Teil der Hütte befestigt. Auf dieser Seite drückt eine leichte Brise den beißenden Rauch der Holzscheite nieder und macht den Platz ungemütlich. Tabrobemi steigt in die ihrem Wunsch entsprechend

Liebesgeschichten

freigelassene Hängematte. Tōhōwë spürt sein Herz klopfen, eine herrische Begierde stellt sich ein und läßt ihn vor Ungeduld kochen; seine Furcht vor dem Inzest verfliegt augenblicklich. Hätten nicht die Feuer, von kälteempfindlichen Herren angefacht, von neuem zu flackern begonnen und sie mit Lichtsplittern beworfen, wäre er längst bei ihr.

Ringsum verstummt das Geplauder, man schläft ein, manche schnarchen. Tabrobemi zupft Tōhōwë am Arm. Er schlüpft zu ihr. Nebenan flüstern Hisami und Erasiwë miteinander, um den Eindruck zu erwekken, daß alles normal ist. Tabrobemi biegt ihren Leib, um ein tiefes Eindringen zu ermöglichen; sie liegen einander gegenüber, ihre Beine umschlingen Tōhōwës Beine, und ihre Hände legen sich auf die Lenden des Knaben. Tōhōwë spürt die Lust seiner Gefährtin an einer Verkrampfung ihrer Bewegungen und ihres Nackens. Sie ruhen nebeneinander aus, besänftigt. Sie sagt:

»Du mußt essen, du weißt, daß du essen mußt.«

Er gehorcht, preßt mit den Fingern die ölhaltigen Früchte der *Oenocarpus*-Palme ins Wasser einer Kalebasse aus und trinkt diese nach Nuß schmeckende Mischung in langen Zügen.

Den Indianern ist die Funktion der Hoden bei der Fortpflanzung unbekannt; sie meinen, daß das Sperma, unmittelbares Produkt der zu sich genommenen Nahrung, aus dem Unterleib stammt. Daher ist es so schwierig, sagen sie, zu einer Erektion zu kommen, wenn man Hunger hat.

Gekräftigt legt sich Tōhōwë erneut zu Tabrobemi für weitere Umarmungen. Hisami wird ungeduldig, sie bitten sie inständig, noch ein wenig zu warten. Erasiwë schläft, als sie sich endlich trennen. Dann schlüpfen die beiden Mädchen in die Dunkelheit, lautlos, damit die Hunde nicht bellen, die zusammengerollt neben den Feuerstellen liegen.

Am Morgen erzählt Tōhōwë einen Traum, den er hatte:

»Ich vergrößerte die Öffnung eines Bienennestes, das sich in einem Baumstamm befand. Ich warf die Waben fort, die die Auswürfe der Bienen enthalten, und legte die Brut beiseite, die ich gebraten essen wollte. Ich schlug die Augen nieder und erblickte Tabrobemi am Fuß des Baumes; sie sah mich an. Ohne einen Laut von mir zu geben, einzig durch meine Lippenbewegung gab ich ihr zu verstehen, daß ich sie lieben wolle. Sie nickte. Ich stieg herunter und sagte: ›Gehen wir ins Dickicht.‹ Wir setzten uns, und ich sagte weiter: ›Lieben wir uns jetzt.‹

83

Alltag im großen Haus

Aber ich hörte ein Geräusch von knackenden Zweigen, das sich näherte, ich hatte Angst, daß jemand kommt, und ich sagte: ›Lassen wir es für heute, da kommt jemand.‹«

Nun beginnen für Tõhõwë wunderbare Tage. Täglich trifft er Tabrobemi im Wald. Mit Erasiwë, Hisami und Yebiwë als Komplizen vereinbart er nächtliche Zusammenkünfte. Als die Gruppe in das große Haus zurückkehrt, müssen sie noch vorsichtiger sein, damit ihre inzestuöse Liebe nicht entdeckt wird. Eines Abends beauftragt Tõhõwë wie üblich Yebiwë, draußen einen Treffpunkt mit seiner Freundin zu vereinbaren. Das junge Mädchen ist mit Hisami zusammen, sie fassen sich um die Taille, prusten vor Lachen und scheinen sich köstlich zu amüsieren. Yebiwë ruft sie, spricht einen Augenblick mit ihr, und sie stiehlt sich weg, verschwindet zwischen den Holzscheiten des Daches und dringt ins Dickicht des Waldes ein, das die Wohnstätte säumt. Kurz darauf verläßt auch Tõhõwë das Haus, wobei er laut erklärt, daß er scheißen gehe. Er trifft sie. Vielleicht von einer zu regen sexuellen Betätigung erschöpft, kommt er nicht sofort zu einer ordentlichen Erektion. Sie säumen. Als sie fertig sind, geht der Knabe als erster zurück. Am Rand des Weges stößt er auf Hishokoiwë und einen anderen Jüngling, die auf der Lauer liegen: sie scheinen zu warten. Tõhõwë will sie übersehen, doch in dem Augenblick, als er sich auf ihrer Höhe befindet, sagen sie:

»Du bist inzestuös!«

»Mit welchem Verwandtschaftsnamen redest du sie an?«

»Sagst du nicht ›Tochter‹ zu ihr?«

Er verachtet sie zu sehr, um ihnen zu antworten, und setzt seinen Weg fort. Unvorsichtigerweise folgt ihm Tabrobemi zu dicht auf dem Fuß; sie wird von den Knaben ergriffen und zum Fluß geschleppt, obwohl sie sich energisch zur Wehr setzt. Man hört sie jammern und weinen. Tõhõwë muß wissen, was vor sich geht; er weiß, daß sie sie nicht loslassen werden, bevor sie sie besessen haben. Er haßt sie, aber er rührt sich nicht.

Yebiwë und Hisami sind verheiratet. Es trennt sie ein Altersunterschied von mindestens fünfunddreißig Jahren. Yebiwë ist ein reifer Mann, seine Gattin hat das Ritual der ersten Regel nach der Heirat noch nicht hinter sich. Hisami lebt noch an der Feuerstelle ihrer Eltern, nur von Zeit zu Zeit stattet sie ihrem Mann einen Besuch ab. Doch seit

Liebesgeschichten

einigen Tagen geht sie ihm aus dem Weg, sobald es dämmert. Tõhõwë sieht in dieser Haltung eine Folge von Beleidigungen, deren Zeuge er gewesen ist; vor einigen Tagen haben ein paar Knaben Hisami aufgefordert, mit ihnen zu schlafen, und sie hat abgelehnt. Verärgert haben sie zu ihr gesagt:
»Wir sind jung, wir anderen. Du hast es wohl lieber, daß ein Alter mit runzligem Arsch deine ›Vagina ißt‹.«
Hisamis Mutter ist sich des Widerstands ihrer Tochter bewußt, sie wird nicht müde, ihr einzuschärfen:
»Vor einem Ehemann darf man keine Angst haben, sonst wird man sehr schnell eine alte Frau.«
Das sagen die Yanomami zu den Frauen, die ihren Ehemann fürchten.
Als Gegenleistung für den Beistand, den er Tõhõwë für seine Stelldicheins gewährt hatte, bittet ihn nun der verzweifelte Yebiwë, daß er Hisami zu ihm locke. Tõhõwë ruft also das Mädchen; er will ihr, so behauptet er, ein Gespräch hinterbringen. Als sie sich zu ihm beugt, um ihm zu lauschen, packt er sie an der Hand und um die Taille, trägt sie zu Yebimës Hängematte und zwingt sie, sich hineinzulegen. Sie schreit, weint laut, schlägt um sich und sagt immer wieder etwas töricht:
»Achtung! Laß mich doch los!«
Sie macht einen solchen Lärm, daß Yebiwë es vorzieht, sie gehen zu lassen.
Es ist Nacht, alle schlafen; Tõhõwë wird von einem Harndrang geweckt. Bestimmt sind das die Bananen, mit denen er sich den ganzen Tag über vollgefressen hat. Schlaftrunken will er die Füße auf den Boden setzen, tritt beinahe auf Yebiwë, der unerklärlicherweise unter ihm kauert:
»Was machst du da?«
»Ich habe eine Ratte gehört und wollte sie töten.«
Frühmorgens sucht Tõhõwë vergeblich seinen Tabakpriem, den er auf ein Holzscheit gelegt hatte, wie er mit Bestimmtheit weiß. Und plötzlich begreift er, daß Yebiwë ihn in dem Augenblick gestohlen hat, als er pissen gegangen war. Er kann seinen Verdruß nicht verbergen: zur Zeit ist Tabak rar.

Mehrmals gibt Bosiarima seinem Schwiegersohn Hebëwë zu verstehen, daß er ihn wieder aufnehmen will. Der Zwist zwischen Hebëwë

Alltag im großen Haus

und Hishokoiwë ist vergessen, seiner Rückkehr nach Tayari steht also nichts mehr im Wege. Hebëwë würde gehorchen, wenn man ihn in Karohi nicht vor einer überstürzten Rückkehr warnte. Man darf keine Eile zeigen, will man nicht die Schmähungen der Frauen über sich ergehen lassen, die stets bereit sind, böse Erinnerungen wachzurufen. Bosiarima tut so, als wundere er sich über das Säumen seines Schwiegersohns; den Besuchern, die von einer Gruppe zur anderen ziehen, überträgt er Botschaften. Er läßt wissen, daß niemand Hebëwës Rückkehr werde kritisieren können, da er persönlich die Verantwortung übernehme; er verspricht, daß seine Tochter bei Hebëwë wohnen werde. Das letzte Argument gibt den Ausschlag: an einem sonnigen Vormittag bricht Hebëwë nach Tayari auf, wo er bald eintrifft. Er geht wieder zu seinen beiden Freunden. Ein Moment der Verlegenheit kommt auf, als Tabrobemi, eingedenk der Versprechungen ihres Vaters, sich einstellt, die Hängematte über der Schulter. Hebëwë will ihr sagen, sie solle die Hängematte unter der seinen befestigen, besinnt sich jedoch eines besseren, denn er denkt an das Unbehagen, das die ständige Gegenwart der beiden Knaben für seine Frau und ihn bedeuten würde, an die Versuchung, die das junge Mädchen in ihrer Nähe für sie wäre. Wenn es um Frauen geht, verläßt sich kein Yanomami auf seinen Nächsten, die Vorsicht rät, selbst den besten Freunden zu mißtrauen. Jeder kennt sich und infolgedessen auch die anderen. Nach reiflicher Überlegung schickt Hebëwë seine Frau zur Feuerstelle von Yebiwë, der allein ist: dort werden sie leben.

Für Tōhōwë ist der Gehorsam, mit dem Tabrobemi den Befehlen ihres Vaters nachkommt, ein großer Schmerz, ein Verrat. Keinen Augenblick kommt es ihm in den Sinn, daß sie ebenso leiden könnte wie er: daß man von ihr verlangt, sich zu unverwerfen, nicht, zu wählen. Durch Hebëwës unerwartete Rückkehr kommt es zum Bruch. Die Enttäuschung ist groß; Tōhōwë und Tabrobemi geben sich gegenseitig die Schuld. Eine schreckliche Traurigkeit befällt Tōhōwë: Tabrobemi ist nun eine Gattin, nie mehr wird sie für Liebesspiele völlig verfügbar sein. Der ahnungslose Hebëwë legt sich ungezwungen neben seinen Freund, froh, ihn wiederzusehen und mit ihm zu scherzen. Tōhōwë verbirgt seinen Kummer und stellt sich heiter.

In seiner Bitterkeit weigert sich Tōhōwë, seiner Freundin ein Geschenk zu machen, das er ihr versprochen hatte. Er würdigt sie keines Wortes mehr und heuchelt eisige Verachtung. Während Hebëwë an

Liebesgeschichten

einer Drogensitzung teilnimmt, nutzt er die daraus folgende Stumpfheit, um Tabrobemi mitzuteilen, wie enttäuscht er sei:
»Ich werde nie mehr dein Freund sein. Ich bin verärgert, ich bin wütend. Ich hatte dir weiße Perlen versprochen, du wirst sie nicht bekommen; du kannst ruhig deine Augen auf mich heften, um mich anzuflehen.«
»Dein Groll ist sinnlos«, antwortet sie.
Tōhōwë übertreibt, er ist ungerecht; aber er ist verletzt, seine Enttäuschung macht ihn blind und raubt ihm den Verstand.
Im übrigen hält die gespielte Gleichgültigkeit, die beizubehalten er geschworen hat, der Zeit nicht stand. Beide müssen sich mit Hebëwës Anwesenheit abfinden; und so finden sie sich mit ihr ab. Bald schickt Tōhōwë seiner Geliebten die versprochenen Perlen sowie ein Stück Stoff. Diese Geste verscheucht augenblicklich das Unbehagen, das sie empfanden. Am späten Nachmittag gehen Hebëwë und Yesiwë fischen. Tabrobemi und Hisami nähern sich Tōhōwë, sie setzen sich auf den Rand seiner Hängematte, solange es noch hell ist, und sobald es dunkel wird, legen sie sich hin. Die Liebenden sind glücklich, einander wiederzufinden, den Geruch ihrer Körper wiederzuerkennen und ihre Wärme zu spüren. Sie plaudern lange und vergessen die Zeit. Sie wollen gerade für eine liebende Umarmung näher zusammenrücken, als Hisami sie von der Heimkehr der Fischer unterrichtet. Schnell hüpfen die Mädchen aus der Hängematte und zeigen großes Interesse für den Katzenwels, den die Männer mitbringen.
Umsichtig nehmen Tōhōwë und Tabrobemi ihre geheimen Zusammenkünfte wieder auf, immer von ihren Komplizen unterstützt. Sie sind geschickt genug, Hebëwës Verdacht nicht zu wecken. Doch eines Abends wird durch Hisamis Dummheit fast alles verdorben. Tabrobemi und Hisami liegen Kopf bei Fuß in einer Hängematte, Tōhōwë und Hebëwë in einer anderen. Die beiden Mädchen sind so ausgelassen, daß sie ohne Grund in hysterisches Gelächter ausbrechen, obszöne Worte schreien, mit Fußtritten die Gerätschaften des Haushalts umstoßen. Das Spektakel ist so gewaltig, daß man sie auffordert, sich zu beruhigen; sie wollen nichts davon hören, so daß Tōhōwë wütend wird, aufsteht und seine Fäuste an Hisamis Schläfen preßt. Er drückt so fest zu, daß sie aufschluchzt und schreit:
»Laß mich los, Tabrobemi ›Vaginafresser‹!«
Tōhōwë ist wie erstarrt. Er weiß, daß Hebëwë es gehört hat, aber er

Alltag im großen Haus

will zeigen, daß er keine Angst hat. Er legt sich wieder in seine Hängematte. Hebëwë sagt nur:
»Das ist gut!«
Er schweigt einen Augenblick und fährt dann leise fort:
»Hast du Angst gehabt, als sie sprach?«
»Nein.«
»Ich werde dir nicht böse sein, wenn wir gute Freunde bleiben.«

III
Aus dem Leben der Frauen

Die Hitze ist unerträglich. Die von den Körpern gebauschten Hängematten schwanken nur sacht. Rings um das Rundhaus bildet ein Volk von Bananenbäumen jeglicher Art den Garten; man sieht die schönen Plátano-Blätter, von einer schmalen Borte eingefaßt, alle mit Blut befleckt; die leichten und zarten Blätter der *tabitabirimi,* die vibrieren, wenn der Wind weht; die Blätter mit den etwas gelblichen Stielen der *baushimi;* man sieht auch den mächtigen bläulichroten Stengel der *rōkōmi.* Neue Blätter entrollen ihre Trichter. In der Nähe der Wohnstatt, dort, wo das Dach fast den Boden berührt, stehen einige stachlige Stämme der *rasha*-Palme, ihre grünglänzenden Früchte hängen in großen Trauben herab. Das Rascheln der Wedel in der schwachen, aber warmen und feuchten Brise ist wie ein sanfter Schauer, der über die umliegende Vegetation streicht. Nicht weit davon bildet der Wald einen dichten Saum, hinter dem das betäubende Zirpen der Zikaden ertönt. Remaema lauscht ihrem Gesang, und ganz leise, um das Reifen der *rasha* zu beschleunigen, die sie so gerne ißt, paßt sie ihre Stimme der ihren an und murmelt:

»Rö-röte; rö-röte.«

Denn man sagt, daß die Zikaden das baldige Reifen der *rasha* verkünden und es auf ihre Weise feiern.

Unter der bleiernen Sonne kehrt eiligen Schrittes ein Jäger zurück: ein Mutum baumelt auf seinem Rücken, der weiße Flaum des Vogels steckt in seinen Ohrstäbchen. Junge Männer balgen sich, schäumend vor Übermut. In Remaemas Nähe trägt eine junge Mutter ein Neugeborenes in den Armen; ein verhaltenes Lächeln entblößt die Reihe ihrer regelmäßigen Zähne; spielerisch fährt sie mit dem Zeigefinger über die Vulva des Kindes, klebt ihm ein paar Haare auf den Schamhügel und sagt:

»So wird sie aussehen, wenn sie groß ist.«

Eine Frau spinnt und plaudert mit Mabroma; Hebëwë wundert sich,

Alltag im großen Haus

er wittert eine Anomalie; er versucht, die Zehen seiner Nachbarin zu zählen, die tratscht, ohne ihm Aufmerksamkeit zu schenken. Jeder ihrer Fußzehen legt er einen Finger seiner Hand gegenüber. Da entdeckt er die Besonderheit dieses Fußes: er hat eine Zehe zuviel. Um zu diesem Ergebnis zu gelangen, mußte Hebëwë alle seine Gedanken zusammennehmen. Das Zahlensystem der Yanomami ist sehr einfach: eins, zwei, mehr als zwei. Um größere Mengen zu schätzen, bedient man sich der Finger und, wenn nötig, der Zehen. Sätze folgender Art sind zu hören: »Viele Besucher sind gekommen: zwei Männer, dann noch zwei, und noch ein weiterer; und an Frauen sah ich zwei und noch eine; es waren ebenso viele Kinder da wie Frauen.« Das Ganze mit materieller Unterstützung der Finger gesagt. Diese Annäherung reicht aus. Tatsache bleibt, daß Hebëwë noch immer über seine Entdeckung staunt; eilig erzählt er sie seinem älteren Bruder, und nun spötteln alle beide über die arme Frau.

Kaõmawë, seine Frau und seine vier Kinder sind zu Besuch bei Verwandten einer Karohi benachbarten Gemeinde, Wayabotorewë. Kaõmawë hatte erfahren, daß dort ein Fest stattfinden sollte; da es hieß, die Gastgeber besäßen wunderbare berauschende Samenkörner, und da er sie dringend benötigte, hat er beschlossen, sich dorthin zu begeben, um sich welche zu besorgen. Diese Körner werden von wilden Bäumen geerntet, die in hohen Strauchsteppen wachsen; es handelt sich um das berühmte *yopo;* durch Tausch gelangen die Körner zu den Gemeinschaften der Waldgebiete, auf oft verschlungenen Handelswegen. Als Kaõmawë mit seiner Familie im Gemeinschaftshaus von Wayabotorewë ankam, wurde er freundlich begrüßt. Man hat ihm sofort Tabak und Nahrung angeboten, wie es sich Besuchern gegenüber gehört. Kaõmawë kennt hier viele Personen, die er mit »Schwager« oder »Sohn« anredet.

Hebëwë wurde ganz in der Nähe geboren, an einem Ort namens *makorima*. Damals bildeten Wayabotorewë und Karohi noch eine einzige Gemeinschaft. Eines Tages wollten Kaõmawë und seine Brüder einen neuen Garten direkt am Ufer des »Regenflusses« anlegen. Die erste Ernte aus diesem Garten war ausgezeichnet, und da der Ort ihnen gefiel, beschlossen sie, hier zu wohnen. Doch die anderen weigerten sich, mit ihnen zu gehen, und zogen es vor, dort zu bleiben, wo sie sich bereits befanden und wo es ihnen gefiel. Ohne jeden Streit – was nicht

Aus dem Leben der Frauen

immer der Fall ist, wenn eine Spaltung erfolgt – trennten sie sich und unterhielten weiterhin gutnachbarliche Beziehungen.

Wenn der Führer einer Fraktion einen Entschluß faßt, verpflichtet er nur sich selbst und diejenigen, die ihm verbunden sind. Die anderen tun, was ihnen beliebt. Die Yanomami-»Häuptlinge« haben nur moralische Autorität, sie verfügen allein über ihr Ansehen und über die Möglichkeit, die anderen mit Hilfe des Worts zusammenzuhalten. Sie können weder Gewalt ausüben noch etwaigen Widerspenstigen Zwang antun. Sogar bei Kriegszügen ist die Teilnahme freiwillig und hängt einzig vom herrschenden Moralkodex ab: von der Pflicht, sich tapfer zu zeigen oder einen Verwandten zu retten; doch niemals befiehlt jemand den Kriegern, was sie zu tun haben; der Zusammenhalt der Gruppe ist schwach, es kann viele Meinungsverschiedenheiten geben. Das ganze politische Spiel innerhalb der Wohnstatt ist ein empfindliches und subtiles Gleichgewicht zwischen den verschiedenen Lineages, aus denen sie besteht, den Fraktionen und dem persönlichen Spiel der Anführer. Häufig wird dieses Gleichgewicht durch ein äußeres Ereignis zerstört: gegensätzliche Interessen, Wettstreit um die Aneignung von Frauen, Ehebruch. Dann kommt es zum Kampf mit der Keule, zur Trennung, mitunter zum Krieg.

Kaōmawë liegt faul in seiner Hängematte, als man ihn holt, damit er ein krankes Kind heile; der Schamane inhaliert die für ihn zubereiteten Halluzinogene und ist bald *hekura*. Sein Gesang ertönt:

> Er reißt dem Harpyienadler Flaum aus,
> und obwohl er nur wenig genommen hat,
> bedeckt er damit sein ganzes Haupt.
> Die *hekura* tanzen und singen;
> sie jagen die Tukane,
> um Kronen zu flechten
> aus den Federn.

Das Kind sitzt artig da. Es knabbert an einem Maniokfladen, während der Schamane die Dämonen der Krankheit aus seinem Körper zieht.

Unterdessen haben Hebëwë und Kremoanawë nur Augen für Bawahoma, die am benachbarten Feuer lebt. Sie ist ein schönes junges Mädchen; sie hat ein rundes Gesicht, feste Brüste, die Krümmung ihres Rückens bildet einen harmonischen Bogen. Sie beendet ihre Toilette

Bawahoma

mit gekünstelter Langsamkeit. Ein entrindetes dünnes Stäbchen führt durch ihre Nasenscheidewand, zwei andere, kürzere, stecken in ihren Mundwinkeln, ein weiteres in der Mitte der Unterlippe. Wenn sie spricht oder ißt, bewegt sich das alles sehr lustig wie die Borsten eines Stachelschweins. Sie ist Vollwaise und lebt bei ihrer Großmutter mütterlicherseits, die sie braucht, um die häuslichen Arbeiten zu verrichten. Aus diesem Grunde ist Bawahoma noch unverheiratet. Die Alte

kann sich nicht entschließen, sie zu verheiraten; um sie nicht zu verlieren, wacht sie eifersüchtig über sie und hält sie von den Knaben fern, soweit sie kann.

Die beiden Brüder streichen unentwegt um das junge Mädchen herum, so daß sie den Zorn der Alten erregen, die vor Ärger ein zum Braten auf die Glut gelegtes Paket Fische verdirbt. Die jungen Männer lassen es an Spott nicht fehlen, sie sagen, daß die Großmutter auf ihre

Enkelin so eifersüchtig ist wie ein Ehemann auf seine Frau.
 »Sie hat ihre Enkelin im Verdacht, daß sie ihr untreu ist, wie ist das möglich?«
 »Vielleicht heiratet die Großmutter das Mädchen.«
 »Was würde sie sagen, wenn wir sie in den Wald lockten?«
 »Du würdest Schläge bekommen.«
 Als es Abend wird, bemerken sie die Abwesenheit der beiden

Frauen beim Holzschleppen

Frauen und fragen sich, was sie wohl tun:
»Wo sind sie?«
»Bawahoma begleitet ihren Kerl auf die Rebhuhnjagd, denn wie jeder eifersüchtige Ehemann will er sie nicht allein im Haus zurücklassen.«
Am nächsten Tag gehen die Frauen in den Wald. Sie durchqueren einen Teil des Gartens, bevor sie in den erfrischenden Schatten des

Alltag im großen Haus

Unterholzes dringen. Sie gehen langsam im Gänsemarsch, ihre Kiepe schwankt im Rhythmus ihrer Schritte, dicke quengelige Kinder sitzen rittlings auf ihrer Hüfte. Kleine Mädchen rennen flink von einer zur anderen. Untätig, erwecken die Frauen eher den Eindruck, als gingen sie spazieren. Bald verlassen sie den Pfad und wandern drauflos, wie es sich aufgrund des Bodenprofils und der Hindernisse ergibt. Man fragt sich, wohin sie wohl gehen; doch da sie die Örtlichkeiten genau kennen, sind sie immer in der Lage, die Stelle zu bestimmen, an der sie sich befinden. Jener alte Baumstumpf im letzten Stadium der Fäulnis, jene warzige Wurzel quer über dem Boden, jener geneigte Baumstamm mit dem dornengespickten Stamm – alles ist ihnen vertraut. Sie gelangen ans Ufer eines Flußarmes, wo sie sich hinsetzen, um gemütlich zu schwatzen. Eine von ihnen entrollt eine Fischleine und wirft sie mit einer lässigen, aber präzisen Geste aus, nachdem sie sich auf die niederen Äste eines über dem Wasser hängenden Baums geschwungen hat. Bald werden sie von einem Schwarm Stechmücken überfallen, die sich auf ihrer nackten Haut niederlassen, und überall hört man trockenes Klatschen. Manchmal fliegt ein mit Blut gesättigtes Insekt träge davon; sie folgen seiner Flugbahn und zerquetschen es mit einem Blatt, um sich die Finger nicht schmutzig zu machen.

Die Fischerin fängt ein paar magere Fische und wirft sie ans Ufer, wo sie lange zappeln, bevor sie verenden. Dann kommen einige auf die Idee, zu dem nahen Wasserloch zu gehen, das zu dieser Zeit fast ausgetrocknet ist. Bis zum Bauch waten sie im Morast und schieben ein langes Pflanzengeflecht vor sich her, in dem sich die Fische verfangen. Sobald einer an die Oberfläche des schmutzigen Wassers kommt, erschlagen sie ihn mit einem Stock, fangen ihn und brechen ihm das Genick. Fische, lang wie Aale und mit spitzem Kopf, verschwinden im Schlamm, wo sie unauffindbar bleiben. Auf diese Weise durchziehen die Frauen methodisch das Wasser, ohne ihr fröhliches Geplapper zu unterbrechen. Dann nehmen sie die am Rand aufgehäuften Fische aus und binden sie säuberlich mit Blättern und Lianen zu Paketen.

Der unentwegten Scherereien mit den Mücken überdrüssig, ziehen sie es vor, ihre Wanderung wiederaufzunehmen und weiter den Bach hinaufzusteigen, der das Moor bildet. Da bemerken sie eine Stelle, an der die Erde aufgewühlt ist: sie bücken sich und erkennen ein Nest jener großen, *oshe* genannten Termiten, die sie so gerne als Beilage zu den gerösteten Plátano knabbern. Sie schneiden dünne Zweige ab, um

Aus dem Leben der Frauen

den Boden zu sondieren und die Gänge an der Oberfläche ausfindig zu machen, die sie dann aufscharren. Eine von ihnen entdeckt ein tiefes Loch, in das sie ein Schilfrohr steckt. Die Soldatentermiten, mit gefährlichen Kinnbacken ausgerüstet, beißen in das Rohr und bleiben an ihm hängen. Man braucht es nur herauszuziehen, um sie zu fangen. Aber die Termiten sind nicht sehr zahlreich: das Interesse der Frauen läßt bald nach, sie nehmen ihren Schwatz wieder auf und setzen ihren Weg fort.

Seit einer Weile ist nur von dem Inzest die Rede, den Brahaima und Makokoiwë begehen; ein Skandal, der die Gemüter erhitzt. Vor einem Mond ist Brahaima weggegangen, um einige Zeit in Tayari zu leben. Man sagte, daß Bokorawë sie zur zweiten Frau wolle; doch kaum war sie eingetroffen, als sich zwischen ihr und Makokoiwë, Bokorawës Sohn, ein Verhältnis entspann. Sie flüchteten in den Wald, wo sie sich ihren Liebesspielen hingaben, und wollten sich auch von den Kritiken und den Zänkereien nicht abhalten lassen, die unweigerlich auf sie zukommen würden. Während die Frauen unter den Bäumen wandern, erinnern sie füglich daran, daß es Brahaima seit dem Tod ihres Mannes freisteht, Liebe zu machen, und daß ihre Sexualität zügellos ist.

»Sie nahm ihre Hängematte und hängte sie im Wald auf, um sogar Kinder zu sich zu locken, mit denen sie es dann trieb.«

»Und jetzt gibt sie ihre Vagina einem ›Sohn‹ zu ›essen‹. Früher sagte sie ›mein Penis‹ zu ihm, wie man zu einem Kind sagt. Und er sagte ›Mutter‹ zu ihr. Jetzt huren sie zusammen und wollen ihre Verwandtschaft vergessen.«

»Sie wird bei der Einäscherung nicht verbrennen. Der Körper von denen, die sich dem Inzest hingeben, fängt schwer Feuer, die Nägel brennen nicht, und die Augen bleiben unversehrt in den Flammen, nur die Haare versengen leicht. Man muß Holz, immer wieder Holz nachlegen, um mit ihnen fertig zu werden. Es ist eine Ameisenbärin, ein Faultier. Sie wird sich in das eine oder das andere dieser Tiere verwandeln, so wie diese selbst sich in Tiere verwandelt haben, nachdem sie den Inzest begangen hatten.«

»Er war gerade erst zum Schamanen initiiert worden, er ist verloren. Die *hekura,* die in seine Brust gekommen waren, sind von dem faden Geruch der Geschlechtsorgane und des Spermas vertrieben worden. Die ekelhaften Ausdünstungen ihrer Vagina haben sie verjagt, sie sind zu den Felsenlagern zurückgekehrt, die sie verlassen hatten, um zu ihm

Termitensoldaten, deren Kopf man ißt

zu gehen. Er ruft noch immer die *hekura* an, er hält sich noch für einen Schamanen; er täuscht sich: seine Brust ist leer, seine Macht null und nichtig.«

Der Zug bewegt sich langsam voran. Hin und wieder zeigen die Frauen mit dem Zeigefinger auf reife Palmfrüchte und bedauern nun, daß sie vergessen haben, ihre Macheten mitzunehmen. Einmal wird die Frau, die an der Spitze geht, von Wespen gestochen, in deren Nest sie

Kochen von Fleisch

aus Unachtsamkeit hineingeraten ist. Lachend rennt sie davon und schützt ihre Augen mit der Hand; vorsichtig umgehen die anderen das Nest.

Hartnäckig wirft die Fischerin jedesmal ihre Leine ins Wasser, wenn eine Rast es ihr erlaubt. Durch große Ausdauer fängt sie genügend Fische, um das Mahl der Rückkehr angenehm bereichern zu können. Einen Augenblick sind sie aufgeregt: sie haben das Kriechen der

Alltag im großen Haus

schrecklichen *Bothrops atrox* vernommen, deren Biß zuweilen tödlich ist. Zuerst wollen sie sie verfolgen, um sie zu töten, doch die Vorsicht hält sie zurück. Mitunter reißt eine von ihnen an einer schönen glatten Liane ohne Knoten, die sie zur Herstellung einer Kiepe oder eines Korbes verwenden wird. Sie bücken sich, um totes Holz aufzulesen, brechen es entzwei und schnuppern daran; wenn es trocken ist, lassen sie die Stücke über die Schulter in ihre Kiepe gleiten.

Die Sonne steht im Zenit, als sie zurückkommen; es ist Zeit, das Essen zu bereiten: die Männer werden aus dem Garten oder von der Jagd zurückkehren, und die Kinder haben Hunger. Auf dem Platz in der Mitte spielen einige Knaben und verbrennen Gras; Hebëwë ruft einen von ihnen zu sich. Er heißt Yimikakiwë – Ohr –, weil er in der Tat sehr große und abstehende Ohren hat. Hebëwë läßt ihn vor sich tanzen und befiehlt ihm, mit aller Kraft an seinen Ohrmuscheln zu ziehen; er lacht und feuert ihn an:

»Zieh, zieh fest! Da kommen die Frauen und sehen zu, ob du Angst vor ihnen hast. Tanze und zieh noch fester, dann werden sie wissen, daß du tapfer bist!«

Mittlerweile hat Kaōmawë die Droge erhalten, die er begehrte, ein ganzes Päckchen, das er sorgfältig eingewickelt und verschnürt hat. Am nächsten Tag wird die Familie wieder nach Karohi aufbrechen. Kremoanawë und Hebëwë haben die Wachsamkeit der Großmutter nicht täuschen können, und Bawahoma ist unerreichbar geblieben; ohnmächtig und wütend überhäufen sie die Alte mit ihren bissigen Bemerkungen.

In einiger Entfernung vom Orinoko, flußabwärts, liegt der ehemalige Ort Korita; die Jäger suchen ihn manchmal auf und erkennen noch die Zeichen der früheren Siedlung. Hiyomi wurde vor kaum mehr als zwanzig Jahren an dieser Stätte geboren, dort ist sie aufgewachsen und hat eine glückliche Kindheit verbracht.

Sie war ungefähr zehn Jahre alt, als sich eines Abends eine Freundin neben sie legte. Sie waren fröhlich und plauderten bis spät in die Nacht. Plötzlich spürte Hiyomi, daß die Hand ihrer Gefährtin sich auf ihr Geschlecht legte; sie lachte, aber rührte sich nicht. Die andere kam mit ihrem Mund an ihr Ohr und schlug vor:

»Machen wir Liebe!«
»Nein, ich will nicht.«
»Versuch's. Hab keine Angst, du wirst sehen, wie gut das tut.«

Aus dem Leben der Frauen

»Nein, die Frauen sind nicht anziehend füreinander.«
Die andere ließ nicht locker, so daß sie schließlich nachgab. Und sie entdeckte, daß die Berührung Vergnügen bereitete, wenn man sie fortsetzte. Sie verstand es, die Empfindung zu wiederholen, die sie mit ihrer Freundin gehabt hatte: sie konnte die Lust ihres Körpers erregen. Sie sonderte sich ab, rieb ihre Vulva sanft an der Beule eines Baumstammes und forderte ihre Freundin oder andere Mädchen, die sie ihrerseits einweihte, dazu auf.

Kaum hatte sie ihre erste Regel bekommen, verheiratete man sie mit einem Mann, der schon zwei Frauen hatte. Hiyomi war die jüngste und auch die hübscheste. Der Ehemann konnte seine Vorliebe für sie nicht offen zeigen, er fürchtete die Eifersucht seiner Hauptfrau, die Hiyomi mit Mißgunst und undankbaren Arbeiten überhäufte. Im allgemeinen hat die erste Frau, die älteste, eine Art Vorrang vor den anderen; sie besorgt die häuslichen Arbeiten, die von den Frauen verrichtet werden, falls sie nicht zu alt dazu ist. In diesem Fall kann ihr sexueller Wert und ihre ökonomische Bedeutung auf den Nullpunkt sinken; dann wird sie von ihrem Mann nahezu aufgegeben; sie muß auf ihre Kinder zählen, um zu essen zu haben, und schamlos macht man neben ihr Liebe.

Hiyomi wurde ohne Zartgefühl entjungfert. Sie empfand wenig Lust bei den flüchtigen Paarungen. So mußte sie nach etwas anderem suchen, das sie mehr befriedigte. Sie kehrte zu ihren früheren Praktiken zurück, traf sich heimlich mit den jungen Knaben der Gemeinschaft, die ihr am besten gefielen. Doch welche Besorgnis! Man mußte sehr vorsichtig sein: ihr Mann war so grausam und gewalttätig, daß er sie bestimmt umgebracht hätte, wenn er entdeckt hätte, daß sie mit anderen schlief. Eines Tages, als sie allein im Garten war und vor sich hin träumte, voll sexueller Phantasien und Begierden, wollte sie masturbieren. Ihr Blick fiel auf einige Bananensprößlinge, die gleich Zungen aus der Erde ragten. Sie sah sich um, drehte mehrere Runden, prüfte sorgfältig, ob sie wirklich allein war. Dann hockte sie sich hin, führte das spitze Ende des Sprößlings in ihre Vagina ein und bewegte ihren Körper im Rhythmus des Koitus. In dieser Stellung befand sie sich und spürte die ersten Empfindungen, die dem Orgasmus vorausgehen, als plötzlich ihr Herz erbebte: ein Jüngling stand neben ihr und sah ihr zu. Sie war vor Scham wie gelähmt. Er aber lächelte, erfreut über den Vorteil, den er vor ihr hatte, und schlug ihr dann vor:

»Machen wir Liebe!«

Alltag im großen Haus

Sie willigte ein, und sie suchten Zuflucht unter dem Blätterdach der großen Bäume.
Bald starb ihr Mann. Sie beweinte ihn ohne Trauer. Sie liebte ihn nicht. Der Knabe, der sie im Garten überrascht hatte, wollte sie zur Frau haben. Ihre Brüder sperrten sich dagegen. Da beschlossen die beiden Liebenden, in den Wald zu fliehen. Sie nahmen ihre Hängematten und Zündhölzer mit, vergaßen jedoch eine Machete. Es war mitten in der Regenzeit. Die Wasserläufe stiegen, der Wald war überschwemmt und voller Mücken. Damit man sie nicht so leicht entdecken konnte, liefen sie, so weit sie konnten. Sie errichteten einen Wetterschirm, indem sie Sträucher mit ihren Händen und Füßen brachen. Sie bissen die Schlingpflanzen mit ihren Zähnen ab, spalteten das Holz, indem sie es auf die Erde oder gegen Baumstämme schlugen. Alles war naß und mit Feuchtigkeit gesättigt. Das Feuer brauchte lange, bevor es loderte; sie lösten einander ab, um es anzublasen oder mit Hilfe von zusammengefalteten Blättern zu schüren. Sie hatten nichts Nahrhaftes zu essen; tagsüber irrten sie im Regen umher, auf der Suche nach wilden Früchten; sie mußten mit unwürdigem Wild vorliebnehmen. Die Nächte verbrachten sie in liebender Umarmung. Da sie wenig aßen und kaum schliefen, konnten sie nur durchhalten, solange die Leidenschaft sie trug. Als die materiellen Zwänge und die sexuelle Ermattung zu stark wurden, beschlossen sie verbittert, zurückzukehren. Hiyomi wurde am Eingang des Hauses allein gelassen, ihr Gefährte begab sich unter den Schutz seiner Eltern. Erschöpft, mit Schlamm besudelt, halbtot vor Hunger kam sie zu ihren Brüdern; ihre Haut war fleckig von den saugenden Bissen der Sandmücken, ihre Beine und Füße bluteten, von den Dornen aufgerissen. Zur Strafe verbrannte man ihre Schenkel und ihr Gesäß mit glühenden Scheiten, man schlug sie mit Knüppeln auf den Kopf, Blut bedeckte ihr Brust, ihre Schultern, ihren Rücken und ihre Schenkel. Man gab ihr nichts zu essen. Als Witwe war sie zwar frei, aber ihre Leiden gingen weiter. Die folgenden Ereignisse beschreibt sie so:
»Ich war Witwe. Meine älteren Brüder dachten an die Kürbisflaschen, in denen sich die Asche meines Mannes befand, das machte sie mürrisch, und sie weigerten sich, mich einem anderen zu geben. Dabei bewarb sich der Ehemann von Akahimi, der mich zur zweiten Frau haben wollte, unermüdlich um mich, und er war sehr wütend darüber, daß er immer wieder abgewiesen wurde; mein jüngerer Bruder hatte

Aus dem Leben der Frauen

seine Partei ergriffen. Eines Tages kamen sie mit Keulen bewaffnet, fest entschlossen, sich mit meinen älteren Brüdern zu schlagen, wenn sie ihre Einwilligung nicht geben würden; aber diese stellten sich zum Kampf. Um einen direkten Zusammenstoß zu vermeiden, packte mich jede Partei an einem Arm und versuchte, mich auf ihre Seite zu ziehen. Sie zerrten so sehr, daß die Haut an meinen Handgelenken nachgab, meine Hände waren voller Blut, und ich brüllte vor Schmerz; aber keiner scherte sich darum. Der Gatte von Akahimi und mein jüngerer Bruder hatten keinen Erfolg, sie konnten mich nicht entführen. Trotzdem ließen sie nicht ab, uns zu quälen – meine älteren Brüder und mich; mein jüngerer Bruder und seine Anhänger kämpften mit der Keule gegen uns und wurden abermals besiegt; meine älteren Brüder waren sehr mutig, sie fürchteten niemand. Wahnsinnig vor ohnmächtiger Wut wollte mein jüngerer Bruder uns vertreiben, er zündete unser Dach an. Meine älteren Brüder steckten den restlichen *shabono* in Brand, rissen die Tabakpflanzen, den Mais und den Maniok der Gegner aus, sie schnitten die Bananenbäume ab. Der Ehemann von Akahimi tat dasselbe in unserem Garten. Wir hatten nichts mehr zu essen, wir hatten kein Haus mehr, in jedem Augenblick mußten wir fürchten, von einem Pfeil getroffen zu werden. Das Leben war unmöglich geworden; deshalb sind der Ehemann von Natoma, seine Familie und ich nach Karohi gekommen, während mein anderer älterer Bruder und seine Angehörigen nach Wayabotorewë zogen. Wir wollen von unserem jüngeren Bruder nichts mehr wissen, wir hassen ihn, eines Tages werden wir ihn töten.«

So war das Leben von Hiyomi: ein Frauenleben. Zeit ist vergangen, seit sie inzestuös mit Moriwë verheiratet ist: die Aufregung und der durch diese Verbindung verursachte Skandal haben sich gelegt. Die herben Kommentare sind verstummt, das Paar kann in Frieden leben. Vor kurzem hat Hiyomi gemerkt, daß sie schwanger ist. Jetzt ist ihr Bauch leicht gewölbt, und ihre Brustwarzen sind etwas dunkler geworden. Glücklich errechnet sie das Geschlecht des Kindes. Ein Knabe wäre ihr am liebsten; daher achtet sie auf die Vorzeichen: verfängt sich Reisig in ihren Fußzehen, wenn sie durch den Wald läuft, dann schließt sie daraus, daß sie einen Jungen gebären wird; spalten sich die Bananen, die sie auf der Glut röstet, der Länge nach, so folgert sie, daß es ein Mädchen wird. Sie fängt eine Heuschrecke, reißt ihre langen Hinterbeine aus, legt sie auf die Glut und sagt:

Alltag im großen Haus

»Es wird ein Junge, ein Junge, ein Junge!«
Und wenn der Schenkel beim Verbrennen knirscht, behauptet sie: »Es ist die Stimme eines Jungen!«
Sie ist zufrieden. Bleiben die Beine stumm, dann schweigt sie und denkt, daß es ein Mädchen wird. Doch die Vorzeichen mögen einander noch so sehr widersprechen, sie setzt ihre Experimente fort und interpretiert sie nach ihrem Wunsch.

In der Nähe der vor sich hinträumenden Hiyomi spielt Moriwës kleine Schwester mit einer zahmen Maus, deren Ohrläppchen sie durchbohrt hat, um sie mit blauen und roten Federn zu schmücken. Manchmal geht sie zu grob mit der Maus um, und diese piepst auf vor Schmerz. Als das Mädchen einmal nicht aufpaßt, schlüpft das Tier durch die Holzscheite, die den unteren Teil des Daches stützen und den *shabono* nach hinten schließen und von der Außenwelt abschneiden. Die Maus bleibt lange unauffindbar, und das Kind weint, da es glaubt, das Tier sei verloren.

Hiyomi schließt sich den Frauen an, die in den Garten gehen, um Plátano zu holen. Kremoanawë folgt ihr in einiger Entfernung. Sobald sie allein ist, packt er sie am Arm und will sie mit sich ziehen, um Liebe zu machen. Sie sagt zu ihm:
»Siehst du nicht, wie mein Bauch ist?«
Er hört nicht auf sie, und es kommt zu einem Kampf: Kremoanawë will sie mit Gewalt nehmen. Es gelingt ihr, sich loszureißen, sie läßt ihre Kiepe stehen und rennt zum Rundhaus, von einem Weinkrampf geschüttelt. Sie hat genug von den Männern, die sie mißbrauchen wollen, und von einem Ehemann, der sie ständig verdächtigt. Sie wird von Zerstörungswut gepackt, sie zertrampelt die schönen Kalebassen, die sie in den Tagen zuvor mit so viel Sorgfalt geglättet hatte. Mabroma will sie beruhigen; T^{h}ēōma lädt sie ein und tröstet sie.

T^{h}ēōma kann Hiyomi gut verstehen: auch sie ist nicht glücklich. Sie hatte ihren ersten Mann nach Krauwë begleitet, wo er wohnte; sie wurde so mißhandelt, daß sie um ihr Leben fürchtete und nach Karohi floh. Als sie dort ankam, jung und schutzlos, mißbrauchten sie die Männer einer nach dem anderen. Frērema war der entschlossenste, er wollte sie zur Frau. Er mißhandelte sie und schlug sie grausam, und sie lernte, daß sie, um sich zu wehren, die Schläge heimzahlen mußte, die man ihr gab: bald weigerte sie sich, Holz zu holen, und blieb taub für

Aus dem Leben der Frauen

Drohungen; bald hörte sie auf, die Mahlzeiten zuzubereiten, oder sie zerschlug irgendein Haushaltsgerät.

Nach der Geburt ihres ersten Kindes verdächtigte Frērema sie ständig des Ehebruchs, obwohl es ihr doch verboten war, Geschlechtsbeziehungen zu haben. Entgegen dem Brauch wollte er sie auf eine lange Jagd mitnehmen. Sie mußte ihn auf den Märschen begleiten; eines Tages, als sie es leid war, das Kind zu tragen und hinter den Jägern herzutrotten, nutzte sie eine Rast, um sich davonzustehlen. Sie kehrte zum Lager zurück, wo sie Moriwë vorfand, der, da er krank war, dageblieben war, um den Räucherrost zu bewachen. Er war damals noch ein Kind; er dachte: warum kommt sie zurück?

Sie setzte sich stumm ans Feuer und wärmte sich. Sie trug ihr Kind in einem Rindengurt eng an ihrem Leib. Plötzlich tauchte tobend Frērema auf. Er packte einen Harpunenpfeil an der Fiederung und schleuderte ihn in ihre Hüfte, er schlug sie mit einem brennenden Scheit. Mit knapper Not wich sie einem Finger aus, der ihr das Ohrläppchen abreißen wollte. So gut sie konnte, schützte sie ihren weinenden Säugling; wie von Sinnen schrie sie Moriwë zu:

»Nimm mein Kind! Nimm es schnell, er wird es umbringen!«

Aber Moriwë hatte keine Lust, sich in einen Streit einzumischen, der ihn nichts anging, und er hatte Angst. Er rührte sich nicht.

So war der Anfang ihrer Ehe mit Frērema: schwierig. Seither hat sie gelernt, sich Achtung zu verschaffen; daher wird sie weniger geschlagen als vorher. Sie hat zwei Kinder: ein jetzt acht Jahre altes Mädchen namens Boshomi – kleine Schildkröte – und einen einjährigen Sohn. Frērema, der sich an das Verbot sexuellen Verkehrs während der Zeit des Stillens hält, kann nicht mit ihr schlafen. Er treibt Unzucht mit einem Knaben und hat ein Verhältnis mit Ritimi, die er im Wald trifft. T^{h}ēōma ist eifersüchtig auf ihre schönere und jüngere Rivalin: sie klagt sie öffentlich an und bringt sie mit spitzen Bemerkungen in Harnisch. Gestern ist Ritimi wutschnaubend gekommen und hat ihre Perlenkette zerrissen; aus Rache hat T^{h}ēōma ihren Schamhügel mit einem glühenden Scheit verbrannt.

Auch wenn die Frauen unter der männlichen Übermacht leiden, haben sie doch Rückzugsmöglichkeiten. Sie bilden solidarische Gruppen, informell angeführt von einer oder mehreren alten Frauen, die sie bei der Suche nach Früchten, beim Sammeln der Batrachier oder der Insekten, bei der Krabbenjagd leiten; diese Matronen haben viel

Erfahrung, sie sind gute Ratgeberinnen. Die Frauen haben ihre kleinen Geheimnisse, ihre Magie, ihre eigenen Bereiche, sie helfen sich gegenseitig und sind im wirtschaftlichen Leben der Gemeinschaft unentbehrlich. Die sexuell entmachteten Alten können in politischen Angelegenheiten eine Rolle spielen: bei Tauschgeschäften mit Besuchern mahnen sie zu weniger Großzügigkeit; bei inneren Streitigkeiten und kriegerischen Auseinandersetzungen treiben sie zur Gewalt an,

Hiyomi

fordern zur Rache auf und schüren die Aggressivität der Männer. Die weisesten haben großen Einfluß auf ihre Männer.

Hiyomi verfolgt aufmerksam die Fortschritte ihrer Schwangerschaft. Sie hat die Ohrstäbchen abgelegt, denn der Brauch verbietet ihr, sie fortan zu tragen. Sie muß es vermeiden, ihre Augen zu der Anlegestelle zu richten, wo die Einbäume befestigt sind: der Blick einer schwange-

Alltag im großen Haus

ren Frau macht das Holz rissig. Früher, als die Yanomami noch in Tongefäßen kochten, durften Frauen, die ein Kind erwarteten, sie nicht berühren, da man fürchtete, sie könnten zerbrechen. Hiyomi und Moriwë unterlassen es, die größten Fische zu essen: ihr Geist oder vielmehr das Lebensprinzip, das in ihnen wohnt, kann sich des Fötus bemächtigen und ihn zu Tode quälen. Wie allen schwangeren Frauen ist ihr der Geschmack bestimmter Nahrungsmittel zuwider: Fisch im allgemeinen ist ekelerregend, geröstete Bananen haben plötzlich einen unangenehmen Geschmack, die aus den Früchten der *hoko-* und *kareshi-*Palme zubereiteten Getränke haben den faden Geruch der Neugeborenen. Moriwë teilt die Abneigungen seiner Frau, darin partizipiert er an der Schwangerschaft.

Eines Morgens wird Hiyomi durch Schmerzen und Gebärmutterkrämpfe von der bevorstehenden Geburt in Kenntnis gesetzt. Bald fließt das Fruchtwasser ab, die Schmerzen werden stärker. Sie bleibt in ihrer Hängematte liegen, bis sie spürt, daß der Augenblick gekommen ist. Sie läßt Moriwës Mutter und Natoma, die Frau ihres Bruders, benachrichtigen und schlüpft dann unauffällig durch die schmale Öffnung in der Nähe ihrer Feuerstelle am Fuß des Daches. Sie macht einen Bogen um das Gelände unmittelbar hinter der Wohnstatt, das von menschlichen Auswürfen, Urin, Hundekot und Abfällen beschmutzt ist. Sie nimmt den Pfad, der in den Wald führt. Eilig folgen ihr die anderen Frauen, von zwei kleinen Mädchen begleitet. Kein Mann darf sich ihnen anschließen; man behauptet, daß ein Mann, der der Geburt beiwohnte, von panischem Schrecken erfaßt würde.

Sie müssen eine Weile warten, bevor die Austreibung beginnt. Dann kauert Hiyomi nieder und lehnt sich an den Stamm eines dicken Baums. Man legt eine Handvoll rasch gesammelten Laubs unter sie. Das Kind taucht aus dem Muttermund auf; Natoma, eine erfahrene Geburtshelferin, massiert ihren Bauch sanft mit einer Hand von oben nach unten, während die andere Hand das Austreten des Babys begleitet. Als das Kind und die Plazenta draußen sind, möchte Hiyomi, die ihre Kräfte schwinden fühlt und Blut verliert, nach Hause gehen. Man schickt ein kleines Mädchen los, um Moriwë zu holen. Er kommt, stützt Hiyomi und hilft ihr laufen. Der Heimweg ist mühsam, mehrmals glaubt sie, ohnmächtig zu werden oder hinzufallen. Moriwë bricht Zweige ab, mit denen er sanft auf ihre Schultern schlägt, damit sie wieder zu Kräften komme.

Aus dem Leben der Frauen

Natoma hat die Nabelschnur mit dem Splitter eines Schilfrohrs durchschnitten. Sie hat die Lippen des Kindes mit Blut beschmiert, damit es später schneller sprechen lerne; sie hat den Schleim auf dem Körper des Kindes abgeschabt. Nun wickelt sie die Plazenta in *komishi*-Blätter. Sie ist sich noch unschlüssig, ob sie das Päckchen in eine Astgabel legen, im verlassenen Bau eines Paka oder eines Tatu verstecken oder einfach in den Fluß werfen soll. Dann erinnert sie sich daran, daß Hiyomis Kinder kurz nach der Geburt sterben; in diesem Fall ist es ratsam, die Plazenta zu vergraben: man sagt, das begünstige das Überleben des Kindes. Bevor sie den Platz verläßt, streut sie frische Erde auf das Blut, das den Boden am Ort der Entbindung befleckt.

Im Rundhaus sitzt Hiyomi auf der Erde, den Rücken an ihre Hängematte gelehnt; um den Blutfluß zu erleichtern, hat sie ein Holzscheit unter ihre gekreuzten Schenkel geschoben. Als Natoma zurückkommt, erfährt sie, daß sie einen Sohn hat. Diese Nachricht tröstet sie ein wenig: ihr Wunsch ist in Erfüllung gegangen. Natoma behält das Neugeborene bei sich, in der Nähe eines Feuers, das sie auflodern läßt, sie vertraut es der Mutter nur zum Stillen an. Am Nachmittag fallen die schrägen Strahlen der Sonne unter das Dach; um das Kind vor ihnen zu schützen, stellt sie einen Schirm aus Bananenblättern vor sich, die über einer Querstange hängen.

Am nächsten Morgen ist Hiyomi wieder etwas zu Kräften gekommen. Natoma hat ihr das Kind gegeben, und wie alle Yanomami-Mütter steckt sie ihm ihre dunkle Brustwarze in den kleinen Mund, sobald es ihn zum Weinen verzieht. Sie will ihm die rechte Brust geben, weil es ein Knabe ist. Mädchen werden eher mit der linken Seite in Verbindung gebracht. Nun kommen noch weitere Nahrungsverbote zu den vorigen hinzu oder ersetzen sie: die Mutter verzichtet einstweilen darauf, die Karibenfische zu essen, damit die Zunge des Babys nicht verfault; das Fleisch des Ameisenbären und des Tapirs sind dem Vater streng verboten: ersteres würde den Sohn sterben lassen, letzteres ihm Hautausschläge bescheren.

Damit das Stück Nabelschnur nicht abhanden kommt, das am Bauch des Kindes geblieben ist, umwickelt es Hiyomi mit einem Baumwollfaden, den sie um ihre Hüfte schlingt. In ein paar Tagen wird die Nabelschnur ausgetrocknet sein und sich von selbst ablösen; dann wird sie sie in ein Blatt wickeln und an das Seil ihrer Hängematte hängen; noch später wird sie sie an einem »Baum des Gespenstes« *(bore kë hi)*

Alltag im großen Haus

befestigen und mehrmals um den Stamm herumgehen, wobei sie ihren Sohn in dem Tragegurt in sitzender Stellung hält: so wird das Kind aufhören zu quengeln und ein langes Leben haben.

Nachts schläft der Säugling eng am Leib seiner Mutter; tagsüber sitzt er rittlings im Tragegurt auf ihrer Hüfte oder thront in ihren Armen; sein Urin und seine Exkremente hinterlassen lange Streifen auf ihrer Haut, die sie geduldig abwischt. Die beiden Körper sind in ständiger Berührung, ein lebendiger Kontakt, der den Unterschlupf des Mutterleibes fortsetzt. Erst sehr spät, etwa mit vier Jahren, wenn sie ganz entwöhnt sind, schlafen die kleinen Yanomami nicht mehr bei ihrer Mutter und bekommen eine eigene Hängematte. Dann ersetzt ihnen die Wärme des Feuers die Wärme des mütterlichen Körpers; zwischen beiden besteht eine Art Kontinuität, eine undefinierbare Beziehung, die die Trennung oder besser den Übergang erträglicher macht. Denn das Feuer ist ein lebendiges häusliches Element; seine Gegenwart ist beständig, fast menschlich. Für die Indianer stehen die Wärme des Körpers und die Wärme des Feuers in einem Verhältnis der Gleichheit, sie sind austauschbar. Die sanfte und belebende Wärme eines Feuers, das die ganze Nacht über brennt, ist ihnen unerläßlich; es bedeutet ihnen sehr viel mehr als nur Schutz gegen die Kälte oder die feindlichen Elemente: es ist eine tiefe, grundlegende Notwendigkeit. Selbst nachdem die kleinen Indianer von ihrer Mutter getrennt worden sind, erinnern sie sich immer daran, daß die Berührung der warmen Hautflächen etwas unendlich Angenehmes ist; daher das sinnliche Vergnügen, das sie daran finden, zu mehreren in einer Hängematte zu liegen: das gibt Zuversicht, Sicherheit, Gewißheit der Freundschaft, Genuß.

Die Yanomami-Kinder sind kleine tyrannische Könige, denen die absolute Duldsamkeit der Erwachsenen zugute kommt. Außer in den südlichen Gemeinschaften werden sie äußerst selten bestraft oder geschlagen. Als einziges lernen sie die für ein Volk von Kriegern erforderlichen Tugenden: sie müssen körperliche Ausdauer erwerben, sich an den Schmerz gewöhnen, sich tief einprägen, daß immer Rache geübt und jede erlittene Gewalt erwidert werden muß. Der Moralkodex ordnet sich um zwei einander ergänzende Tugenden: einerseits muß man mit den Freunden Güter und Nahrung austauschen; andererseits muß man Angriffe rächen. Der dauernde Kriegszustand, in dem die Yanomami leben, ergibt sich aus der Anwendung dieser Prinzipien.

Aus dem Leben der Frauen

Nicht nur die Eltern, sondern die ganze Gesellschaft, die lokale Gemeinschaft sind für die Kinder ein lebendiges Beispiel dafür und zwingen sie, sich ihm zu unterwerfen.

Die Hauptvorschrift jedoch lautet, »Schlag um Schlag zu vergelten«. Sobald ein kleiner Junge versehentlich einen anderen umstößt, fordert die Mutter des letzteren ihren Sprößling auf, den Ungeschickten zu schlagen. Von weitem ruft sie ihm zu:

»Räche dich, so räche dich doch!«

Wenn ein Kind ein anderes beißt, eilt die Mutter des letzteren herbei und befiehlt ihm, mit Weinen aufzuhören. Sie beschwört es, sich augenblicklich zu rächen. Wenn es zaudert oder Angst hat, steckt sie selbst die Hand des Schuldigen zwischen die Zähne des Opfers und gebietet ihm:

»Beiß zu! Du mußt dich rächen!«

Handelt es sich um eine Stockwunde, dann drückt sie den Stock in die Hände ihres Sohnes und setzt notfalls selbst den Arm in Bewegung. Bei diesem Spiel arten die harmlosen Konflikte zwischen Kindern mitunter in blutige Kämpfe zwischen Erwachsenen aus, wenn alle Eltern die Partei ihres Kindes ergreifen und der Streit sich verschärft.

Hiyomi liegt in ihrer Hängematte und genießt die Muße der sengenden Stunden des Tages. Neben ihr sitzt Mamobrei und läßt sich von ihrem Mann entlausen. Ihre kleine Tochter will auf sie klettern, aber es gelingt ihr nicht, es sich bequem zu machen; das verdrießt sie, und sie greint; lächelnd sagt Mamobrei zu ihr:

»Sei still, du wirst den Jaguar anlocken. Er wird dich fressen!«

Aber sie spreizt die Hängematte auseinander, damit das Kind sich bequem hineinlegen kann. Bald ändert das kleine Mädchen seinen Plan, es steht wieder auf und öffnet den Topf, in dem sich der Trinkwasservorrat des Haushalts befindet. Es vergnügt sich damit, die Flüssigkeit in eine Kürbisflasche umzufüllen; es verschüttet einen Teil, während es den anderen verschmutzt und damit unbrauchbar macht. Keiner rügt das Kind. Als es des Spiels müde ist, geht es wieder zu seiner Mutter, quengelt und gibt durch Gebärden zu verstehen, daß es sich auf ihre Knie setzen will. Man hilft ihm hinauf; sofort hört es mit dem Theater auf, klammert sich an die mütterliche Brust und saugt gierig daran.

Etwas weiter entfernt spielen Boshomi und Marauwë mit einer

Alltag im großen Haus

Puppe. Sie tragen eine dicke grüne Banane in einem Stoffgurt spazieren. Durch das schlanke Ende der Frucht haben sie einen dünnen entrindeten Stab gesteckt, wie ihn die Frauen in der Nasenscheidewand tragen, was dem Spielzeug ein Geschlecht verleiht.

Der kleine Vogel, den Boshomi aufzuziehen versuchte, ist gestorben: man hat ihn zuviel betätschelt. Die kleinen Mädchen wollen ihn verbrennen; deshalb holen sie Glut aus den benachbarten Feuerstellen. Sie errichten den Scheiterhaufen mit Reisig, das sie in der Umgebung auflesen. Als der Vogel verbrannt ist, sammeln sie sorgsam die winzigen Knochenteile auf: sie sagen, daß sie sie im Laufe einer Zeremonie essen werden.

Kremoanawë und Ut^hëkawë kehren erschöpft von der Jagd zurück. Sie waren frühzeitig aufgebrochen, ohne etwas gegessen zu haben, und sind den ganzen Vormittag und einen Teil des Nachmittags unterwegs gewesen. Ihre Suche nach Wild war erfolglos. Ohne sich umzusehen, sinkt Kremoanawë in eine Hängematte. Sein Gesicht ist vor Müdigkeit eingefallen, sein Bauch vom Hunger gepeinigt. Er schweigt eine lange Weile, dann ruft er laut:
»Remaema, ich habe Durst! Bring mir eine Kalebasse mit Wasser!«

Er erhält keine Antwort. Er runzelt die Stirn, wiederholt seine Bitte noch gebieterischer. Als er des Wartens müde ist, schickt er Ut^hëkawë, der aus dem Wasservorrat schöpft und ihm eine randvoll mit einer durchsichtigen und frischen Flüssigkeit gefüllte Kalebasse bringt; er verkündet:
»Für deine Schwester ist der Isolierzaun errichtet worden.«

Denn Remaema hat ihre erste Regel. Kremoanawë schaut zu dem Platz seiner Eltern hinüber. In einer Ecke am Fuß des Daches, vor den stützenden Holzscheiten befindet sich ein gebrechlicher Verschlag aus Laubwerk, der das junge Mädchen verbirgt. In diesem abgeschlossenen engen Raum flackert ein Feuer, und man errät dunkel ihre Anwesenheit.

Sobald Mabroma unterrichtet war, ist sie hinausgeeilt, um die kleinen Zweige der »Menstrualblätter« *(yɨbɨ kë henaki)* zu holen. Diese Zweige stammen von einem knapp zwei Meter hohen Strauch; zur Blütezeit trägt diese Pflanze bescheidene Blumen, die unmittelbar am Ansatz jedes Blattstiels aufgehen und ihre amarantfarbenen Kronen

Aus dem Leben der Frauen

aus einem glatten Kelch herausrecken. Ein Mädchen, das den Ausfluß ihres ersten Menstrualbluts bemerkt, benachrichtigt sofort ihre Mutter; und diese errichtet unverzüglich den Verschlag, der sie dem Auge der Männer entziehen wird. Bliebe sie in ihrem Zustand den männlichen Blicken ausgesetzt, so würden der ganzen Gemeinschaft außerordentliche Gefahren drohen. In den mythischen Zeiten der Vorfahren bekamen die Yanomami die Folgen ihrer Unkenntnis oder ihrer Nachlässigkeit zu spüren, und die Erzählung dieser Ereignisse – der Mythos – rechtfertigt vollauf, daß das Ritual peinlich genau und unverzüglich vollzogen wird. Auf Drogensitzungen wiederholt Turaewë oft diese Erzählung, die er aus dem Mund der *hekura*, seiner unmittelbaren Informanten, vernommen haben will:

»Man bereitete ein Fest vor. Schon hatte man die Boten ausgeschickt, um die Gäste einzuladen, die in der Nähe des Rundhauses lagerten. Es wurde Nacht. Die Frauen versammelten sich, um auf dem Platz in der Mitte das *heri*-Ritual zu vollziehen. Ein Mann rief:

›Alle Frauen ohne Ausnahme müssen singen und tanzen!‹

Da schob ein junges Mädchen, das wegen ihrer ersten Regel in einem Blätterverschlag eingeschlossen war, die Zweige beiseite und schlüpfte hinaus. Sie hatte den Befehl gehört und meinte, daß er auch ihr gelte. Sie schloß sich den anderen Frau an. Anfangs bemerkte man sie nicht. Sie stimmte das erste Lied an:

> *naikiē kere, naikiē kere*
> *nakba kara, nakba kara.*

Kaum hatte sie diese Worte ausgesprochen, als überall das Wasser zu quellen begann, der Boden wurde so weich, daß alles darin versank: die Menschen und die Dinge. Eine Alte begann zu flehen:

›Mein Sohn, sprich zu den *hekura*, damit sie die Katastrophe bannen! Wir versinken. Rufe sie!‹

Bald ragten nur noch die Spitzen der Pfosten heraus. Alle waren unter die Erde gesunken und zu Felsen geworden.«

Abgleiten in die unterirdische Welt und Versteinerung bedrohen die Gemeinschaft der Menschen, wenn diese den Pflichten des Rituals nicht nachkommen. Wir werden sehen, daß die Vorschriften für die Abgesonderte noch bindender sind.

Wie um ihre Rückkehr zum Naturzustand zu betonen, ist Remaema gezwungen, auf alle Elemente der Kultur und der Kleidung zu verzich-

Alltag im großen Haus

ten, die mit den angebauten Pflanzen in Beziehung stehen. Der Tabak ist ihr erlaubt, sofern er *nosi* ist, das heißt wertlos, ohne Geschmack und ohne Wirkung, da völlig ausgesaugt. Sie hat ihre baumwollene Hängematte durch eine andere, gröbere, aus gespalteten Schlingpflanzen ersetzt. Sie hat ihren kleinen Lendenschurz abgelegt, die verdrillten Schnüre gelöst, die sie über der Brust gekreuzt oder um ihre Glieder geschlungen trug: nun ist sie völlig nackt, sogar ihre Ohrstäbchen mußte sie entfernen. Die unmittelbare Berührung mit Wasser ist ihr untersagt: zum Trinken benutzt sie ein dünnes Rohr, das sie hinter ihre Zähne in den Mund steckt, denn wenn ihre Zähne mit dem Wasser in Berührung kämen, würde das Zahnfleisch abfallen. Sie besitzt einen kleinen spitzen Stab, mit dem sie sich kratzen kann; sollte sie aus Unachtsamkeit den Fingernagel benützen, so würden ihre Körper- und Haupthaare ausgehen, ihre Haut sich mit Wunden bedecken. Das Feuer schürt sie mit einem Fächer, statt es anzublasen. Sie darf nur mit leiser Stimme sprechen. Noch nicht geschlechtsreife Mädchen dürfen sich zu ihr schleichen und sich mit ihr unterhalten, doch die Stimmen dürfen von außen nicht zu hören sein. Ihre Kost ist sehr eingeschränkt. Fleisch ist verboten, ebenso Bananen und Zuckerrohr. Sie darf nur auf der Glut geröstete Plátano oder *ocumo*-Wurzeln zu sich nehmen; sie ißt dieses karge Mahl mit Hilfe eines kleinen Zweiges, den sie in die Speise steckt. Ihr einziges Gaumenvergnügen besteht darin, daß sie hin und wieder die Schale einer Krabbe auslutscht; aus Naschhaftigkeit kostet sie es so lange wie möglich aus. Diese verschiedenen Verhaltensgebote wirken zusammen, um sie von allem zu isolieren. Sie uriniert in der Mitte ihrer Klause und defäkiert in Blätter, aus denen sie ein Paket macht, das ihre Mutter später fortwerfen wird.

Von einer Isolierten sagt man, sie habe »Feuchtigkeitswert«, wenn es während ihrer Abgeschlossenheit ausgiebig regnet. Die Mädchen, die sich die Finger nach *yubuu na* lecken – einem flüssigen Gewürz, das aus der Asche einer Rinde zubereitet wird –, fallen alle in die Kategorie derer, die »Feuchtigkeitswert« haben. Die Indianer sagen, daß jeder Mondumlauf von schönem oder von schlechtem Wetter begleitet ist; darin ähneln die Frauen den Monden, ihre Regel ist ebenfalls ein Element der Periodizität. Diese Ähnlichkeit wird von der Sprache unterstrichen: von einer Mondsichel, die am Himmel erscheint, oder einer menstruierenden Frau, die auf einem Holzscheit sitzt, das sie mit ihrem Blut beschmutzt, heißt es: *a roo*, sie sitzt.

Aus dem Leben der Frauen

Auch wenn es Moshawë, Remaemas Mann, freisteht, in den Wald zu gehen, so ist er doch denselben Verhaltensvorschriften und denselben Nahrungseinschränkungen unterworfen wie seine Frau. Er schläft in einer Hängematte aus Rindenbast. Er darf weder Wasser noch Honig anrühren. Jedoch hat er die Möglichkeit, seinen Körper mit den »Menstrualblättern« abzureiben. Manchmal verschwindet er einen Augenblick, um seinen Darm zu entleeren. Wenn er wollte, könnte er im Wald herumstreifen, aber in übergroßer Vorsicht zieht er es vor, sich nicht zu regen, aus Angst, versehentlich etwas Verbotenes zu tun. Die Überlieferung erzählt, daß ein Mann in seinem Zustand die Eingeweide verlor und sich in eine Biene verwandelte, weil er Honig hatte ernten wollen. Die Männer aus Karohi erinnern sich alle an einen Vorfall, bei dem sie fast umgekommen wären. Sie waren auf die Jagd gegangen. Der Ehemann einer eingeschlossenen Frau, der das Herumhocken satt hatte, wollte sie unbedingt begleiten und versprach, seine Füße nicht ins Wasser zu setzen. Auf der Suche nach Wild gingen sie einen Bach hinauf. Das kristallklare Wasser bespülte den mit Glimmer übersäten hellen Sand. Sie bewegten sich langsam voran, beobachteten aufmerksam die Umgebung und stocherten mit ihren Bogen in den Höhlen unter dem Wasser, in der Hoffnung, das Quartier eines Kaiman zu finden. Der Mann folgte ihnen in einigem Abstand auf der Böschung. Plötzlich bemerkten sie im Sand die Spuren eines Kaiman; die Fußabdrücke waren deutlich zu erkennen, und der Schwanz zog eine regelmäßige Mittellinie. Diese Spuren führten sie zu einer Stelle, wo das Ufer hoch und das Wasser tief war, sie zweifelten nicht, hier das Tier zu finden. Sie gruben Löcher in den Boden. Der andere sah ihnen zunächst zu, vergaß dann das Verbot und stieg ins Wasser, um ihnen zu helfen. Einige Männer hatten sich unter die Böschung gleiten lassen, um bequemer arbeiten zu können; plötzlich hatten sie das Gefühl, daß der Boden unter ihnen nachgab: die Erde wollte sie »verschlingen«. Ihre Augen wurden rot, als wären sie mit Piment eingerieben worden. Sie wären unter der Erde verschwunden, wäre nicht Turaewë, der Schamane, bei ihnen gewesen. Er sprach folgende Worte:
»*ushu, ushu, ushu!*«
Die *hekura* eilten ihnen zu Hilfe, alles kam wieder in Ordnung: der Boden unter ihren Füßen wurde wieder fest. Aber sie hatten einen solchen Schrecken bekommen, daß sie es vorzogen, die Suche aufzugeben und ins Gemeinschaftshaus zurückzukehren. Fast hätten sie sich

Alltag im großen Haus

in Felsen verwandelt.

Es besteht eine auffallende Ähnlichkeit zwischen dem Ritual der Mörder und demjenigen, dem sich ein Ehepaar unterziehen muß, wenn die Frau zum erstenmal ihre Regel hat; überdies bezeichnet ein und dasselbe Wort, *unokai,* die beiden Situationen. Wenn man nach dem Element sucht, das beiden gemeinsam ist, so ist es ohne allen Zweifel das Blut. Die Gesellschaft, die einen Mörder und eine junge Frau absondert, tut nichts anderes, als sich vor einer Besudelung zu schützen und eine Ansteckung zu vermeiden; sie wendet eine Gefahr ab. Dieser Abscheu vor dem Blut hat eine kulinarische Folge: das Wild muß stundenlang gekocht werden, bevor man es ißt; Fleisch, das auch nur ein klein wenig blutig wäre, würde augenblicklich zurückgewiesen; die Vorstellung, es zu essen, verursacht Ekel und Brechreiz.

So vergehen für Remaema sieben lange Tage in der Abgeschiedenheit. Sie ist mager und schmutzig. Eines Morgens entfernt Mabroma die Zweige, die ihre Tochter einzäunen, und reibt ihren Körper mit Urucu ein; dann geht sie mit den »Menstrualblättern« in den Wald und bindet sie mit Hilfe einer Liane an den Stamm eines *mraka nahi*-Baums. In der Zwischenzeit hat sich Moshawë gebadet, indem er das Wasser aus einem Topf über seinen Körper rinnen ließ.

Es vergehen noch zwölf Tage vor der Zeremonie, die das Ende des Rituals anzeigt. Remaema, die sich jetzt normal ernährt, ist wieder zu Kräften gekommen; ihr Körper hat seine runden und fleischigen Formen wiedergewonnen. Wishami, Hiyomi, Ruthemi und Mamobrei führen sie in den Wald. Mit einem Stück des traditionellen Schilfrohrs rasiert ihr Mamobrei den Scheitel des Kopfes kahl; der Körper wird mit Urucu eingerieben, ebenso die geschorene Kopfhaut. Auf diesen Untergrund zeichnet man mit rotem Ocker Wellenlinien, die sich den Körper entlangschlängeln; das Oval des Mundes wird durch eine dunkle Linie betont, die über die Lippen führt. In die Ohrläppchen steckt man zarte, blaßgrüne, zerrissene und in dünne Streifen geschnittene Palmzweige. Um die Taille wird ein Strang aus leicht rotgefärbten Baumwollfäden gebunden. Ein Baumwollfaden umschlingt die Arme, die Handgelenke, die Waden und die Knöchel; an der Schnur am Arm befestigt man einen Strauß dünner und regelmäßig gestutzter Palmzweige. Nun ist Remaema prachtvoll hergerichtet: ihr Körper ist durch den Schmuck und den berauschenden Duft der Farben und Pflanzen gleichsam schwerer geworden; sie strahlt eine aufreizende und zugleich

Alltag im großen Haus

bezaubernde Sinnlichkeit aus; ihr Gesicht verrät eine geheime Freude, die im ungewöhnlichen Glanz ihrer Augen zum Ausdruck kommt.

Remaema betritt das große Haus; sie überquert den Platz in der Mitte mit ruhigem und sicherem Schritt und geht zur Feuerstelle ihrer Eltern. Rings um sie herrscht festliche Stimmung: ihr zu Ehren, wie sie weiß. Die Männer sind geschmückt, ihre Haut ist mit Punkten, Kreisen, Andreaskreuzen, gebrochenen und gewellten Linien verziert. Ihre Gesichter zeigen ähnliche Motive, die die Augen umranden, die Stirn ausfüllen, das Kinn überwuchern, sich über die Wangen ausbreiten: das alles ist einfach, aber harmonisch. In den Armbinden aus Vogelbälgen oder Baumwolle stecken Federn in allen Farben, manchmal erhebt sich eine rote Araschwanzfeder auf einem Kopf, steil und lebendig wie eine Flamme. Anhänger baumeln an den Ohrstäbchen: säuberlich ausgeschnittene Kehlen der blauglitzernden Kotinga, buntschillernde Bälge der Tangaren. Sitzend betrachtet sich Remaema das Ganze voll Stolz. Jetzt ist sie in den Rang einer Frau aufgestiegen. Sie ist kein »grünes« *(ruwë)* Mädchen mehr, sie ist »reif« *(tat^{h}e)*, ihr Menstrualblut zeugt davon.

Das Einnehmen der Halluzinogene hat begonnen: ein Walzer von grauen, grünen, kakifarbenen Pulvern von einem Nasenloch zum anderen. Die einen stehen auf, plötzlich von Übelkeit gepackt, und übergeben sich auf dem Platz in der Mitte; dann kommen ausgemergelte Hunde herbei und schlecken dieses unverhoffte Mana. Anderen tränen die Augen, sie spucken dicken Speichel aus, den sie nur mit Mühe von ihrem Mund lösen können. Kremoanawë ist schwindlig. Er sieht phantastische, in Orange, Rot, Karmin oder Scharlach getauchte Landschaften. Das von Krämpfen geschüttelte Rundhaus krümmt sich grotesk. Mit einem Mal erhebt sich ein Wirbelsturm aus Blut und überflutet alles, Wesen und Dinge. Fremdartige und grauenhafte Personen bilden sich und zerfließen wieder: ein Mann ohne Kopf wird von einem vielgliedrigen Wesen verjagt, das wiederum von einem Mann abgelöst wird, der nur das Viertel eines Kopfes trägt. Alle diese Kreaturen sind bald aufgebläht wie Luftballons, bald bedeckt sich ihre Haut mit ekelhaften Geschwüren. Kremoanawë spürt, daß seine Nase sich unmäßig in die Länge zieht, ein Gefühl des Entsetzens überkommt ihn. Bald sind die Geräusche besonders schrill, und die Töne lösen sich voneinander; bald herrscht lastende Stille, und die Zeit steht still. Er spürt nicht den Faden aus grünlichem Rotz, der an seiner Nase hängt

Aus dem Leben der Frauen

wie ein Stalaktit.

Der junge Yabɨwë, berauscht von der Droge, sagt irgendwelche Dinge, stößt Obszönitäten und Beleidigungen aus, nimmt den Namen eines Toten in den Mund. Man tut so, als höre man ihn nicht. Doch als es dunkel geworden ist, nimmt Kasikitawë den Knaben beiseite; er behauptet, er sei beleidigt worden, und sucht Streit:

»Du hast mich gekränkt, kämpfen wir sofort mit der Keule. Wir werden uns auf den Kopf schlagen. Du hast mich verhöhnt, du dachtest wohl, die Droge würde mich daran hindern, dich zu hören!«

Wirre Stimmen prallen im Dunkeln aufeinander. Kasakitiwë und seine Brüder provozieren Yabɨwës Vater, der von Kaōmawë gestützt wird. Kremoanawë erhitzt sich beim Gedanken an einen Kampf, schon umklammert er die Keule, die jeder junge Yanomami in Reichweite hält. Er schreit:

»Schürt die Feuer, damit man klar sieht, laßt die Flammen lodern. Hört auf, nur von Kampf zu reden, es ist Zeit zu handeln. Ich kenne die aus Bishaasi: die sind wirklich tapfer, sie kämpfen um weniger und reden nicht.«

»Ich fürchte den Kampf nicht«, antwortet Shimoreiwë, »als ich jung war, habe ich mich oft geschlagen.«

Und Kremoanawë zischt ihm leise zu:

»Du lügst, dein rasierter Schädel hat keine einzige Narbe.«

»Schlagt euch, nehmt von der Droge«, brüllt eine Frauenstimme. Keiner rührt sich; bald sinken alle in Schlaf.

Unglückliche Hiyomi. Zwei Monde sind am Himmel vorübergezogen seit der Geburt ihres Kindes, als es krank wird. Sie bemerkt weiße Blasen in seinem Mund: es ist der Mundschwamm, den die Indianer den *hemare*-Früchten zuschreiben, die, so sagen sie, »die Zunge der Säuglinge zerfressen« (die -kerne werden gegart verzehrt, und der Baum, auf dem die Früchte wachsen, ist eine Theobroma, wie der Kakaobaum). Der Kleine siecht dahin und hat Durchfall, vielleicht wegen des Mundschwamms. Schnell nimmt sein Gesicht eine fahle Blässe an, seine verdrehten Augen werden durch kein Zucken der Augenlider mehr befeuchtet, der Staub klebt sich in ihnen fest, und kleine gefräßige Mücken setzen sich darauf. Die Schamanen lösen einander bei ihm ab, ohne Erfolg; sie sind außerstande, die Krankheit aufzuhalten.

Alltag im großen Haus

Eines Nachts singt Turaewë sehr lange. Seine schöne tiefe Stimme tönt laut, begleitet vom durchdringenden Zirpen der Zikaden. Plötzlich verstummt er, und herzzerreißendes Wehklagen bricht aus, das im Wald widerhallt: das Kind ist tot.

Hiyomi bleibt bis zum Morgengrauen wie gelähmt, das tote Baby an sich gepreßt. Am frühen Morgen gibt sie ihrem Lieblingspapagei eine Banane zu essen und erschlägt ihn, sobald er satt ist; mit dieser Geste will sie ihren Kummer zeigen. Rings um sie tragen die Frauen die Zeichen der Trauer. Nach einer Weile nimmt Natoma den kleinen Toten, bindet ihn mit dem Rindengurt an ihre Brust und geht dann auf den Platz in der Mitte, um zu weinen und zu tanzen. Stumm tut Moriwë seine Pflicht; er errichtet und entzündet den Scheiterhaufen, legt sein Kind in einen Korb und senkt ihn in die Flammen. Dann wirft Natoma den Tragegurt in die Glut.

Am Ende des Tages sammelt man die Knochen auf, um sie in Blättern aufzubewahren. Moriwë wird sie am nächsten Tag in einer jener dicken und harten Schalen zerstoßen, die Brasilnüsse enthalten hatten. Ebenfalls am nächsten Tag, lange vor Morgengrauen, werden die Frauen und die Kinder bei einem gemeinsamen Bad im Fluß ihre Körper reinigen: der Rauch der Einäscherung ist besonders gefährlich, wenn es sich um ein kleines Kind handelt. Man wird auch die Pfeile und die Hunde mitnehmen müssen, um sie zu waschen; andernfalls würden die Pfeile ihr Ziel nicht mehr treffen, die Hunde die Spuren der Tiere nicht mehr finden. Später wird man das Knochenpulver mit Bananenkompott vermischt verzehren, aber man wird kein Fleisch essen: alles sieht so aus, als wollte man die Jagd von jenem großen Unglück trennen, das der Tod eines Neugeborenen bedeutet.

Kurz nach den geschilderten Ereignissen erfährt Mabroma, daß ihr Bruder während eines Kriegszugs getötet worden ist. Augenblicklich legt sie öffentlich Trauer an und schwärzt ihre Wangen. Sie wird mit ihrer Familie nach Batanawë gehen – sie stammt aus dieser Gemeinschaft –, um dort einen Aschekrug zu fordern. Zuerst müssen sie sich nach Tayari begeben, um Hebëwë abzuholen und sich dort nach dem Weg zu erkundigen, den sie nehmen müssen. Schon lange hat Mabroma ihre Geschwister nicht mehr besucht, und seit der Krieg mit Mahekoto ausgebrochen ist, muß man einen langen Umweg machen, will man nicht auf eine gegnerische Gruppe stoßen. Der wenig began-

Aus dem Leben der Frauen

gene Pfad, den sie einschlagen müssen, ist schwer zu erkennen. Unterwegs tragen Kaõmawë und Mabroma abwechselnd Kerama. Bald setzt Mabroma sie auf ihre Kiepe, die schon mit den Hängematten der Familie und den Vorräten beladen ist; bald trägt Kaõmawë sie mit Hilfe eines Stirngurtes. Hebëwë und Kremoanawë dagegen laufen hurtig an der Spitze, da sie nur ihre Waffen zu tragen haben.

Die zweite Nacht verbringen sie in einem früheren Lager von Batanawë. Sie sind ihrem Reiseziel schon beträchtlich nahe gekommen. Bald werden sie auf einen häufig begangenen, also breiteren und freieren Pfad stoßen. Man sagt, daß diese verfallenen Lager, ebenso wie eine zerstörte Wohnstatt, eine vertrocknete Schlingpflanze, ein aufgegebener Garten, »alte Frauen« sind. Das Lager, in dem sie sich befinden, war in der Nähe einer Gruppe von Mauritia-Palmen errichtet worden. Der Sumpf, in dem die Bäume dieser Kolonie stehen, wird von giftigen Rochen heimgesucht, so daß er ihren Namen trägt. Es ist so gefährlich, die ins Wasser gefallenen Früchte aufzusammeln, daß die Indianer darauf verzichten. An diesem Tag ißt man geröstete Plátano, dazu das zähe Fleisch eines Tukan, den Hebëwë erlegt hat. Dieser klagt beim Kauen über Zahnschmerzen. Er sagt:

»Meine Zähne werden von den Palmwürmern zerfressen.«

Die Yanomami glauben, daß diese Maden für die Karies verantwortlich sind.

Nach diesem kargen, einer Waldwanderung durchaus würdigen Mahl entfernt sich Kremoanawë, um zu defäkieren. Er schwingt sich auf einen Baumstamm, unter ihm fließt ein klarer Bach. Sein Vater bemerkt es und sagt zu ihm:

»Man darf nicht ins Wasser scheißen, wer das tut, kann sich nicht mehr wärmen.«

Dieser Glaube geht auf den Mythos vom Ursprung des Feuers zurück: bevor die Indianer Kaiman die Glut raubten, aßen sie ihre Nahrung roh und defäkierten ins Wasser. Kremoanawë rückt etwas weiter. Da er Durchfall hat, furzt er laut. Hebëwë lacht und ruft:

»Deine Fürze sind so jämmerlich wie die einer Frau!«

Der andere stellt sich taub; als er fertig ist, sucht er sich einen Strauch mit passendem glatten Stamm aus, an dem er von oben nach unten seinen Hintern abreibt.

Mabroma träumt. Sie sieht einen ausgemergelten, gelben und kranken Kremoanawë: ein böses Omen. Sobald sie wach ist, befiehlt sie

Alltag im großen Haus

dem Knaben, seine Hängematte zu verlassen. Er sagt, er wolle noch schlafen; sie hört nicht auf ihn, packt ein Bündel Blätter und schlägt ihm damit leicht auf die Schultern, die Arme, das Hinterteil und die Waden, wobei sie die Formel spricht:
»*shabo, shabo, shabo* . . .«
Mit dieser zweckmäßigen Handlung beseitigt sie die Gefahr der Krankheit, die der Traum ankündigte. Diese Praxis ist den Frauen eigentümlich, sie dient dazu, viele Übel zu bannen: wenn man einen feindlichen Überfall fürchtet, schlägt man Zweige gegen die Stützpfosten des Daches und den unteren Teil der Hütte, damit die feindlichen Pfeile ihr Ziel verfehlen; wenn man vor einer Seuche in den Wald flieht und dort ein Lager aufschlägt, vollzieht man dieses Ritual, um die *shawara* in die Irre zu führen, damit sie die Spur der Flüchtigen nicht wiederfinden.

Die kleine Gruppe nähert sich dem Ziel. Mabroma hat großen Kummer, schon lange ist sie nicht mehr durch diese Gegend gestreift, und ein Teil ihrer Jugend kommt ihr in Erinnerung; sie denkt an ihren Bruder. Der Weg vor ihnen klettert einen steilen Hügel hinauf, mitten durch ein Geflecht von Lianen; zu ihrer Rechten zeigt sie auf eine von Felsen eingeschlossene Schlucht und sagt:
»Dort ist der Weg Titiris.«
Jetzt gehen sie auf einem schlammigen, von vielen Schritten glitschig gewordenen Pfad. Sie kommen zu einem Bach, der sich unter schütteren Bäumen schlängelt, sie rasten, um sich zu waschen. Die Knaben baden, bemalen ihre Haut mit roter Farbe und ordnen ihre Federn; Kaõmawë begnügt sich damit, seine feuchte Haut zu reiben; Mabroma verzichtet auf jede Toilette: sie trägt Trauer und ihre Wangen sind geschwärzt. Nicht weit von hier durchqueren sie eine große Bananenpflanzung, bevor sie zu der Rundhütte gelangen, deren riesige Krone mehr als zweihundert Personen beherbergt. Ihr Kommen wird mit Schreien und Pfiffen begrüßt. Wie betäubt bleibt Mabroma stehen. Ihr Bruder erkennt sie und schaut sie an; sicher wartet er, daß sie sich neben ihm niederläßt, wie es sich gehört.

Sie nähert sich, den Tränen nahe, und gesteht:
»Man hat mir gesagt, daß du tot bist.«
»Die das gesagt haben, sind Lügner.«

Zweiter Teil
DIE MAGISCHEN MÄCHTE

IV
Der Weg der Geister

Rikōmi stammt aus Karohi, wo sein Vater und einige Brüder leben. Er ist nach Botomawë gegangen, um dort zwei Schwestern zu heiraten, und lebt seitdem in der Gruppe seiner Heiratsverwandten, nachdem er bei seinen Schwiegereltern den Ehedienst abgeleistet hat. Gemessen an der durchschnittlichen Größe der Yanomami ist er recht klein. Sein Körper ist muskulös, aber nicht klobig, er hat ein rundes Gesicht, in dem grausame und listige kleine Augen blitzen, seine Gesten sind flink. In Fragen der Ehre ist er äußerst empfindlich. In der Gemeinschaft, in der zu wohnen er beschlossen hat, konnte er sich als guter Jäger und tapferer Krieger Achtung und Respekt verschaffen. Er ist noch jung und hat das Zeug zu einem künftigen Anführer. Er ergreift Initiativen, immer nach reiflicher Überlegung. Er ist ein aufsteigender junger Mann, ein feuriger und wortreicher Redner, ein Arbeiter, der großzügig zu sein weiß. Seit kurzem ist er nach Karohi gekommen, um sich hier von seinen Vätern zum Schamanen ausbilden zu lassen. Es ist eine harte Prüfung; doch wenn er sie besteht, wird der Status, den er erwirbt, seinen Anspruch, bei den politischen Angelegenheiten seiner Adoptivgruppe eine aktive Rolle zu spielen, noch fester begründen.

Seit seiner Ankunft streift Rikōmi täglich durch den Wald auf der Suche nach der Rinde des Baumes *Virola elongata,* die dazu dient, ein starkes Rauschmittel herzustellen; diese Rinde läßt er trocknen, mahlt sie zu feinem Pulver, das er dann in ein langes dünnes Rohr schüttet, das mit einem Stück Krötenhaut luftdicht verschlossen wird. Nach einer langen und einsamen Suche, die ihn jeden Tag weiter in den Wald führt, ist das Bambusrohr endlich gefüllt. Nun steht dem Beginn der Zeremonie nichts mehr im Wege, deren großer Meister Turaewë sein wird, unterstützt von Kaōmawë und Shimoreiwë.

Turaewë will den Beginn der Initiation nicht verzögern. Schon pulverisiert er die Körner der *Anadenanthera peregrina,* ein anderes Halluzinogen, das er mit dem vermischen wird, das der Novize zu-

Die magischen Mächte

bereitet hat. Man sieht die drei Schamanen sich bemalen und schmücken: gemeinsam werden sie die erste Sitzung abhalten. Turaewë reibt seinen Körper gleichmäßig mit rotem Ocker ein, vom Mund bis zu den Brustmuskeln. Rikōmis Haut ist mit regelmäßigen Punkten gesprenkelt. Wakamoshiwë reicht ihm Ohrstäbchen, in die er Anhänger von leuchtendem Blau gesteckt hat, und fegt dann die Stelle sauber, wo Rikōmi Platz nehmen wird.

Und nun setzen sich die Schamanen in Bewegung, wobei jeder ein Schnupfrohr trägt. Sie legen das magische Pulver auf den Boden eines Tongefäßes. In der Zwischenzeit hat Rikōmi seine Stäbchen mit Spucke befeuchtet, bevor er sie in seine Ohrläppchen steckte; er hat seine Armbinden aus Mutumhaut umgebunden und eine Muschelkette angelegt. Er setzt sich, als die Schamanen neben ihm stehen, und nimmt sofort die Stellung ein, die er bei jeder aktiven Phase seiner Initiation einnehmen muß: seine Beine sind gespreizt, und seine Arme, hinter dem Gesäß aufgestützt, halten den Oberkörper gerade.

Er befindet sich unter dem hohen Teil des Daches, etwas vor den vorderen Stützpfosten, an einer Stelle, die gewöhnlich den großen Ereignissen des gesellschaftlichen Lebens vorbehalten ist: den schamanistischen Übungen und Heilbehandlungen, dem Schnupfen der Halluzinogene, dem Tausch der Güter und dem Verzehr der Totenasche. Der niedere Teil zwischen den beiden Pfostenreihen, die das schräge Dach tragen, ist der Ort des Familienlebens und der häuslichen Tätigkeiten. Dahinter, jenseits der am Waldrand aufgeschichteten Holzscheite, befindet sich die Müllhalde, auf die man Abfälle des Haushalts und den Hundekot wirft; dorthin geht man auch pissen. Vom Platz in der Mitte bis zum Wald – von innen nach außen – läßt sich eine Reihe konzentrischer Kreise abgrenzen, innerhalb deren spezifische Tätigkeiten stattfinden. Jeder dieser Kreise ist wiederum der Quere nach geteilt, jedes Segment einer bestimmten Lineage zugeordnet und unter verschiedene Gruppen von Geschwistern aufgeteilt. Doch mehr noch: das große Haus, der *shabono,* ist auch ein Spiegelbild der Vorstellung, die die Indianer vom Universum haben. Der Platz in der Mitte ist das Himmelsgewölbe, der niedrige Teil des Daches die Wiederholung des niedrigen Teils des Himmels – den man sich als konvexe Struktur vorstellt – an dem Punkt, wo er sich mit der Erdscheibe vereinigt. Wenn der Schamane eine Reise zwischen den verschiedenen Ebenen, aus denen das Universum besteht, antritt, um eine geraubte Seele zurück-

Der Weg der Geister

zuholen, ein kleines Kind zu »fressen«, oder zu einem anderen Zweck, so ist die Wohnstatt für ihn eine bequeme geometrische Darstellung, an der er sich sehr gut orientieren kann. Diese genaue Entsprechung zwischen der gesellschaftlichen, der religiösen und der kosmologischen Ordnung macht die Yanomami-Wohnstatt zu einem Mikrokosmos.

Turaewë gibt also das Zeichen, die berauschenden Drogen einzublasen. Sechsmal wird der am Ende des Rohrs mit Harz befestigte längliche Kern in Rikōmis Nasenlöcher eingeführt, in die er seinen magischen Samen verströmt. Dann kommen die Schamanen an die Reihe. Jetzt muß man die Frauen und die Kinder verscheuchen, die sich in der Nähe aufhalten: die Frauen wegen des vaginalen Geruchs, den sie um sich verbreiten und der den *hekura* mißfällt, die Kinder wegen der Mächte, die sich hier zeigen werden und die über ihre Kräfte gehen. Auch die Hunde und ein zahmer Papagei werden verjagt; sie sind unrein, und ihre Exkremente könnten den Boden beschmutzen. Nach einem langen Schweigen, in dem sich Turaewë konzentriert und sich inspirieren läßt, stimmt er einen melodischen Gesang an, wobei sein Arm sich langsam hebt und sein Zeigefinger zur Erde weist. Die großen *hekura* werden aufgefordert, sich einzufinden:

»Geist des Mondes! Geist der Wasserstrudel! Geist der Geier! Steigt in mich herab!«

Doch nicht diese Geister sind es, die als erste in Rikōmi fahren werden, sondern die kleine Welt der minderen Geister: sie lenkt man zuerst zu ihm. Diese Wesen haben keine eigene Macht, sie sind nur die Vertrauten der großen *hekura:* Elemente der Wohnstatt, die man in der Brust des Novizen für die *hekura* errichtet, Schmuckstücke, die die *hekura* für ihre Tänze verwenden. Diese minderen Geister leiten die Ankunft der höheren Wesen ein: die aphrodisiakische Frau oder der Geist, der »Palmwert« hat oder den Wert des »*kumiti*-Blattes«, der Schwanz des Ozelot, und so fort. Ihre große Schar wirbelt um Rikōmi herum.

Dieser ist von den Halluzinogenen berauscht und bewußtlos. Dennoch bläst man ihm noch mehr Pulver ein. Eine Säule dunklen Rotzes fließt aus seiner Nase auf seine Brust und breitet sich aus. Hier wird sie bald trocknen. Man sagt, daß diese dicken Krusten die Exkremente der *hekura* sind und daß man sich hüten muß, sie abzuwischen.

Wenn Turaewë einen Kranken behandelt, macht er Gesten, die von unten nach oben gehen, denn er muß die Dämonen, die den Körper

Die magischen Mächte

vergiften, aus ihm herausziehen. Diesmal gehen seine Bewegungen in die umgekehrte Richtung, sie lenken die *hekura* zur Brust seines Schülers.

In dem Augenblick, da die Schamanen ihren ersten Gesang anstimmten, hatte jemand die Öffnung versperrt, die sich genau gegenüber von Rikōmi befindet; jetzt haben sie ihre Macheten ergriffen, um sie zeremoniell wieder zu öffnen. Dann reißen sie entlang dieser Öffnung nach draußen das Gras heraus und reinigen den Boden von Abfällen, dürrem Laub und Zweigen, womit sie einen Weg zeichnen, der genau zwischen den gespreizten Beinen des Initianden endet. Fortan werden die Schamanen während ihres Amtes nur noch diesen Pfad benützen, und ihr ständiges Hin und Her wird ihm bald das Aussehen eines viel begangenen Weges verleihen, der den zentralen Platz diametral durchquert. In ihren Felsenquartieren im Wald wird die Aufmerksamkeit der *hekura* gefesselt; sie werden zu der ihnen geweihten Öffnung gelockt, von den Schamanen, die sie verkörpern werden, auf diesen neuen Weg geführt und in Rikōmis Brust, ihre neue Behausung, geschickt. Es sind nicht die erwachsenen *hekura,* die den Aufforderungen der Offizianten folgen werden, sondern Kinder, die im Innern des menschlichen Wohnsitzes, den man ihnen zuweist, heranwachsen und erstarken werden und dadurch ihrem Herrn mehr Macht verleihen.

Turaewë hebt Rikōmis Kinn, er zeigt ihm den Weg, der soeben gebahnt worden ist, und ruft mit kräftiger, eindringlicher Stimme:

»Sieh hin, mein Sohn, sieh hin! Von dort werden sie kommen. Sieh gut hin, das ist der Weg der Geister, schon kommen sie zu dir!«

Dann führt man den Geist Mond zu dem Novizen, den Geist Dunkelheit, den Geist des Wasserstrudels, den Geist Milchstraße, den Vogel *witiwitimi,* die Frau *mārāshi:* die aktive Phase der Initiation beginnt.

Mit einem Mal will ein noch nicht gewarntes kleines Kind den Weg der *hekura* an der Stelle überqueren, wo Turaewë sich zu schaffen macht. Von allen Seiten fordern es Stimmen zur Umkehr auf. Verwirrt zögert das Kind, runzelt die Stirn und wirft sich schluchzend in die Arme seiner Mutter. Später wird eine unbesonnene Frau auf weniger freundliche Weise von einem Konzert wütender Stimmen zum Umkehren gezwungen. Doch diese beiden Fälle sind heilsam; solange die Initiation dauert, wird sich niemand mehr einfallen lassen, einen sol-

Der Weg der Geister

chen Fehler zu begehen.

Unerschütterlich setzt Turaewë seine Ausbildung fort. In einem bestimmten Augenblick wirft er eine Handvoll Pfeile vor Rikōmi. Er verkörpert den Geist Mond, einen mächtigen, furchterregenden Kannibalen, der sich mit langsamen Schritten vorwärts bewegt, um den Körper, den man ihm zeigt, in Besitz zu nehmen. Doch die Macht des großen *hekura* ist so groß, daß der Initiand die Berührung nicht ertragen kann; überwältigt sinkt er zu Boden, die Arme zum Kreuz ausgebreitet. Dann, in einem Augenblick der Ruhe, nehmen die zweitrangigen Geister ihren Wirbeltanz um den Körper wieder auf, der so reglos daliegt, als sei fast kein Leben mehr in ihm. Die Angst, die die Gemeinschaft erfaßt hat, legt sich, als Wakamoshiwë, der hinter Rikōmi geblieben ist, um ihm beizustehen und die Sandmücken zu vertreiben, die an seinem Rücken kleben, ihn wieder auf sein Gesäß setzt, den Winkel von Beinen und Armen korrigiert und sie in die richtige Stellung bringt.

Die erste Phase der Zeremonie geht zu Ende. Nun muß der Schüler die Sätze wiederholen, die der Meister vorsagt. Schon vollzieht sich in Rikōmi eine unmerkliche Veränderung, er verläßt den Bereich der prosaischen Realität, und er sieht, von seinem Initiator geleitet, wie sich ihm das wunderbare Universum der übernatürlichen Welt der Geister, der Dämonen, der übereinanderliegenden und durchsichtigen, feuchten oder heißen Welten erschließt. Eine höhere Wirklichkeit, die ihm bisher verborgen war, offenbart sich mittels der Botschaft der Schamanen, angefüllt mit flammenden Tönen, fremdartigen Formen, bizarren und schreckenerregenden Wesen, die die Seelen verschlingen, die jedoch, wenn er sie zu zähmen versteht, bereit sind, ihm willig zu gehorchen.

Turaewë beugt sich über den Initianden, streift fast sein Gesicht und spricht einen gesungenen Satz. Er richtet sich wieder auf, entfernt sich einige Schritte und befiehlt:

»Wiederhole, was du gehört hast.«

Rikōmi wiederholt den Satz fehlerlos, und das Gesicht des Meisters strahlt vor Freude. Nun braucht der Schamane nur noch die letzten Ratschläge zu erteilen:

»So mußt du mir immer antworten. Wende deine Augen in jene Richtung: dort ist der Weg der *hekura*, von dort werden sie zu dir kommen. Sprich leise, ohne übermäßige Hast und ohne die Stimme zu

Die magischen Mächte

heben. Rücke die Fersen näher zusammen, siehst du nicht, daß deine Beine zu weit gespreizt sind!«

Nun beginnt ein endloser Dialog, der erst mit der Initiation enden wird. Die Meister lösen einander ab. Turaewë singt:

»Der Weg ist mit weißem Flaum bestreut. Sie gehen auf dich zu, und dein Körper wird von ihrer Gegenwart geschwächt werden.«

»Ich höre auf dem Weg die Stimme der *hekura*.«

»Mein Sohn, da kommt der schwarze Jaguar.«

Mit Halluzinogenen vollgepumpt, halb bewußtlos, meint Rikōmi das Wort »Fels« *(këkɨ)* zu hören, er irrt sich:

»Der Fels des schwarzen Jaguar erhebt sich in der Ferne.«

Er hätte sagen müssen:

»Da kommt der schwarze Jaguar.«

Unerschüttert fährt Turaewë fort:

»Sein Maul ist mit helleren Streifen umrandet.«

»Ich höre sein Knurren auf dem Weg.« (Erneuter Irrtum.)

»Mein Sohn, hat der *bore koko*-Vogel eine rauhe Kehle? Du muß genau antworten!«

»Ich spreche wie der *bore koko*-Vogel.«

»Die *hekura* tanzen, sie rascheln mit den Palmzweigen, die ihre Arme schwenken.«

»Die Palmzweige der *hekura* tanzen.«

Turaewë schreitet tanzend auf dem Weg voran, den Geist *ushuweimawë* nachahmend. Rikōmi erkennt den Gesang und sagt:

»Der *ushuweimawë*-Vogel spricht durch meinen Mund.«

»Sieh, mein Sohn, sieh die *hekura*: eine Feder dieses Vogels schmückt ihre durchbohrte Lippe.«

»Wir sind die Prunkgeister, wir kommen, uns mit dir zu verschmelzen.«

»Sie sind da! Mein Sohn, sie kommen und folgen dem für sie geöffneten Weg. Sie tanzen, ihre Arme tragen leichte Palmzweige, ihr Schritt ist anmutig. Merke auf ihre Geräusche. Aber jetzt versammeln sich die *eeeeri*-Vögel auf dem Boden.«

»Die *eeeeri*-Vögel versammeln sich.«

»Sie sind noch jung, und ihre Brust ist ohne Flaum. Auf dem Hügel, wo sie leben, wachsen die tödlichen Zauber in Hülle und Fülle. Nun denn, tanzen wir, wir sind die *hekura*!«

»Wir sind die *hekura,* die tanzen.«

Der Weg der Geister

»Sie wedeln mit einem Ozelot-Schwanz.«

Rikōmi irrt sich erneut:

»Ich bin die Stimme des Ozelot.«

»Mein Sohn, hast du nicht den Eindruck, daß das ganze Dach zu schwanken beginnt? Siehe, am Horizont steht ein riesiger Baum. Die *hekura* befinden sich darin und strecken ihre weißen Zungen heraus, schwer von weißem Flaum. Vor ihnen schlängeln sich die vom selben Flaum beladenen Wurzeln dicht über der Erde und behindern den Tanz. Wir sind die *hekura*, wir möchten zu dir.«

»Werde ich getäuscht?«

»Mein Sohn, halte den Kopf gerade, wende dein Gesicht nicht den anderen Yanomami zu. Vor einem Augenblick hat der Geist des Faultiers meine Brust verlassen. Er wird die freien *hekura* für dich holen, die im Wald umherirren. Schon höre ich, wie sie über seinen plumpen Gang spotten, aber seine Frau erwidert ihre Sticheleien, und sie machen sich auf den Weg.«

»Sie machen sich auf den Weg und kommen zu mir.«

»Wir werden noch recht jung ankommen, aber wir werden in dir wachsen. Wir sind eine große Menge.«

Wieder versteht Rikomi falsch. Er verwechselt »sich in großer Zahl versammeln« *(tiriou)* mit »singen« *(tirurou)*. Daher antwortet er:

»Wir werden singen.«

»Wir werden die Bälge der schwarzen Tukane aneinandernähen. Mein Sohn, sieh das erstaunliche Ding dort: der rote Baum antwortet den Gesängen der *hekura*. Nirgendwo sonst bemerke ich einen solchen Baum. Wenn er den *hekura* antwortet, will er selbst *hekura* sein.«

»Er wiederholt ihre Gesänge.«

»Schon lange haben sich die Menschen mit Vogelfedern und mit Farben geschmückt. Sie sind ausgezogen, um die Gesänge des magischen Baumes anzuregen. Der Felsen, wo die *hekura* wohnen, hat die Arme hinter seinem Rücken verschränkt. Wir kommen, noch schwach, um gegen deine Brust zu stoßen und dich kraftlos zu machen. Der rote Wasserfall tost und stürzt in die Tiefe. Du mußt anworten, mein Sohn!«

Rikōmi verstummt, zu schwach, um zu antworten. Eine Frauenstimme schreit von der anderen Seite des Rundhauses:

»Antworte! Wiederhole die Gesänge!«

Turaewë hält nicht inne, schweißgebadet setzt er seinen Tanz fort:

Die magischen Mächte

»Dein Schweigen beleidigt uns, wir werden wieder fortgehen. Komm, mein Sohn, du mußt ihnen antworten. Unsere Rufe ertönen für dich, unsere Lippen schmücken sich mit leichten und gewellten Linien. Wiederhole das, mein Sohn! Willst du die Tukan-Frau täuschen, die kommen möchte? Sie sind da, sie tanzen! Schau sie an! Antworte! Schon läßt der Geruch der Farben, die ihre Körper bedecken, dich den Verstand verlieren, sie machen dich bewußtlos. Wir nahen, wir singen und tanzen.«

Turaewë, Kaõmawë und Shimoreiwë haben abwechselnd Dienst getan. Erst danach erlaubt man Rikõmi, sich in eine Hängematte aus Lianenfasern zu legen, die zwischen zwei abseits eingerammten entrindeten Pfosten befestigt ist; der Initiand darf mit keinem Teil des Wohnhauses in unmittelbare Berührung kommen: seine Isolierung muß absolut sein. Wie den Personen, die sich dem *unokai*-Ritual unterwerfen müssen, sind ihm Wild, Fisch und Bananen untersagt. Er darf nur geröstete Plátano und *ocumo*-Wurzeln essen. Wasser ist ihm nicht erlaubt, er stillt seinen Durst mit Zuckerrohrstücken, die man ihm spärlich austeilt. Zwischen den Sitzungen mit seinen Meistern bleibt er liegen. Seine Notdurft verrichtet er in ein Loch neben ihm, er bewegt sich nur kauernd fort. Weder Kinder noch Frauen dürfen ihm nahekommen; einzig Wakamoshiwë wacht über ihn. Kein Feuer erhellt die Nacht; erst gegen Morgen, kurz bevor der Tag anbricht, entzündet man neben ihm ein Flackerfeuer. Es ist Regenzeit, und der Himmel ist bedeckt, daher sind die Nächte lau. Aus diesem Grunde sagt man, daß später, wenn Rikõmi ein Schamane ist und die *hekura* anrufen wird, aller Voraussicht nach Regen fällt.

Während er schläft, träumt Rikõmi von phantastischen Personen und Landschaften. Unzählige Wasserläufe durchziehen den Wald, dicht nebeneinander wie die Adern einer Hand. Ein ganzes Volk von Tapiren folgt ihnen flußabwärts, um zu einem Wasserfall zu gelangen, der so hoch ist, daß sein bloßer Anblick schwindlig macht. Unten im tosenden und kochenden, mit Schaum bedeckten Wasser baden Vögel mit gerade entstehendem Flaum und noch kaum ausgebildeten Flügeln, ein turbulentes Völkchen. Zwischen zerklüfteten, mit Moos überzogenen Felsen recken die *tokori*-Bäume ihre schmächtige Gestalt in die Höhe, und ihre Zweige sind voll weißer Flaumfedern. Dieses Bild wird von einem anderen verdrängt. Rikõmi hat Kaõmawë mit einem Pfeil getroffen: das Blut des Opfers fließt seine Brust hinab und wieder

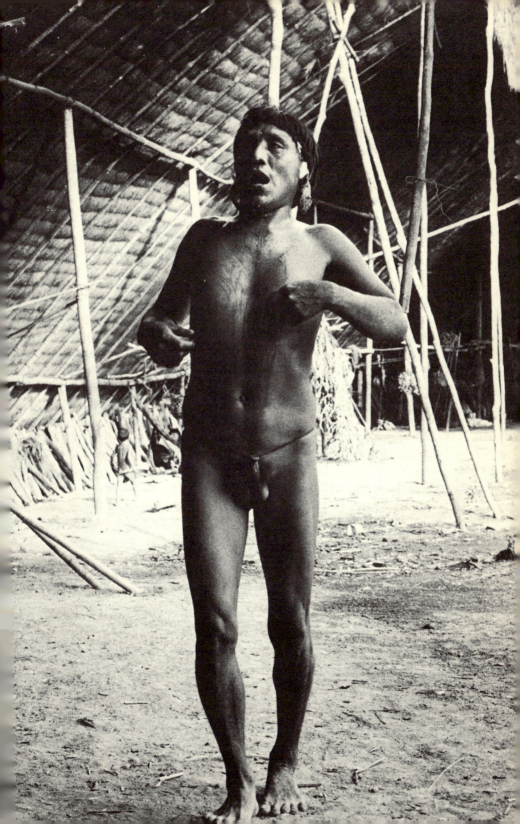

hinauf, eine lange Wellenlinie bildend. Um sie herum entrollt sich eine märchenhafte Landschaft. Orleanbäume voll roter Kapseln biegen sich unter zahllosen Kapuzineraffen. Unter einem Dickicht stielloser Pflanzen kriechender und kralliger Stengel öffnet sich der Weg der *kowahito,* eines Volkes von Wasserdämonen, die das wilde Kaninchen personifiziert.

Aufgrund der Stumpfheit, in die die Droge, die Müdigkeit und das Fasten ihn stürzen, verwechselt Rikōmi Schlafen und Wachen. Wenn er im Schlaf spricht – von solchen im Schlaf Sprechenden sagen die Indianer, daß sie »das Gespenst machen« –, glaubt er, seine Stimme komme aus einer anderen Person. Er hat den Eindruck, daß man ihn am Arm rüttelt. Doch sooft er seinen willenlosen Blick auch umherschweifen läßt, er bemerkt nichts. Nun weiß er, daß die *hekura* in seiner Nähe sind. Er hört Stöhnen. Ein Schwarm abgeschossener Pfeile tötet ihn beinahe. Papageien kreischen auf einer Streu aus dürrem Laub; sie schrecken auf: ein Kind springt auf sie zu, das bald von einem Jaguar geschnappt wird. Er fühlt sich in eine weite Steppe mit kurzen Gräsern versetzt; Araschwänze entfalten sich hier und schwanken im Wind, bald sehen sie aus wie ein Bündel hoher und schmaler Flammen, bald wie zuckende Glut. Ein Tier tritt aus dem Nebel hervor, es ähnelt keinem anderen, erinnert jedoch unweigerlich an einen Ameisenbär; es steht mitten in einer Kotlache. Am Ende der schlammigen Fläche ziehen sich die Ufer allmählich zusammen, es bildet sich ein reißender Sturzbach. Der Gegensatz zwischen den Erscheinungen, der reglosen, dunstigen und verschwommenen Masse der Kotlache und des belebenden, mächtigen Wassers erzeugt in ihm ein Gefühl der Beklemmung. Plötzlich schießt ein Unsichtbarer einen Pfeil ohne Spitze auf das Tier. Der Ameisenbär läßt sich fallen und löst sich in dem wäßrigen Element auf, eine schlammige Wasserhose spritzt unter ihm auf. Diese beängstigende Vision verblaßt, jetzt sitzt er auf einem steilen Felsen. Einige *hekura* kommen zu ihm, er erkennt sie nicht. Sie nennen ihm beim Namen und sagen unter sich:

»Ist das nicht der, den wir suchten?«

Man legt Perlenketten um seinen Hals. Ein *hekura* spuckt die magischen Pflanzen aus, die in einem körnigen Speichel schwimmen.

Von Zeit zu Zeit schleppt man ihn zu einer Gesangsitzung mit den Schamanen. Man stopft ihn mit Drogen voll. Er ist vernichtet: er hat keinen Willen mehr, nicht einmal eine eigene Existenz. Sein Mund

Der Weg der Geister

spricht, ohne daß er es will, sein Körper bleibt nur deshalb in der richtigen Stellung, weil man ihn in sie gebracht hat. Die Aras mit den hervorquellenden Augen brüllen ihm Dinge zu, die er nicht versteht. Doch Tag um Tag nimmt die Zeremonie ihren Lauf. In der Nacht oder am Nachmittag, niemals am Morgen, scharen die Schamanen die vielen Wesen um ihn, die ihre magische Welt heimsuchen. Sie lassen ihn die Glut sehen, in der die Geizigen verbrennen werden, und das große Haus der Seelen im Himmel. Sie fahren fort, die verschiedenen Teile, aus denen das Haus der *hekura* besteht, in seine Brust zu bringen.

Zu den gewöhnlichen Substanzen, der Rinde und den Kernen, fügt man nun angebaute Pflanzen der Art *Justicia* hinzu, psychedelische und wohlriechende Pflanzen. Der Weg der Geister auf dem Platz in der Mitte, von den Schamanen ständig ausgetreten, ist nun deutlich markiert, die heftigen Regenfälle des späten Nachmittags vermögen ihn nicht mehr auszulöschen.

Am dritten Tag hat Turaewë den mächtigen Geist des elektrischen Fisches in seine neue Behausung geführt. Der gesungene Dialog zwischen Meister und Novizen geht weiter:

»*Tiri, tiri, tiri!* Sie kommen zu dir!«

»Die *hekura* werden in mir verschmelzen.«

»Da kommen die kannibalischen Geister: der Geist Mond, der Geist Nacht! Die Hänge des Berges sind von Aras bevölkert.«

»Die Hänge des Berges sind von Aras bevölkert.«

»Wir tanzen für dich, unsere Ohrläppchen tragen Jaguarwimpern. Wir sind der Wind: höre, wie er sich an deine Brust wirft.«

»Ich höre, wie der Wind an meine Brust stößt.«

»Der bläuliche Wasserfall stürzt in die Tiefe, und sein Getöse ist ohrenbetäubend. Unsere Schamhaare strömen zarte Düfte aus. Der Geist der Tukan-Frau tanzt dir entgegen in einem Rascheln von Palmzweigen.«

»Der Geist der Tukan-Frau kommt mir entgegen.«

»Sie bringen dir alle magischen Gegenstände. An ihren Beinen baumeln Diademe aus violetten Federn. Der blaue Vogel schwingt sich empor. Die Felsen glitzern in unbekannten Lichtern. An unseren durchbohrten Lippen hängen Girlanden aus purpurnen Perlen. Ich sehe den Jaguar-Geist, der sich für dich bereit macht. Der Ara-Geist ist nahe.«

»Der Ara-Geist ist nahe.«

Ein Baum wird entrindet

»Aber mir wird schwindlig, der Verstand verläßt mich. Die *hekura* tragen mich, und ich sehe in ihrem Rücken die spitzen Zungen der Tukane, die sie aneinandergebunden haben. Mein Sohn, bleib nicht stumm und reglos vor ihnen auf dem Boden liegen!«

Denn Rikōmi ist verstummt. Sein verrenkter Körper liegt flach auf dem Boden.

Am fünften Tag wird der Novize mit dem *wathoshe* gekrönt. Das ist

ein Diadem aus geflochtenen Palmwedeln, bedeckt mit dem weißen Flaum der Raubvögel. Diese Kopfbedeckung ist das Symbol des Jaguar-Geistes, der von nun an in Rikōmis Brust wohnt; sie ist das Unterpfand seiner künftigen Macht. Der *watoshe* ist auch ein Teil des Schmucks der *hekura*.

Am achten Tag erreicht die Zeremonie den Höhepunkt. Frühzeitig begeben sich die drei Schamanen in den Wald, um den Baumstamm zu

Die magischen Mächte

fällen, aus dem dann der *bei kë maki* gemacht wird. Laub und Unterholz sind noch naß vom morgendlichen Tau. Sie suchen nach einem kleinen Baum der *morë*-Art. Der Stamm, für den sie sich entscheiden, ist dick wie ein Arm. Im Umreis von zwei Metern schneiden sie die Vegetation ab und reinigen den Boden von dürren Blättern. Dann zieht Kaōmawë ein kleines Päckchen hervor, das zwischen einer Armbinde und seiner Haut klemmt, und jeder Schamane schnupft zwei oder drei Prisen Rauschmittel. Sie schlagen in die Luft, um die bösen Geister und die feindlichen Schamanen zu vertreiben, die sich möglicherweise hier versteckt haben. Kaōmawë stimmt eine Beschwörung ohne Worte an. Dann beschwören sie gemeinsam den Mond-Geist, schütteln den Baum, von dem ein paar trockene Blätter und Pflanzenreste herunterfallen, und reiben die Rinde mit ihren Händen, um das Moos zu entfernen. Immer noch singend entrinden sie den Stamm von unten nach oben. Als sie fertig sind, schlägt Shimoreiwë eine runde und tiefe Kerbe in den Fuß des Stammes, wobei er darauf achtet, das Herz des Holzes unversehrt zu lassen, damit der Baum nicht von selbst fällt. Dann packen ihn alle drei mit beiden Händen und rütteln ihn, bis er nachgibt; behutsam legen sie ihn auf die Erde und schneiden ein etwa zwei Meter langes Stück ab, das sie mitnehmen.

In der Abwesenheit der Schamanen haben die Frauen allen Hundekot aufgesammelt, den sie auf dem Platz in der Mitte gefunden haben. Der Baumstamm wird Männern anvertraut, die die Aufgabe haben, ihn zu präparieren. Sie arbeiten außerhalb der Wohnstatt. Das nackte Holz wird mit Urucu gefärbt, dann zeichnet man von oben nach unten drei schwarze Wellenlinien darauf, in deren Schleifen gleichfarbige Punkte angebracht werden. Der Stamm wird zum Mast, indem man ihn umkehrt: man spitzt das dünnere Ende zu, damit es in den Boden gerammt werden kann. Am anderen Ende, das zur Spitze erklärt wird, befestigt man ein Büschel Papageien- und *mārāshi*-Federn. Rings um diesen Strauß hängt man einen Kranz aus blaßgrünen, in dünne Streifen gerissenen Blättern der *waima*-Palme, deren Spitzen man mit einer breiten urucuroten Linie bemalt. Dann wird der ganze Mast mit einer Schicht aus weißem Flaum beklebt, die den roten Untergrund und die schwarzen Zeichnungen fast vollständig verdeckt. Der *bei kë maki* ist fertig. Er symbolisiert den Felsen, Sinnbild der Ewigkeit, wo die *hekura* leben, die kein Ende haben. In dem Felsen wohnen die freien Geister des Waldes. Von den Schamanen eingefangen, dringen die kleinen

Die Schamanen bringen dem Initiierten den bemalten Pfosten

hekura in die Brust des Mannes ein, der dazu bestimmt ist, ihr Herr zu werden, und dort werden sie erwachsen. Später befreit sie dann der Tod aus ihrem fleischlichen Wohnsitz. Diese Befreiung kann kosmische Auswirkungen haben, wenn ihr Herr ein großer Schamane gewesen ist: der Himmel verdunkelt sich, der Donner entfesselt sich in grellen Blitzen, der Regen peitscht die Blätter. Dann sagt man: »Ein großer Schamane ist gestorben.« Die *hekura* zerstreuen sich, sie kehren zu den

Der Weg der Geister

leeren Felsen zurück. Aber es kann auch vorkommen, daß einer von ihnen einen anderen großen Schamanen aufsucht. Von den *hekura*, die eine solche Wanderung von einem Körper zum anderen vornehmen, sagt man, daß sie *habrabɨwë* sind. Wenn die *habrabɨwë hekura* zu dem Schamanen gelangen, den sie sich zur Wohnstatt erkoren haben, kündigen sie sich an und stellen sich vor. Sie sagen:»»Ich komme aus der Brust des Sowieso (sie nennen den Eigennamen), wo ich vorher gewesen bin.«

Mittlerweile haben die Zeremonienmeister ihren Schmuck erneuert. Turaewë trägt den Schwanz eines Schweifaffen um die Stirn, rote Armbänder umschließen seine Armmuskeln, dicke Striche markieren seine Brustmuskeln, und in der Hand hält er einen Pfeil, dessen lanzenförmige Spitze mit weißen Flaumfedern bedeckt ist. Viele sind gekommen, mit Federn geschmückt und mit bemaltem Körper, und haben sich im Halbkreis zur rechten und linken Seite des Novizen hingesetzt. Dieser ist mit den Halluzinogenen vollgepumpt; sein ausgemergelter Körper erweckt Mitleid, seine verdrehten Augen haben keinen Blick mehr, aus seinem halb offenen Mund hängt ein langer Faden klebrigen Speichels, seine Brust, sein Bauch, seine Schenkel sind mit getrockneten Schlieren beschmutzt. Seine Antworten sind kaum hörbar, und jeder Satz, den er spricht, scheint sein letzter zu sein.

Doch alle Schamanen der Gruppe sind in Alarmbereitschaft und wirken bei dieser letzten Phase mit. Sie stehen aufrecht, die Hände vor den Augen, und halten Ausschau. Denn man muß den Angriff feindlicher Schamanen fürchten, die gekommen sind, um den *bei kë makɨ* zu zerstören und damit die Initiation zu vereiteln und alle Mühen und Leiden zunichte zu machen.

Man läßt ausrichten, daß der Mast fertig ist, und sofort gehen die Schamanen hinaus. Bald tauchen sie wieder auf. Turaewë trägt den *bei kë makɨ* mit ausgestreckten Armen. Schritt für Schritt schreiten sie auf dem Weg der *hekura* voran; ihre Prozession wird von häufigen Pausen unterbrochen. Die Schamanen setzen alles daran, furchterregend zu wirken: ihre Körper sind verrenkt, ihre Gesichter verzerrt, und ihre aus dem Mund hängenden Zungen bewegen sich in alle Richtungen. Als sie bei Rikõmi angekommen sind, befiehlt Kaõmawë seinem Assistenten:

»Blas ihm noch mehr von den Halluzinogenen ein.«

Nach dieser erneuten Dosis reagiert Rikõmi nicht mehr. Er kann

Die magischen Mächte

nichts mehr sagen. Damit er in der richtigen Stellung bleibt, müssen Moriwë und Hebëwë ihm jeweils ein Bein festhalten, während Wakamoshiwë ihm den Rücken stützt. Zwischen seinen Füßen gräbt man hastig ein Loch, in das man den Fuß des Mastes rammt; Turaewë zieht imaginäre Linien auf den Boden, die in die ganze Umgebung ausstrahlen. Er sagt:

»Das sind die Wurzeln.«

Genau über den jetzt aufgerichteten, helleuchtenden *bei kë maki* hängt man einen Palmwedel, dessen Spitze mit einer urucuroten Linie bemalt ist.

Shimiwë ist der Geist des Spinnenaffen; flink geht er umher, die Hand wie ein Visier über den Augen, als er plötzlich eine fremde Gegenwart entdeckt. Er hat Sebretowë erkannt, der von den *shamat^{h}ari* gekommen ist, um das Werk der Initiatoren zunichte zu machen. Es kommt zu einem heftigen und verworrenen Kampf. Die Schamanen aus Karohi schießen eine Menge feuriger Geschosse mit Hilfe der Schnupfrohre zum Inhalieren der Halluzinogene ab, die damit in Blasrohre verwandelt werden. Resheshei ist der Geist des Wirbelsturms, er rennt auf dem Platz in der Mitte herum, wobei er mit beiden Armen Räder schlägt, um den Eindringling aufzusaugen. Kaõmawë ist der Geist der Tarantel mit den wie Nesseln brennenden Haaren. Die ganze Wohnstatt wird besetzt und verteidigt. Der Feind wird von Stacheln durchbohrt, von Hautjucken gequält, in Stücke gehauen und schließlich in die Flucht geschlagen. In diesem Augenblick ahmt Turaewë kurz die Flucht des übelgesinnten Schamanen nach: von Schlägen gelähmt, schleicht er sich kratzend nach draußen. Gereizt schreit Resheshei:

»Er war gekommen, das Haus zu zerstören. Fast wäre es ihm gelungen. Ich hatte ja gesagt, daß wir aufpassen müssen. Ich habe ihn nahe am Ziel herumkriechen sehen, genau in dem Moment, als er handeln wollte.«

Nachdem dieser leichte Sieg errungen worden ist, kann die unterbrochene Zeremonie weitergehen. Und das Volk der *hekura* geht auf den Mast zu. Der Geist des Pirols stellt sich als erster ein, dicht gefolgt von dem Geist der *waroo*-Schlange, die, ein Haustier der großen *hekura*, ihre Wohnungen bevölkert. Und da flattert Specht herbei und klopft gegen das Holz, um seinen Unterschlupf zu bohren (der Zeigefinger des Schamanen ist der Schnabel); emsig beschäftigt, merkt Specht

Der Weg der Geister

plötzlich, daß er sich neben dem Gespenst befindet. Er zuckt zusammen und flüchtet aus Angst; dann faßt er wieder Mut und macht sich zaghaft erneut ans Werk. Dann kommt der Geist des Kaiman, einen Bogen auf der Schulter; seine kugeligen Augen haben einen stupiden Blick. Dann wieder das Gespenst, Herr der Bananen und der Plátano; es ist geizig, stottert und verunstaltet die Wörter. Die Plátano-Frau beschließt diese bunte Schar auf dem Weg zum *bei kë makɨ*. Turaewë verkörpert nacheinander diese verschiedenen Figuren mit der Mimik eines großen Artisten: seine sparsamen Gesten karikieren die Tiere sehr genau.

Es ist zu Ende. Nur der Mast steht noch und zeugt von dem Leiden. In ein paar Tagen wird man ihn ausreißen und zusammen mit dem *watoshe* am Stamm eines der größten Bäume des Waldes befestigen. Rikōmi ißt normal, er wird wieder zu Kräften kommen. Für lange Zeit darf er sich keiner Frau nähern; hier liegt die Gefahr: viele vor ihm konnten der Versuchung nicht widerstehen, und die vertriebenen *hekura* sind in ihre Felsen zurückgekehrt. Er muß sich entfernen, wenn man das Fell eines Tieres absengt, denn die *hekura* verabscheuen den Brandgeruch. Man rät ihm davon ab, in den Wald zu gehen, damit er nicht mit den Spinnennetzen in Berührung kommt, die den Weg behindern. Er nimmt sein erstes Bad, indem er das Wasser aus einem Topf verwendet.

Noch mehrere Tage lang hat er mit seinen Meistern eine Sitzung am Nachmittag. Aus dem Munde der *hekura* lernt er die Gesänge, die er kennen muß: es sind seine persönlichen Gesänge, sie unterscheiden ihn von den anderen Schamanen. Am zweiten Tag schickt Turaewë den Geist des Wildschweins zu ihm; nun reiben sich die Schamanen die Stirn mit Asche ein und löschen die benachbarten Feuerstellen. Dann lassen sie den Geist des Faultiers kommen. Endlich kann sich Rikōmi als wirklichen Schamanen betrachten. Er probiert seine Gesänge aus und tanzt: er *ist* selbst *hekura*.

In der Nacht umringen ihn die Geister. Sie wispern ihm ins Ohr: »Wir wissen, daß einer von uns in dich fahren wird, es ist einer der mächtigsten!« Er erwartet die Ankunft des Jaguar-Geistes, des Milchstraßen-Geistes oder eines anderen, ebenso wichtigen Geistes. Er muß antworten, wenn sie das Wort an ihn richten; dann schließt er die Lippen und läßt sie lange vibrieren. Das tun die Schamanen, wenn sie

Die magischen Mächte

des Nachts mit der übernatürlichen Welt kommunizieren. Auch seine Traumtätigkeit ist intensiv: er sieht alle möglichen Wasserfälle in vielen Farben, eine Menge Personen, deren Haupt mit Flaum bedeckt ist, er begegnet schreckenerregenden Aras, schrille Stimmen zerreißen ihm das Trommelfell. Er sagt:

»Wenn ich wach bin, umhüllt mich ein Lufthauch: das sind die *hekura,* die herumlaufen. Ich sehe sie nur im Schlaf, sie geben eine Art ständiges Summen von sich. Wenn sie mir gegenübertreten, zuckt ein greller Blitz vor mir auf.«

Wenn er seinen Ruf ertönen läßt, spürt er diesen duftenden Lufthauch, der seinen Körper umhüllt. Er weiß, daß *sie* da sind, er spürt, wie *sie* sein Bein hinaufkriechen, um seine Kniescheibe kreisen, seinen Schenkel erreichen, über seine Hüfte steigen. Plötzlich spürt er einen Druck auf seinem Bauch, dann streicht dieser zarte und zugleich unaufhaltsame Hauch über seine Brust und schwirrt um seinen Kopf. Er vernimmt ihren Gesang: »*a rērērērērē . . .*«; so machen es die Schamanen beim ersten Anruf mit ihrer Zunge. Ein Rohr kommt aus seinem Mund, das untere Ende dieses Rohrs steckt in seiner Weiche, der Lufthauch zögert, verfängt sich endlich in ihm und dringt auf diesem Weg in seinen Körper ein. Magische Bäume sind in seiner Brust gewachsen. Das Wunderrohr, die Bäume – das sind die Besitztümer der *hekura,* die Dinge, die ihre Welt anfüllen; sie haben die wohlriechenden Farbstoffe bei sich. Alle sind sie da, Rikōmi sieht sie nur in der Nacht. Die Pfefferfresser hüpfen von Zweig zu Zweig und singen: »*brē, brē, brē . . .*« Die *kreōmari*-Tukane krächzen: »*kreō, kreō, kreō . . .*« Er hört sie deutlich. Es sind keine gewöhnlichen Vögel, sondern natürlich *hekura,* die für ihn da sind, zwar entfernt, aber durch das Traumgesicht herangerückt.

Es erscheinen ihm riesige Felsen, schwindelerregende Berge, mächtige Flüsse und Landschaften, die er nicht kennt. Die *hekura* lehren ihn ihre Namen, sie flüstern: »Das ist jener Fels, jene Steppe, jener Fluß.« Mit ihnen dringt er in die unterirdische Welt der *amahiri* ein, dort begegnet er einem Ameisenbären mit riesigen Pfoten, der ihn umschlingen und zermalmen will. Neben ihm kriecht die Doppelschleiche, sie erhebt ihr weißes Haupt und tanzt. Die *hekura* sagen ihm vertraulich: »Hab Geduld, wir werden einen magischen Baum für dich herrichten. Wir werden deine Kehle ausschaben, du wirst Substanzen ausspucken, die dir Macht verleihen.« Er versucht, sie auszuspucken,

Der Weg der Geister

wie einige Schamanen es tun, aber er kann nur einen milchigen Speichel auf seine Lippen bringen. Es ist noch zu früh. Dank den *hekura* verströmt sein Körper den köstlichen Duft der Farbstoffe, sie sind es, die ihn mit ihrem nahrhaften, honigsüßen und blutroten Nektar besprengen; aber sie sind noch nicht entschlossen, ihm den Gebrauch der magischen Pflanzen zu gewähren.

Ein Mond verstreicht. Rikōmi hat seinen Aufenthalt in Karohi verlängert, zum einen, um sich die Lehre seiner Meister zunutze zu machen, zum anderen, um von der Anwesenheit seiner schönen Frauen nicht in Versuchung geführt zu werden. Er hat neue Kräfte gewonnen. Trotz der Ratschläge zur Vorsicht, die man ihm gibt, will er unbedingt an einer großen Jagd teilnehmen. Seit mehreren Tagen regnet es, und der Wald ist überschwemmt. Mehrmals überqueren die Jäger Bodensenken, wo ihnen das Wasser bis zum Gürtel reicht. Frērema verliert seine Curare-Pfeilspitzen, als er in ein Wasserloch fällt. Am Abend bereiten die Jäger im Waldlager das Wild zu, das sie räuchern werden; sie sengen das Fell der Affen ab, bevor sie sie ausweiden. Rikōmi erlegt einen Tapir, er behauptet, daß die *hekura* ihn geleitet haben, die Fußspuren zu finden und zu verfolgen. Außerdem hatte er einen prophetischen Traum gehabt. Aber er mußte ein riesiges Stück Fleisch über eine beträchtliche Entfernung tragen, und seine Schwäche ist wiedergekommen, fast wäre er unter der Bürde zusammengebrochen; er fühlte sich von unerklärlicher Schlaffheit befallen. Er klagt, daß sein Körper durch die Last verunstaltet worden sei. Mit den anderen ißt er *kumato*-Früchte, die man unterwegs gesammelt hatte, doch in seiner Kehle bildet sich ein Kloß. Er hustet, der Auswurf kommt nicht hoch, er steckt wie angeklebt in seiner Luftröhre.

Nach seiner Rückkehr ins Gemeinschaftshaus erzählt er Kaōmawë die Ereignisse der Jagd, teilt ihm seine Mißhelligkeiten mit, beschreibt, was er körperlich empfindet. Der Schamane untersucht ihn kurz und diagnostiziert dann:

»Spinnennetze haben sich auf dein Gesicht geklebt: sie hätten dich blind machen können. Sie werden bleiben, wenn du nicht aufpaßt, und deine *hekura* werden ihre Augen verlieren. An deinem Halsweh sind die bösen *shamathari*-Schamanen schuld: sie haben das Rohr verstopft, das in deiner Brust steckt, damit die *hekura* nicht hindurch können, daher dein Unbehagen. Du warst sehr unvorsichtig, so früh in den Wald

Die magischen Mächte

zu gehen.«

Kaõmawë nimmt von den Halluzinogenen. Er ruft die Geister an und tanzt. Mit der Handkante zerschlägt er die unheilbringenden Wesen, die den jungen Schamanen bedrücken. Bei jedem Schlag schreit er: »*Wakrashi! wakrashi!*«

Rikōmi fühlt sich erleichtert, seine Kehle ist frei. Von neuem spürt er den sanften Lufthauch, der sich beim Vorbeischwirren der *hekura* erhebt; wieder beginnen sie, mit ihm zu sprechen: »Wir werden unseren Weg sehr hoch in den Himmel ziehen.« Seine Beklemmung läßt nach: er ist geheilt. Letzte Äußerung seiner Krankheit: der Tabak, den er saugt, kommt ihm unerträglich bitter vor.

Rikōmi begibt sich zu Turaewë. Die beiden Schamanen plaudern lange, sie sprechen über ihre Erfahrungen. Was Turaewë zu Rikōmi sagt, ist ein Teil der mündlichen Lehre, die er ihm formlos erteilt. Diesmal spricht Rikōmi als erster:

»Der Weg der *hekura* ist sichtbar, er leuchtet, er strömt so etwas wie einen heißen Hauch aus, die Luft ist schwer davon, fast nicht mehr zu atmen. Man sieht die *hekura* nicht, man spürt den Wind, den sie machen, wenn sie sich bewegen. Während der Jagd, von der ich zurückkehre, habe ich die *hekura* zerstreut, die in mir waren.«

»Gewöhnliche Menschen sind nicht in der Lage, sie zu erkennen. Doch der Wind sagt uns, daß sie da sind.«

»Ich sehe sie nur in der Nacht, wenn ich die Augen schließe.«

»Nur in diesem Augenblick kann man sie wahrnehmen.«

»Ihre Wege werden leuchtend für mich. Ich schlafe, sie kommen näher und fordern mich auf, ihnen zu antworten. Unsanft wecken sie mich auf, indem sie mich am Arm schütteln oder an meinem Knöchel ziehen.«

»Sie wecken dich auf.«

»Ich stehe auf und schüre das Feuer.«

»Diejenigen, die keine wirklichen Schamanen sind, hören sie nicht. Wenn man tatsächlich Schamane ist, vernimmt man eine Art Brummen – *bouu* . . . – im Schlaf, und dieser Gesang hallt laut, vom Himmelsgewölbe als Echo zurückgeworfen. Man öffnet die Augen und sagt sich: ›Jetzt werde ich sie sehen!‹ Die Pfefferfresser singen: ›*brē, brē, brē* . . .‹, man weiß, daß sie es sind.«

»Ein frischer Lufthauch streicht dann die Beine hinauf. Die Kniescheibe ist ihr *shabono*.«

Der Weg der Geister

»So ist es. Der große Fußzeh ist ihr Hauptweg, die anderen Zehen sind ihre Nebenwege: alle führen zur Kniescheibe.«

»Während der Jagd habe ich den Fehler gemacht, ein Stück Fleisch zu berühren, das zum Räuchern aufgehängt war. Dabei weiß ich, daß sie alles verabscheuen, was brenzlig riecht.«

»In deinem Körper ist ein langes Rohr, hohl wie ein Bambus. Das eine Ende steckt in deiner Hüfte, das andere erscheint zwischen deinen Lippen. Unter deiner Kehle haben die *hekura* eine leere Kugel angebracht, durch die dein Atem geht.«

»Ich habe *hekura* auf einem faulen Ast laufen sehen, ich ging genau unter ihnen.«

»Ja, das waren sie, aber sie sind nicht sehr freundlich zu dir gewesen. Der Brandgeruch der versengten Haare und des Fleischs über dem Feuer, die starken Gerüche, die dem Räucherrost entsteigen, das alles vertreibt sie. Dabei schienen sie die Absicht zu haben, zu dir zu kommen.«

»Sie verströmen einen betörenden Duft; er kommt von den Farbstoffen und den magischen Pflanzen, die sie mit sich tragen. Plötzlich habe ich diese Ausdünstungen nicht mehr gerochen, meine Nasenlöcher hatten aufgehört, sie wahrzunehmen.«

»Wenn man seine Initiation beendet, ist es ratsam, nicht auf die Jagd zu gehen. Wenn ein Tukanschwarm auffliegt, wenn einer von ihnen sich in deiner Nähe niederläßt, dann kommen sofort alle anderen zu ihm. Hüte dich, sie zu ängstigen: setze deinen Weg fort und hefte den Blick auf sie, du kannst sicher sein, daß es *hekura* sind. Natürlich, da gibt es jene, die du auf der Jagd in die Flucht geschlagen hast, aber beunruhige dich deswegen nicht über die Maßen. Ich ahne, daß es nicht die richtigen waren. Es bleiben die anderen, die in deine Brust gekommen sind, als du in deiner Hängematte lagst: diese hast du fest, sie sind in dir und schaukeln sich faul auf ihrem Lager.«

»Wenn die Hängematten, in denen sie sind, sich leeren sollten, würde ich lieber aufgeben oder die Initiation von vorn beginnen.«

»Manche Schamanen sterben, von einem bösen Zauber getötet. Wenn die *hekura*, die sie freisetzen, in deinen Körper übersiedeln wollen, mußt du sie unbedingt ablehnen und zurückweisen: sie würden dich mit einer Krankheit schlagen, von der du dich nie erholst.«

»Ich hatte folgenden Traum. Ein Schamane inhalierte ein unbekanntes Rauschmittel, und bald begann er, die magischen Pflanzen und die

Die magischen Mächte

Dinge auszuspucken, die die Geister besitzen. Zu seinen Füßen lag der Bambus, aus dem die *hekura* ihre Feuerpfeile herstellen. Ich sah einen Wasserfall, der so hoch war, daß das Wasser beim Fallen schäumte; auf seiner Spitze ließen sich Tukane nieder, auch sie hatten die magischen Substanzen in ihrem Schnabel.«

»Wenn du das siehst, bist du schon ein wirklicher Schamane. Wenn du dich dem Wasser näherst, steigt es plötzlich, und mit einem Mal stehst du bis zu den Lippen darin, und die Dämonen, die in ihm leben, kommen in deine Brust und vermischen sich mit denen, die schon dort sind. Dann hast du genügend Macht, es mit den anderen Schamanen aufzunehmen. Ich liebe es, dem Gesang der Tukane zu lauschen, sie zeigen sich, wenn ich schlafe, und singen: ›*yaukwē, kwē, kwē* . . .‹«

»Wie Omawës Sohn werde ich ein Jäger von Tapiren sein und viele von ihnen töten. Ich beherberge Omawës Sohn in meiner Brust, denn er ist ein *hekura;* er ist nicht geflohen wie sein Vater und hat sich nicht in einen bösen Dämon verwandelt. Ich habe ihn kurz im Traum gesehen, er hob den Kopf und hielt lanzenförmige Pfeilspitzen in seinen geschlossenen Fäusten.«

»In dieser Richtung erhebt sich der Kanae-Fels. Er ist von beachtlicher Höhe. Die Tukane nisten auf dem Gipfel. Sie alle sind *hekura,* in ihrem Schnabel tragen sie die purpurnen Schmuckstücke, die sie ausgespuckt haben. Früher habe auch ich geglaubt, daß ich diese magischen Gegenstände auf meine Lippen bringen könnte, aber ich war nicht fähig dazu. Die Tukane dieser Welt sind von trauriger Häßlichkeit. Nur die anderen sind prachtvoll, sie sind ebenso rot wie das Blut in unseren Adern, ihre Brust ist voller Flaum.«

»In dem Augenblick, da ich die *hekura* anrufe, kommt mein Atem nicht mehr durch meine Brust. Er nimmt den Weg der *hekura:* er folgt meinem Bein, kreist um meine Kniescheibe und steigt bis zu meinem Mund hinauf; er ist eins mit dem Lufthauch, den die Bewegung der Geister hervorruft. Mein Atem riecht nach dem köstlichen Duft der Zauber. Welche Furcht empfand ich nicht während dieser letzten Jagd! Meine Erschöpfung war so groß, daß ich zu ertrinken meinte.«

»Wenn du die Wohnstatt verlassen möchtest, dann begleite mehrere Personen, aber begnüge dich, ihnen zu folgen. Wenn man an der Spitze geht, denkt man nicht mehr an die Dinge, an die man denken sollte. Wenn Regen droht, mußt du sofort Blätter abschneiden und dich schützen. Bleib in der Mitte der Gruppe, laß die anderen sich ringsum

Der Weg der Geister

hinsetzen. So wirst du nicht naß werden. Wenn du nach einem Regenguß weitermarschierst, schlagen die nassen Blätter gegen deine Schultern und bespritzen dich, sie zerstören den Flaum der *hekura*. Wenn du deinen Durst stillen willst, dann tauche deine Lippen nicht direkt ins Wasser, nimm ein Blatt oder trinke aus der hohlen Hand.«

»Ich habe das stehende Wasser in den Löchern getrunken. Wenn ich seither versuche, die wunderbaren Dinge der *hekura* auszuspucken, dann ähnelt das, was auf meine Zunge kommt, dem milchigen Saft der Pflanzen.«

»Normalerweise sammelt sich das tief in der Kehle an, zusammen mit der Flüssigkeit des Honigs. Unsere Vorfahren, die zu Beginn, in den mythischen Zeiten lebten, waren wirklich große Schamanen. Sie verschränkten die Arme über der Brust, steckten den Kopf hinein und blieben reglos so sitzen; und die *hekura* kamen von selbst, ohne daß man sie zu rufen brauchte. Als sie aufhörten, unsterblich zu sein, trugen die *hekura* sie auf ihren Schultern, sie brachten ihre Atmung wieder in Gang, und die schönsten von ihnen wurden wieder lebendig. Eines Tages tötete ein Jaguar einen Hund, der gerade einen Tapir verfolgte; mit den Zähnen riß er ihm den Kopf ab. Der Hund war ein ungewöhnlicher Jäger, ihm hatte sein Herr es zu verdanken, daß es ihm nie an Fleisch fehlte. Der Mann, der ihn besaß, wurde von Traurigkeit überwältigt. Er war ein sehr großer Schamane, er dachte, daß die *hekura* das Tier wieder zum Leben erwecken würden. Er legte es auf einen Felsen und rief die Geister an; und diese eilten herbei. Da setzte sich der Kopf wieder an seine Stelle, genau wie zuvor, als wäre er nie vom Körper getrennt gewesen. Der Hund erhob sich: er lebte. So war es zur Zeit unserer Vorfahren. Meine Finger dagegen sind ohnmächtig geblieben, als es darum ging, mein Kind wieder gesund zu machen. Seither bin ich von beklemmendem Zweifel erfüllt, ich habe kein Vertrauen mehr in meine Macht.«

»Ich habe diese Erzählung schon einmal gehört. Bei seinem Tod verwandelte er sich in *hekura*. Er war bereit, in meine Brust zu kommen, als ich ihn mit dem beißenden Geruch der versengten Haare verstoßen habe.«

»Es war einmal ein mächtiger Schamane. Die Yanomami wurden von einem kannibalischen Jaguar heimgesucht, alle glaubten an ihren nahen Tod. Sie dachten: ›Früher oder später werde ich eine Beute des Raubtiers sein.‹ Jener berühmte Schamane ging auf die Jagd und tötete

Die magischen Mächte

einen Tapir. Er bat, daß man ihm helfe, ihn zu zerstückeln. Er sagte sich: ›Sollen sie die Eingeweide des Tapirs essen. Ich ziehe die Leber einer Schildkröte vor.‹ Während sie die blutigen Teile trugen, suchte er eine Schildkröte. Er war allein und wurde von dem Menschenfresser angegriffen. Da er den Geist der Erdschildkröte in sich trug, verwandelte er sich in dieses Tier: er zog den Kopf zwischen seine Schultern, sein Mund wurde winzig klein und hornig. Der Jaguar zerfetzte seine Brust, konnte ihm jedoch nicht das Genick brechen. Seine Haare waren naß vom Speichel des gierigen Raubtiers. Ein vortrefflicher Jäger kam vorbei; er hörte das verworrene Geräusch des Kampfes, näherte sich und tötete den Jaguar. Zusammen kehrten sie ins Haus zurück. Der Schamane ging seinem Retter voraus und erklärte: ›Totorifanawë, der Geist der Schildkröte, hat es ermöglicht, daß mein Kopf nicht gefährdet war!‹ Die anderen sahen ihn an: sie hatten soeben die Eingeweide aufgegessen. Damals lebten die wirklich großen Schamanen. Jene, die heutzutage leben und kopulieren, haben nur noch sehr wenig Macht.«

»Wenn ein neuer Schamane Liebe macht, verliert er alle seine *hekura*. Er ist ›leer‹.«

»Genauso ist es, sie können nichts anderes tun, als den Weg der Geister von neuem zu ziehen. Nur eine neue Initiation kann ihnen wiedergeben, was sie verloren haben, und bewirken, daß ihre Nasenlöcher die Gerüche der magischen Farbstoffe wahrnehmen.«

»Es war der Geruch des geräucherten Wildes, der die meisten *hekura* aus mir vertrieben hat.«

»Deine Nase wird sich erneut mit lieblichen Düften füllen. Du darfst dich den Frauen nicht nähern: diese Vergnügungen sind dir verboten. Wenn die *hekura* kommen, sind sie nicht immer sehr freundlich. Man muß Geduld haben. Mit der Zeit werden sie zahm und liebenswürdig. Sie helfen dir, die geraubten Seelen wiederzubringen, mit ihrer Hilfe verirrst du dich nicht. Du kannst die Dämonen der Seuchen zurückschlagen; sie ermöglichen es dir, sie am Geruch zu erkennen, jeder hat einen ganz besonderen, und ihre Hängematte ist von ihm getränkt; das kommt von dem *watota,* den sie alle besitzen. Ein Halluzinogen von guter Qualität erlaubt es dir, denjenigen zu sehen und zu benennen, der gerade eine Seele geraubt hat. Du denkst: Dieser da ist schuld! Und du kannst deinerseits deine vertrauten *hekura* auf ihn hetzen. Die alten Schamanen nehmen schon zu lange die Droge, sie haben überhaupt

Der Weg der Geister

kein Gefühl mehr und verlieren ihren Weg. Du nicht. Du sagst auf Anhieb: ›Das ist der richtige Weg!‹ Die anderen, die Alten und jene, die nicht sehen können, zögern und sind ratlos: ›Was mag das wohl sein?‹ Wenn junge Leute mich aufsuchen und mich bitten: ›Initiiere mich‹, dann nehme ich sofort die Schmuckstücke der *hekura,* sie reinigen meinen Körper. Ich sage: ›Atme das ein!‹ Ich rufe die Geister an. Tag für Tag schicke ich sie in die Brust des jungen Mannes. Ich warne ihn: ›Du wirst dich elend fühlen wie ein Kranker.‹ Zuerst schicke ich den Schmuck der *hekura* und die Teile ihres neuen Hauses in seinen Körper. Ich nehme eine große Menge von der Droge. Ich befehle dem Geist des Faultiers, den Wald zu durchstreifen und die freien *hekura,* die er dort antrifft, zu ihm zu treiben!«

»Daß sie kommen, spürt man an dem Lufthauch, den sie erzeugen, aber auch an den verschiedenen Gerüchen, die ihre Körper verströmen. Man kann den Geruch des Pirols, den der *yei-* oder der *rasha*-Palme, den des *morē-* oder des *momo*-Baums unterscheiden. Der Mond riecht nach Alter und Fäulnis. Die Hängematten riechen nach Verbranntem. Wenn man sich hineinlegt, hat man den Drehwurm, die Pfosten des Hauses schwanken, als wollten sie umfallen.«

»Das passiert, wenn die *hekura* dich auf ihren Schultern oder in ihren Armen tragen. Manche geben nur vor, Schamanen zu sein. Diese lügen oder irren sich. In Wirklichkeit sind sie ›leer‹. Erst gestern haben die *hekura,* die Teteheiwë schickte, beinahe Kokobirama getötet. Ich habe sie rechtzeitig entdeckt, sie hatten schon ihre kralligen Nägel in ihr Fleisch geschlagen und schickten sich an, ihre Seele fortzuschaffen. Sie wäre gestorben, wenn ich sie nicht verjagt hätte. Immer sind es die *shamathari*-Schamanen, die hierherkommen, um zu töten; die zu schwachen *waika* tauchen niemals auf.«

Langsam ist es Nacht geworden. Funken sprühen aus der angefachten Glut. Hebëwës Körper wird von einem Schluckauf geschüttelt; damit er aufhört, wiederholt er unermüdlich:

»Eine alte Frau hat ›meine Vagina gegessen‹.« (Die Frauen stecken sich in einem solchen Fall eine Schlingpflanze in die Nase.)

Die sanfte Wärme der Feuer umschmeichelt die Schläfrigkeit der Körper und macht sie wollüstig.

V
Die Zauber

Sie brechen früh am Morgen auf, um im Wald die *morē*-Früchte zu sammeln, die schwarzen Oliven ähneln. Kaõmawë geht an der Spitze, mit erhobener Nase, um die Bäume ausfindig zu machen und festzustellen, ob die Früchte reif sind. Als er Hebëwë einen Stamm zeigt, klettert dieser hinauf, nachdem er einen Ring aus Lianen über seine Füße gestreift hat, und schlägt die Zweige ab, die krachend herunterfallen; als er damit fertig ist, läßt er seine Machete am Ende einer Liane hinunter; dann sammeln sich die Frauen, lösen die Früchte ab und legen sie in ein zu einem Trichter zusammengerolltes Blatt. Tiyetirawë hat keine Lust zu dieser Arbeit, geschäftig läuft er durch die Gegend und tötet kleine Vögel, die er dann auf dem Rücken trägt. Manchmal bleibt sein Pfeil im Laub stecken, und er richtet die Sühneformel an den Kolibri:

»Kolibri, Kolibri, gib mir meinen Pfeil zurück!«

Dann wirft er mit Holzstückchen, damit er herunterfällt, oder klettert auf die Bäume.

Die Kiepen sind gefüllt. Hebëwë hat die Gymnastik satt, zu der man ihn zwingt, er verläßt seinen Vater und die Frauen und geht auf einem anderen Weg nach Hause. Er bittet Tiyetirawë, ihn zu begleiten. Zusammen steigen sie ein Flußbett hinauf, als Hebëwë ans Ufer springt und in die dichte Vegetation des Unterholzes kriecht. Bald bleibt er stehen und spannt seinen Bogen, sein Geschoß dringt in die Schulter eines Otter ein; doch die schlecht befestigte Pfeilspitze löst sich vom Schaft, und das Tier rast mit ihr davon; die beiden Knaben rennen ihm nach und holen es in dem Augenblick ein, wo es auf fester Erde Fuß fassen will und ihnen zu entwischen droht. Hebëwë schlägt mit seiner Machete zu; sie streift nur den Schwanz des Tieres, es fällt in den Fluß und schwimmt unter Wasser. Sie folgen ihm mit Hilfe der Blasen, die auf der Oberfläche zerplatzen. Der Otter flüchtet in eine Unterwasserhöhle am Ufer. Die Höhle ist tief, trotzdem gibt Hebëwë nicht auf. Er

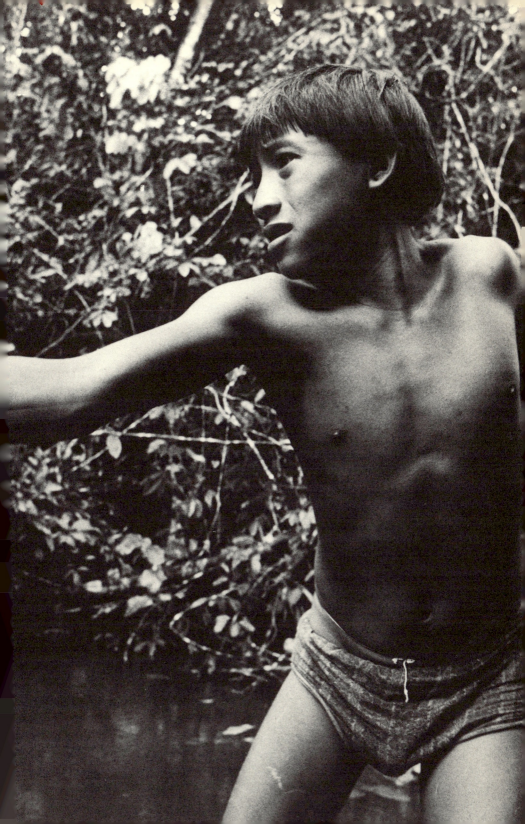

Die magischen Mächte

schnitzt einen Stock, den er als Wurfwaffe benutzen will, und fordert Tiyetirawë auf, mit seinem Pfeil zu stochern. Er lacht und gesteht:
»Als ich ihn sah, habe ich zuerst geglaubt, es sei ein *yahetiba* (ein elektrischer Fisch). Dann konnte ich seinen Kopf erkennen.«
Sie sind nahe daran, die Suche aufzugeben, als plötzlich der Kopf des Tieres auftaucht. Tiyetirawë spannt seinen Bogen, der Pfeil bohrt sich ins Rückgrat, während der Schaft, kräftig angetrieben, von der zähen Haut abrutscht. Der Otter zieht sich in seinen Unterschlupf zurück. Die Fiederung des Pfeils schwankt außerhalb des Wassers, zittert einen Augenblick und regt sich dann nicht mehr. Tiyetirawë klemmt die Fiederung zwischen den Stab und die Sehne seines Bogens und zieht sie zu sich heran: der Pfeil kommt leicht, aber nur deshalb, weil er seine Harpunenspitze verloren hat und zersplittert ist. Der Otter hat ihn zerbissen, nur die Spitze ist in ihm steckengeblieben. Die Knaben warten eine Weile; sie haben keinen heilen Pfeil mehr, aber Hebëwë hält noch den Schaft in der Hand. Ein letztes Mal suchen sie das Ufer systematisch mit einer langen Stange ab; der Otter bleibt unauffindbar. Tiyetirawë sagt:
»Er ist tot.«
»Nein, dann hätte er vorher gezappelt, und wir hätten die Bewegung des Wassers gesehen; er hat sich in ein Loch verkrochen und wird so schnell nicht herauskommen. Gehen wir.«
Auf dem Heimweg müssen sie den Garten durchqueren, bevor sie ins Haus gelangen. Viele Bananenbäume sind nicht abgeerntet worden; die faulen Früchte liegen auf dem Boden verstreut, und ein Schwarm schwarzer Bienen und Wespen labt sich an ihnen. Es besteht zur Zeit Überproduktion an Bananen, und in der Wohnstatt benützt man sie als Wurfgeschosse bei endlosen Kämpfen; die Kinder beschmieren sich Körper und Haare damit. Hebëwë und Tiyetirawë lesen einige auf und lutschen Zuckerrohr; dann streifen sie durch die Pflanzungen, sehen sich die Jagdzauber an, deren zarte Schnüre der Wind zerzaust hat.
Alle diese Zauber sind Pflanzen der Art *Cyperus*. Ihre über dem Feuer getrockneten und an den Pfeilenden befestigten Knollen sollen Treffsicherheit garantieren; jede Pflanze hat eine besondere Anwendung: es gibt eine für die Jagd auf das Rebhuhn, eine andere für den Mutum, eine für den Tukan, eine für den Tatu und die kleinen Vögel. Da sie einander ähneln, bedarf es des erfahrenen Auges der Besitzer, um sie voneinander zu unterscheiden. Die Knaben bemerken unter-

Die Zauber

wegs die Aphrodisiaka, die wohlriechenden »Blätter für die Frauen«, die Pflanze, die »die Kinder wachsen läßt«, diejenige, die Mut macht, in den Gärten zu arbeiten, diejenige, die einen erfolgreichen Inzest ermöglicht.

Der schreckliche *aroari këki*, dessen Substanz zum Töten dient, gehört ebenfalls zur Art *Cyperus*. Hebëwë betrachtet ihn von weitem: er hat Angst vor ihm und will Tiyetirawë seine Existenz nicht verraten. Sein Vater hat ihn von einer weiten Reise bei den weiter flußaufwärts lebenden *waika* mitgebracht, wo er ihn gegen eine Hängematte aus Baumwolle eingetauscht hat. Jeder Besitzer eines *aroari këki* kennt seine Kräfte, seine Geschichte, seine Herkunft; diese Pflanze ist ein geachtetes und gefürchtetes Wesen, man bewahrt sie nur auf, wenn sich ihre Eigenschaften beim Gebrauch bestätigen. Der Mann, der sie Hebëwës Vater gegeben hat, hat lange mit leiser Stimme gesprochen, die Qualitäten ihres Zaubers gerühmt, erklärt, daß er wirksam sei und schon mindestens drei Personen getötet habe, er hat versichert, daß Kaõmawë mit diesem Verbündeten seine Feinde ausrotten könnte. Kaõmawë war beeindruckt, obwohl er genau wußte, daß bei solchen Erklärungen immer übertrieben wird. Dann hat der Mann feierlich die Erde aufgescharrt, ein paar Wurzeln und Knollen herausgezogen und sofort in ein Blatt gewickelt, bevor er sie überreichte. Bei seiner Rückkehr hat Kaõmawë seine Pflanze heimlich eingegraben, damit sie ihm nicht gestohlen werde und damit die anderen nichts von seinen mörderischen Absichten erführen.

Ein Mythos erzählt, daß Opossum es war, der als erster eine tödliche Substanz zu Zwecken der schwarzen Magie verwandte. Eines Tages, als er in seinen Pflanzungen arbeitete, stellten sich zwei Besucherinnen an seinem Feuer ein, wo sie von seiner Mutter, der Pilzfrau, empfangen wurden. Diese schickte ein Kind los, um Opossum, der in seinem Garten arbeitete, zu informieren. Er kam herbeigerannt, bereits bemalt und geschmückt, um sich in seiner Hängematte vor den jungen Frauen, die sehr schön waren, aufzuplustern; aber alles stank, und sie hielten sich die Nase zu. Die Pilzfrau zog einen Muskel aus ihrem Schenkel, gab ihn den Mädchen und sagte: »Eßt dieses Tapirfleisch!« Wegen seines üblen Geruchs schlugen sie es aus.

Nach einer Weile bat sie Opossum, in einiger Entfernung an einer leeren Feuerstelle Tabak zuzubereiten. Sie gingen dorthin; es war der

Die magischen Mächte

Platz eines Mannes namens Honig; alles roch gut, alles war schön und angenehm anzuschauen. Bald kam Honig: seine Haut war weder zu hell noch zu dunkel, sondern gerade richtig gebräunt; sein Körper war herrlich bemalt. Augenblicklich vergaßen sie Opossum und zogen ihm Honig vor.

Eifersüchtig faßte Opossum einen wilden Haß gegen seinen Rivalen. In der Nacht bereitete er aus den Haaren eines roten Nagetiers, des *bëna*, einen tödlichen Zauber und befestigte ihn an kleinen Pfeilen. Sobald es dämmerte, stellte er sich mit einem Blasrohr bewaffnet an einen Weg, auf dem Honig erschien, gefolgt von den Frauen, die ihn umschmeichelten. Opossum schoß seine giftigen Pfeile ab, Honig fiel hin und verschied. Als der Tote auf dem Platz in der Mitte eingeäschert wurde, verwandelten sich die Kohlen in Honigbienen. Als endlich der Verdacht auf Opossum fiel, war er zur Flucht gezwungen, und sein Schreck war so groß, daß ihm Federn wuchsen und er davonflog. Er fand Zuflucht in einer Felsenhöhle; man entdeckte ihn. Alle anwesenden Vögel versuchten, den Felsen auszugraben, doch ihre Schnäbel krümmten sich; nur die Tukane, die einen großen Schnabel haben, hatten Erfolg und ließen die riesige Steinmasse auf Opossum fallen. Sein Blut ergoß sich in Pfützen, in denen die Vögel sich färbten: der Mutum bestrich seinen Schnabel damit, der seither orangerot ist, die bunten Rebhühner malten einen Ring um ihre Augenlider, die Tukane tauchten die Spitze ihres Schwanzes hinein, der seither gelb ist, der Eisvogel rieb sich die Kehle damit ein, und der Ara betupfte damit sein Federkleid. Als sie alle mit Opossums Blut bemalt waren, wies Tukan jedem einen Felsen als Wohnung zu: von nun an waren sie *hekura*, und sie waren ewig.

So steht Opossum am Ursprung der schwarzen Magie in einer Erzählung, die ihn Honig gegenüberstellt, der auf das Feuer verweist, sobald sich die Kohlen seines Scheiterhaufens in Bienen verwandeln. Opossum steht in genauem Gegensatz zu Honig: er konnotiert die Fäulnis – seine Mutter ist die Pilzfrau –, er ist eines der verrufensten Tiere, ein stinkendes, zum Verzehr ungeeignetes Tier; er ist von abstoßender Häßlichkeit, sein Schwanz ist behaart, sein Fell glanzlos und schütter; da er nach Fleisch lechzt, ist er kühn genug, die zahmen Tiere in der Nähe der Wohnstätten zu töten. Schließlich hat er merkwürdige Sitten, und man behauptet, daß der Bauch des Weibchens sich spaltet, um die Jungen durchzulassen. Er ist ein doppeldeutiges Wesen:

Die Zauber

vor Schreck fliegt er wie ein Vogel; er erinnert an den Regenbogen, den die Yanomami *boa* nennen; doch es ist das Blut dieses Reptils und nicht das von Opossum, das in anderen Indianerkulturen am Ursprung der Vielfalt der Vögel steht.

Der *bëna* des Mythos wird sehr selten und nur lokal verwendet, da dieses Nagetier nur in einigen Gebirgsgegenden vorkommt. Der *aroari këki* dagegen wird überall angepflanzt; man erntet seine Knollen, die man zerkleinern und über dem Feuer trocknen muß, damit man sie aufbewahren kann. Erst wenn sie gebraucht werden, zerbröckelt man diese kleinen Stücke auf einem rauhen Stein oder einem durchlöcherten Blech und verteilt das gewonnene Pulver in baumwollene Kapseln, die an kleinen Pfeilen aus Palmholz befestigt werden. Während der ganzen Zeit der Zubereitung sondern sich die Zauberer (*ōka*) ab und sprechen nur mit leiser Stimme, weil sie fürchten, das Gift könne seine Wirkung verlieren; sie wenden ihr Gesicht so weit wie möglich von den Händen ab, um seine schädlichen Ausdünstungen nicht einzuatmen.

In der Nacht brechen sie auf, nachdem sie sich das Gesicht schwarz gefärbt haben wie die Krieger. Sie arbeiten in aller Heimlichkeit und vollziehen kein öffentliches Ritual. Man sagt, daß sie unterwegs unweigerlich einer *Bothrops atrox* begegnen, einer Schlange, deren Kopf und Schwanz sie mit Stöcken auf den Boden nageln. Sie brechen ihre Giftzähne aus, lassen das Reptil wieder frei und werfen, während es sich entfernt, zwei entrindete Stöcke in seine Richtung. Die Zähne, unter die Baumwollfäden der kleinen Pfeile gesteckt, verstärken die Bösartigkeit des Pflanzengifts auf furchtbare Weise. Von einer Person, die an den Folgen eines Schlangenbisses stirbt, sagt man, daß sie Opfer der Magie der *ōka* oder der Zauberei der Schamanen ist, nicht aber Opfer des Tieres selbst. Der Name der *Bothrops (aroami)* und des bösen Zaubers (*aroari*) haben dieselbe Wurzel.

Wenn die *ōka* ihr Ziel fast erreicht haben, schießen sie ihre kleinen Pfeile mit Hilfe eines kurzen Blasrohrs ab; wer seinen Pfeil am wenigsten weit schießt und am schlechtesten trifft, wird ausgeschieden: er begleitet zwar weiterhin die Zauberer, nimmt jedoch nicht direkt am Angriff teil. Man meint, daß es ein gutes Vorzeichen ist, wenn sich das Blatt während dieses Versuchs auf seinem Stengel biegt. Das Zaubermittel läßt sich auch an einer Horde Spinnenaffen ausprobieren; ist das Gift stark, dann fallen die Affen sofort tot herunter.

Die *ōka* legen sich am Rand eines häufig begangenen Wegs auf die

Die magischen Mächte

Lauer, einen kleinen Pfeil im Blasrohr. Sobald sich ein Feind zeigt, warten sie, bis er den Rücken kehrt, um das Geschoß über seinen Kopf fliegen zu lassen, ohne ihn wirklich treffen zu wollen: das reicht aus, ihn zu töten; daher fliehen sie auch, ohne das Ergebnis ihrer Expedition zu prüfen. Mitunter tauchen unterwegs unvorhergesehene Hindernisse auf: der Köcher mit den kostbaren Pfeilen geht verloren, das schwache Blasrohr zerbricht, es passiert irgend etwas. Eine solche Pechsträhne wird dem Scharfsinn der feindlichen Schamanen zugeschrieben, man beschuldigt sie, das Unternehmen vereitelt zu haben.

Eines Tages machten sich Männer aus Bishaasi auf den Weg, um in Batanawë Feinde zu töten. Kaōmawë erzählt ihren Feldzug:

»Sie gingen den ›Fluß der *shanishani*-Bäume‹ hinauf und erreichten den ›Fluß der Aguti‹, dort bogen sie ab und folgten einem Pfad, der sie über einen Gebirgskamm in die Nähe des *shabono* führte. Sie stellten sich am Rande des Weges auf. Sie brauchten nicht lange zu warten; ein Jäger tauchte auf, er bemerkte Abfälle von Früchten, die von einem Baum fielen, und ging um ihn herum, die Nase nach oben, denn er wollte wissen, welches Tier da gerade fraß. Es war ein Papagei. Der Jäger schoß einen Pfeil ab, aber der Vogel flog laut kreischend davon. Während der Mann seinen Pfeil suchte, ›bliesen‹ die Zauberer ihr Gift auf ihn. Das Opfer ließ sofort Wirkungen erkennen. Dem Mann wurde heiß, er löste seinen Baumwollgürtel und legte ihn auf seine Schulter; da sein Fieber stieg, ging er zu einem Bach und kauerte sich hin, um das Wasser zu schlürfen; sein Durst ließ sich nicht löschen. Er war schwach und stolperte schon, seine Füße verfingen sich in den Wurzeln, er hielt sich an den Bäumen fest. Trotzdem konnte er ins Haus zurückkehren. Entgegen ihrer Gewohnheit warteten die *ōka*; sie hörten Frauen weinen, ein Schamane erklärte: ›Zauberer haben *aroari* auf ihn *geblasen!*‹ Aus seinem Gesang ging hervor, daß er die *hekura* zu Hilfe rief; sie sollten den Zauber verbrennen, der den Kranken verzehrte: das Gift verursacht ein Feuer im Innern der Körper, das nur mit dem mächtigeren Feuer der *hekura* gelöscht werden kann. Einen Augenblick war es still, dann vernahmen die Zauberer die Wehklagen der Frauen und ihre Trauergesänge: ›*yaiyo, yaiyo* . . .‹ Der Schamane hatte versagt, das Opfer war tot, sie frohlockten innerlich. Nach einer Weile sagten sie leise: ›Gehen wir, sie werden sich rächen wollen und uns suchen.‹ Sie gingen fort und vermieden es, in der Mitte des Wegs zu gehen, um keine identifizierbaren Spuren zu hinterlassen. Sie kehrten nach Bishaasi zurück und unterwarfen sich dem *unokai*-Ritual der Mörder. Einer von ihnen hieß Hukushatatama.«

Hebëwë und Tiyetirawë haben sich lange im Garten aufgehalten, sie sind übersättigt von Früchten. Im *shabono* ist alles ruhig, die Frauen plaudern und spinnen Baumwolle in ihren Hängematten, einige Männer nehmen Halluzinogene. Kremoanawë kommt mit einem Katzenfisch vom Fischen zurück. Hebëwë sieht ihn mit Vergnügen, und obwohl er mit pflanzlicher Nahrung vollgefressen ist, erklärt er, daß er gern das Fleisch eines Tieres essen würde.

Ganz allgemein besteht für die Yanomami ein starker Gegensatz zwischen der pflanzlichen Nahrung (*nii*) einerseits und dem Fleisch (*yaro*) und dem Fisch (*yuri*) andererseits, die in ein und dieselbe Nahrungskategorie fallen. Hunger haben im allgemeinen heißt *ohi*, Appetit auf Fleisch oder Fisch haben *naiki*. Man muß eine Zeitlang die Kost der Indianer geteilt haben, um diese Unterschiede wirklich zu erfassen und verstehen zu können, daß man von pflanzlicher Nahrung gesättigt sein und trotzdem unbändigen Appetit auf ein Fleischgericht haben kann.

Der Fisch, den Hebëwë begehrt, ist noch roh. Man ißt das Fleisch eines Tieres erst dann, wenn es lange gekocht hat. Wild kann stundenlang über dem Feuer hängen. Wenn es um ein Fleischgericht geht, so ist das Gekochte bei den Yanomami eine kulinarische Modalität, die sich stets im Übermaß versteht. Der Abscheu vor dem Blut ist bereits erwähnt worden. Die Raubkatzen, die Harpyienadler und die Raubvögel, die ausschließlich rohes Fleisch fressen, sind nicht nur wilde Tiere, sondern Kannibalen – *naikiri*; in dieser Hinsicht werden sie den übernatürlichen Wesen, den Seelenfressern, gleichgestellt. Ein Mensch, der so verrückt wäre, noch rotes, schlecht gekochtes Fleisch zu essen, würde mitansehen müssen, wie sein Körper sich mit scheußlichen Geschwüren bedeckt, und würde früher oder später sterben.

Sogar die Haustiere entgehen nicht den Gefahren, die denjenigen drohen, die sich von rohem Fleisch ernähren. Zu diesem Thema kennt man in Karohi eine belehrende Geschichte:

»Man hatte ein Stück rohen Fisch weggeworfen, weil es mit Erde beschmutzt war; ein hungriger Hund kam herbei und wollte es fressen. Einer warnte:

›Jagt ihn weg, oder es wird etwas passieren.‹

Die magischen Mächte

›Nichts wird geschehen‹, erwiderte der Besitzer des Tieres.

Der Hund verschlang den Fisch, und sofort wurde sein Verhalten anormal: er drehte sich um sich selbst wie ein Kreisel, wollte sich in den Schwanz beißen und beschrieb immer größere Kreise. Man hielt es für ratsam, ihn anzubinden, aber er zerbiß seine Fesseln, befreite sich und begann von neuem, sich im Kreis zu drehen. Schließlich wurde er von dem Fluß verschlungen, in den er hineingefallen war wie ein Stein: er hatte sich in einen Fisch verwandelt. Und wenn seither die jungen Leute baden gingen, bemerkten sie mit Überraschung, daß sie von einem Fisch begleitet wurden: es war der Hund. Immer wenn sie schwammen, tauchte das Tier auf und blieb bei ihnen. Doch eines Tages erschien es nicht mehr, und sie schlossen daraus:

›Jemand wird ihn gefischt und verspeist haben.‹«

Endlich ist der Katzenfisch gekocht, Kaōmawë bindet den Topf los und legt den Inhalt auf ein Blatt. Seine Kinder hocken sich ringsherum nieder, lösen heiße Fleischfetzen ab, kauen an einer Gräte oder ziehen Hautteile heraus, die besonders schön fett sind. Bedächtig teilt Kaōmawë Portionen aus, die er Remaema gibt, damit sie sie zusammen mit einer gerösteten Banane weiterreiche: jeder seiner älteren Brüder erhält einen Teil, ebenso seine Schwäger. Dann verköstigt er seine Familie, jedem Kind gibt er ein Stück; der Kopf fällt Mabroma zu, eine erlesene Speise, die immer für die Frauen bestimmt ist, köstlich und voller Öl. Shōnikiwë verteilt Bananenkompott: Kaōmawë erhält eine randvoll gefüllte große Kalebasse, die er umgießt, bevor er trinkt. Jeden Tag gibt und erhält jedermann Lebensmittel, und der Mißerfolg bei der Nahrungssuche wird stets durch Gaben von anderen ausgeglichen: das gesellschaftliche Leben der Indianer besteht zum großen Teil im Tausch, einer ständigen Bewegung von Gütern und Dienstleistungen, einer immerwährenden Gegenseitigkeit.

Überall wird gegessen, jeder hat etwas gegeben und erhalten. Yimothaushimi trägt ihr Baby, das an einem Stück Banane lutscht; gereizt nimmt sie plötzlich dem Kind die Banane weg und löst damit einen Weinkrampf aus. Shimiwë, der Nebenmann, hört es; der Vorfall wäre ihm gleichgültig gewesen, wenn das Baby Turaewë gehört hätte, aber es ist von ihm, und die Tränen machen ihn wütend. Die Yanomami-Väter können ihre Kinder nicht weinen hören, und viele Ehestreitigkeiten haben keine andere Ursache: wenn der Kleine weint, dann ist die Mutter daran schuld oder unfähig, ihn zu beruhigen, auch wenn sie

Die Zauber

fürsorglich versucht, das Kind dadurch zu besänftigen, daß sie ihm ihre Brust in den Mund steckt, es mit der Stimme einlullt, singt oder eine Klapper vor ihm schwenkt. Da Yimotʰaushimi nichts unternimmt, um das Baby zu beruhigen, verwandelt sich Shimɨwes Zorn in Wut; er packt eine Axt und schickt sich an, sie zu schlagen. Sie flüchtet sich unter den niederen Teil des Daches. Von ferne befiehlt Turaewë, der Hauptgatte, seiner Frau:
»Lauf nicht davon, laß dich von ihm schlagen! Soll er dich schlagen!«
So herausgefordert, richtet Shimɨwë seine Wut auf den Schamanen, er spitzt einen Speer und legt ihn beiseite, sobald er fertig ist, läßt sich in seine Hängematte fallen, steht sofort wieder auf, wühlt in seinem Köcher, tut so, als wähle er aus seinen lanzenförmigen Spitzen die beste aus, um sie an einem Pfeil zu befestigen. Man spürt, daß er simuliert; Shimɨwë ist dazu verurteilt, eine Gewalt zum Ausdruck zu bringen, die er nicht ausüben kann, will er nicht etwas tun, was nicht wiedergutzumachen ist: sein Kind töten, seine Frau oder seinen Bruder verwunden. Er muß die Aggression spielen, um sein Gesicht nicht zu verlieren; er beschimpft und bedroht Turaewë, richtet jedoch die Waffen, die er vorbereitet, nicht gegen ihn. Vorsichtig, doch ohne sich täuschen zu lassen, kommt Kremoanawë und konfisziert seinen Bogen, seine Pfeile, seinen Speer und trägt sie weg. Shimɨwë spielt den Hilflosen, er legt sich hin, einen Ellbogen unter dem Nacken, die blicklosen Augen auf den Platz in der Mitte gerichtet.
Langsam geht die Sonne unter. Die Papageien lassen ihr unzeitiges Geschwätz vernehmen, sie kündigen die Dämmerung an. Wenn das Gestirn den Horizont berührt, sagt der *hōrema*-Vogel: »were, were, were . . .«
Später, wenn es dunkel ist, beginnt der Chor der Kröten und Grillen, der bis zum Morgen andauert. Beim Nahen des Tages stößt der *yōririmi*-Vogel sein »*yōriri-yōriri*« aus. Sein Gesang, zuerst langsam und zaghaft, wird immer schneller und endet in einer Kaskade.
Wenig später sagt ein anderer Vogel, *hutumi* genannt: »hutu, hutu . . .«
Die Fledermaus zetert: »*irosisi, irosisi* . . .«
Die Tiere geben die genaue Zeit an; die Indianer kennen ihre Stimme, sie verstehen ihre Botschaften.
Man schläft. Kein Kind wimmert, kein Hund bellt. Das Schnarchen

Die magischen Mächte

wird von pfeifenden Fürzen untermalt. Die Feuer ersticken. Wishami wacht auf, sie glaubt, in der Nähe verdächtige Geräusche zu hören, sie rüttelt ihren Mann und flüstert ihm zu:
»Da sind Yanomami, hinter dem Haus. Ich habe Blätter rascheln hören. Es sind Zauberer.«
Er rührt sich kaum, brummt, macht aber die Augen nicht auf. Sie läßt nicht locker, bis er es hört. Und er brüllt:
»*Bei yë o!*«
Und schläft wieder ein.

Die Männer bekämpfen einander in erster Linie, weil sie um den Besitz der Frauen streiten; die Zauberei der *õka* ist der zweite Anlaß für Kriege: sobald eine Gemeinschaft eine andere verdächtigt, sie habe mit Hilfe der Zauberei einen ihrer Angehörigen umgebracht, ist sie verpflichtet, den Toten zu rächen; dann beginnt der Teufelskreis der Kriegszüge, denn jeder der einen Seite zugefügte Tod verlangt einen neuen Tod auf der anderen Seite.

Die verschiedenen Arten, mit Feinden Krieg zu führen, schließen einander zwar nicht zwangsläufig aus, entsprechen jedoch häufig dem Grad der Auseinandersetzung; manchmal hängen sie von der geographischen Lage ab. Die bewaffneten Überfälle, mit denen die Gemeinschaften einander bekriegen, stellen die gewaltsamste Aggression anläßlich eines offenen und öffentlichen Konflikts dar, ihnen geht ein eindrucksvolles Ritual voraus. Unauffälliger und bösartiger ist die Zauberei, die sich mit einem latenten Kriegszustand verbindet. Es sind deutlich zwei Arten von Magie zu unterscheiden: die der *õka*, die den *aroari*-Zauber verwenden, und die der mit übernatürlichen Kräften begabten Schamanen. Beide gehen von den Menschen aus und stehen durch besondere Züge in Gegensatz zueinander: die *õka* arbeiten mit Substanzen, sie sind keine Spezialisten, ihre Handlungen werden geheimgehalten, im Fall eines Erfolges unterziehen sie sich dem *unokai*-Ritual; die Schamanen dagegen arbeiten mit Symbolen, sie sind Spezialisten, die öffentlich handeln, sie beugen sich keinem Ritual, wenn es sich herausstellt, daß ihr Unternehmen geglückt ist. Andere Unterscheidungen sind weniger streng. Die *õka* können diejenigen, die sie angreifen, zu Fuß erreichen und laufen Gefahr, einen wirklichen Krieg zu entfesseln; die Schamanen greifen Gemeinschaften an, mit denen sie im allgemeinen keine direkte Beziehung unterhalten, und die oft

Die Zauber

beträchtliche Entfernung, die sie trennt, verhindert jeden wirklichen Krieg.

Unabhängig von den beiden großen Arten der Magie, die soeben beschrieben wurden, gibt es die kleine Magie des täglichen Lebens; gewöhnlich zielt sie nicht darauf ab zu töten, beeinträchtigt jedoch die körperliche Unversehrtheit, und sie wird nicht mit einem Kriegszustand verbunden, da sie sich innerhalb der Gemeinschaft oder zwischen verbündeten Gemeinschaften abspielt. Es werden zahlreiche Substanzen verwendet: Säugetiere, Insekten, wilde und angebaute Pflanzen; diese Produkte werden nicht »geblasen« wie der *aroari* der *ōka*, sondern mit dem Finger geschnickt. Damit eine Person sich eines bösen Zaubers gegen eine andere Person bedient, genügt es, daß sie ihr gegenüber Haß, Eifersucht, Neid oder auch nur ein unbestimmtes Gefühl der Feindseligkeit empfindet. Auch diese Magie steht im Zeichen des Geschlechtergegensatzes: die den Frauen bekannten Pflanzen halten den Gatten gegen seinen Willen am Herd fest, andere führen zu einer Erschlaffung des männlichen Organismus, wieder andere, von ihnen verbrannt, verströmen einen schädlichen Rauch, der selektiv wirkt: betroffen werden jene, deren Haut dunkel ist, während die anderen unversehrt bleiben. Die Männer haben Macht über die Aphrodisiaka; sie können Unfruchtbarkeit verursachen.

Die kleine Magie ist Gegenstand gegenseitigen Argwohns, sie macht es unerläßlich, daß man eine bestimmte Anzahl von Vorsichtsmaßnahmen trifft, wenn man eine Aggression fürchtet: Speisereste verstecken, keine Fußspuren hinterlassen. Bei einem Besuch muß man der angebotenen Nahrung mißtrauen, denn es kann eine schädliche Substanz in ihr verborgen sein. In den Gemeinschaften, die man aufsucht, hat man nicht immer nur Freunde, manchmal bestehen sie aus feindlichen Lineages, die zu Gruppen gehören, mit denen man im Krieg lebt.

Ganz anderer Art ist die Tätigkeit der Schamanen, die auf anderen Ebenen wirkt und andere Ziele hat; sie befehden einander in einem endlosen Kampf und richten alle möglichen Schäden an, dank ihrer Macht über die übernatürlichen Kräfte: sie töten die Hunde, zerstören die Wohnungen und die Pflanzungen, bemächtigen sich der Seelen, um sie den Dämonen auszuliefern. Ihnen obliegt es, die Gemeinschaft, deren Mitglieder sie sind, zu verteidigen, um gleichartige Übel zu rächen. Der Ruf eines Schamanen kann sehr weit reichen, niemals

Die magischen Mächte

gründet er auf Erfolgen bei der Krankenheilung; je mehr sich ein Schamane durch Zerstörungen und Verbrechen gefürchtet macht, desto größer ist sein Ruhm.

So ist es begreiflich, daß nichts je dem Zufall unterliegt, daß alle Vorkommnisse des Lebens notwendig Folgen der Boshaftigkeit anderer sind. Eine Schlange beißt jemanden, ein Jaguar tötet einen Hund, ein Skorpion sticht ein Kind, ein Wirbelsturm reißt das Dach weg und zerstört die Pflanzungen: diese Ereignisse sind keine Unfälle, sondern das Werk eines Vorsatzes, das Böse zu tun. Die Tiere des Waldes sind harmlos, diejenigen, die töten, sind übernatürliche Wesen, von feindlichen Zauberern geschickt. Der Wind ist immer die Manifestation sich fortbewegender *hekura*, er verwandelt sich nur dann in einen Sturm, wenn er von einer äußeren, feindlichen Absicht dazu veranlaßt wird.

»Vor langer Zeit wurde ein Schamane von dem glühenden Wunsch nach Liebe geplagt. Er begab sich in den Garten, wo er eine schöne junge Frau traf. Er wollte sie unter das Blätterdach der Bäume zerren und packte sie am Arm; aber sie biß ihn so grausam, daß er sie losließ. Seine Wut war so groß, daß er sich rächen wollte. Eines Tages, als sie im Wald war und Holz schlug, schickte er die *hekura* zu ihr, die einen spitzen Ast auf ihren Fuß fallen ließen. Das Holz war giftig, die Wunde entzündete sich, und die Frau starb unter furchtbaren Schmerzen. Dieser Schamane mißbrauchte seine Macht: statt Mitglieder entfernter Gemeinschaften anzugreifen, fiel er über seine Gefährten her. Seiner Umtriebe müde, beschlossen diese, ihn zu töten, und durchbohrten ihn mit ihren Speeren. Die *hekura* trugen ihn zum *makayo*-Berg, wo sie ihn in eine Felsnische legten.«

Kaōmawē, der an diese Geschichte erinnert, fügt hinzu:

»Ich kenne den Gesang dieses Schamanen dank seinen Geistern, die in meine Brust übergesiedelt sind. Sie helfen mir, die kleinen Kinder zu heilen.«

Dann berichtet er von seinen eigenen Abenteuern:

»Wir waren auf die Jagd gegangen und stiegen das sandige Bett eines Flusses hinauf. Wir kamen zu einer Stelle, wo es viele Fische gab, wir beschlossen, sie mit Pfeilen zu töten. Ich wollte allein sein, um meine Ruhe zu haben. Ich erklärte:

›Geht sie weiter oben töten, ich werde hier bleiben.‹

Während ich den Fischen auflauerte, zog mein Hund Kreise um

Die Zauber

mich. Wahrscheinlich hatte er die Fährte eines Tieres gewittert, das er verfolgte. Plötzlich begann er vor Schmerz aufzuheulen; ich wußte, daß er von einem Jaguar angegriffen worden war. Ich begann zu laufen, aber sosehr ich auch suchte, ich fand ihn nicht wieder. Der Boden war mit Cashewnüssen übersät, schon von weitem hatte ich ihre dunkelrote Schale bemerkt, die von der stumpfen Farbe der dürren Blätter abstach. Ich las eine große Menge von ihnen auf, preßte sie in Blätter aus und hatte bald ein köstliches Getränk, das ich mit Genuß trank. Als ich fertig getrunken hatte, hob ich den Kopf, meine Augen begegneten denen des Jaguar, der zurückgekommen war und vor mir stand, den toten Hund auf dem Nacken. Ich erschrak. Als er sah, daß ich ihn beobachtete, ließ er den Hund zu Boden gleiten. Ich hatte schon meine Waffen ergriffen und spannte meinen Bogen. Die lanzenförmige Pfeilspitze durchbohrte die Brust des Jaguar, der, zu Tode verwundet, fauchte und auf mich zukroch. Als er tot war, ging ich hin, um den Hund zu holen, und rief meinen Gefährten zu:

›aë! aë‹

Sie amüsierten sich gerade. Sie hatten ein Loch voll elektrischer Fische entdeckt und sich gesagt:

›Wir wollen mal sehen, ob die Entladung stark ist.‹

Sie hatten eine Kette gebildet, an deren Spitze einer von ihnen mit einer Machete stand, um auf die Fische einzuschlagen. Bei jedem Hieb wurde die elektrische Entladung von dem Metall und dem nassen Griff weitergeleitet, sie lief durch die ganze Kette, durch alle Hände, alle Arme und alle Schultern. Bei jedem Schlag, den sie erhielten, brachen sie in Gelächter aus und schüttelten sich, ohne einander loszulassen. Als sie meinen Ruf hörten, kamen sie zu mir gerannt, lärmend und scherzend. Ich teilte den Tod des Hundes mit, das Lachen erstarb auf ihren Lippen; sie begannen zu weinen. Wir schnitten dem Jaguar den Kopf ab und brachten den toten Hund nach Hause. Auf dem Platz des *shabono* machten wir zwei Feuer; wir verbrannten den Hund auf dem einen und den Kopf des Jaguar auf dem anderen. Auf diese Weise zerstört man die Zähne, um sich zu rächen, sie haben den Hund getötet.

Ich nahm Halluzinogene und entdeckte, daß die *shamatʰari*-Schamanen den Jaguar geschickt hatten, um meinen Hund zu töten. Ich wollte mich rächen; aber sie versuchten, mich mit einer *aroami*-Schlange zu ermorden.

Die magischen Mächte

Es war die Zeit des Hochwassers, wir hatten den *shabono* verlassen, um den Dämonen der Krankheit zu entfliehen, die uns verfolgten, und hatten unser Lager am Ufer des ›Flusses der *shitibori*-Bäume‹ aufgeschlagen. In der folgenden Nacht hatte ich einen Traum. Sehr weit weg sah ich *hekura*, die eine Schlange trugen. Sie zogen über mich hinweg, waren im Begriff, innezuhalten, zögerten ein wenig und flogen weiter: als ich erwachte, waren sie verschwunden, ohne mich geschlagen zu haben.

Am frühen Morgen brachen die meisten Männer und Frauen auf, um *yaraka*-Fische zu töten. ›Mutter meiner Tochter‹ sagte zu mir:

›Gehen auch wir Fische fangen, wir werden sie mit gerösteten Bananen essen.‹

Ich dachte an den Traum, den ich gehabt hatte, es war ein schlimmes Vorzeichen, und ich wußte, daß ich gebissen werden würde, wenn ich mich in den Wald wagte. Ich antwortete:

›Lassen wir das für heute, ich habe von einer Schlange geträumt, ich will nicht hinausgehen.‹

›Nie willst du gehen, immer hast du einen Vorwand. Der Vater von Moriwë ist gegangen. Mach es wie er, wir werden den anderen Nahrung anbieten.‹

›Du bist hartnäckig. Gehen wir flußabwärts; Pech, wenn mir etwas zustößt.‹

Wir gingen den Bach hinunter; in einem großen Wasserloch waren viele kleine Fische, sie schwammen auf einem Untergrund aus Pflanzenresten. Ich beschoß sie mit kleinen Pfeilen und einem Kinderbogen. Sie versteckten sich unter der Uferböschung und waren bald verschwunden. Mabroma stieg ins Wasser, sie fing sie, indem sie die Finger in die Löcher steckte, in die sie geflüchtet waren. Die Angst vor der Schlange ließ mich nicht los. Ich wollte nicht allein auf der Uferböschung bleiben, ich stieg zu Mabroma ins Wasser, um ihr zu helfen. Wir töteten viele Fische, und bald lag ein glitzernder Haufen auf dem Sand: wir nahmen sie aus, wuschen sie und wickelte sie in *bishaa*-Blätter. Ich sagte:

›Es ist Zeit, daß wir umkehren.‹

Ich hatte noch immer die Vorahnung, daß ich gebissen würde, auch dann noch, als wir wieder im Lager waren. Die anderen hatten fast nichts gefangen. Wir legten das Paket auf die Glut und rösteten Bananen. Die Dämmerung nahte, der Wald wurde dunkel. Frërema

Die Zauber

hatte Honig gefunden, man hörte die regelmäßigen Schläge seiner Axt gegen den Stamm; bald fiel der Baum um, und die Wucht des Aufpralls ließ den Boden erzittern. Mabroma sagte zu mir:
›Gehen wir Honig essen. Beeilen wir uns, sonst wird nichts mehr für uns übrig sein.‹
›*Huu*!‹ sagte ich.
Wir tranken den mit Wasser verdünnten Honig, er war säuerlich und schmeckte mir gut. Ich wollte nicht länger bleiben, aber die anderen schlugen mir vor:
›Komm mit uns Rebhühner jagen.‹
›Nein, ich gehe nicht mit.‹
Ich kehrte zu meinem Windschirm zurück. Im Lager gingen andere Männer auf die Jagd und baten mich ebenfalls, sie zu begleiten:
›Komm mit uns.‹
›Nein.‹
›Du brauchst nicht weit zu gehen, wir werden uns trennen.‹
›Nein, ich bleibe lieber hier.‹
›Dann bleib doch!‹
Schon entfernten sie sich; ich weiß nicht, was in mir vorging; plötzlich änderte ich meine Meinung:
›Wartet, ich komme mit euch!‹
Wir gingen um einen Hügel herum, stiegen auf einen Erdhügel und folgten dann dem Bett eines Baches; an jeder Biegung staute sich der Sand. Ich sagte:
›Ich bleibe hier, geht allein weiter.‹
Ich schlug die falsche Richtung ein: ich ging genau dorthin, wo die Schlange war. Ich hockte mich hin und wartete darauf, ein Rebhuhn schreien zu hören, um es ausfindig zu machen. Bald ertönte dicht neben mir ein Schrei:
›*e, e, e* . . .‹
Ich legte die Hand auf meinen Mund und lockte den Vogel; das Rebhuhn antwortete meinem Ruf, ich konnte mich ihm nähern, dann wartete ich reglos, daß es sich auf einen Ast setze. Ich dachte:
›Es ist genau vor mir.‹
Der Wald wurde immer dunkler. Als ich sicher war, daß der Vogel hockte, schlich ich mich an ihn heran. Ich wollte die genaue Stelle ausmachen, wo er sich befand, und ließ meine Waffen zurück. Ich entdeckte ihn auf einem niedrigen Zweig. Als ich meinen Bogen holen

Die magischen Mächte

wollte, schrie anderswo ein anderes Rebhuhn, an seinem Gesang erkannte ich, daß es zur *yohoami*-Art gehörte.

Es war fast Nacht, als ich heranschlich, um es zu töten, die Nase nach oben. Ich stieß gegen ein Wespennest, sie stachen mich, und ich rannte, um ihnen zu entkommen. Um mich dem Rebhuhn nähern zu können und ein gutes Schußfeld zu haben, mußte ich einen Bach überqueren. Ich sprang und trat genau auf die Schlange, die zusammengerollt auf dem Sand lag. Es war eine *aroami*, sie biß mich ins Bein, und ich hatte mit einem Mal ein Gefühl, als würde meine Wade zerplatzen. Ich war so geistesgegenwärtig, den Kopf des Reptils mit meinem Bogen zu zerquetschen. Ich war verzweifelt, ich wollte meine Pfeile wegwerfen. Ich dachte an das Rebhuhn: werde ich ins Lager zurückkehren, ohne es getötet zu haben? Was werden die anderen sagen?

Ich behielt einen Pfeil. Ich stolperte, ich konnte mich kaum auf den Beinen halten; dennoch gelang es mir, genau zu zielen. Ich befestigte den Vogel an meinem Rücken, ließ meine Pfeile an einen Baumstamm gelehnt zurück und ging nach Hause, wobei ich mich auf meinen Bogen stützte. Die Muskeln meines Beins wurden hart und steif, ich taumelte und stieß gegen die Wurzeln, mehrmals mußte ich mich hinsetzen, denn mir wurde schwindlig. Es war finstere Nacht, als ich im Lager ankam. Ich sagte:

›Eine *aroami*-Schlange hat mich gebissen.‹

Ich war niedergeschlagen. Ein heftiger Schmerz hatte mich am Bauch gepackt, ich atmete mühsam: ich glaubte, daß ich bald sterben würde. Ich rief Moriwës Vater, er ließ die *hekura* aus seiner Brust heraus, und sie gaben mir meine Seele zurück, die mir die feindlichen Schamanen geraubt hatten. Die ganze Nacht konnte ich nicht schlafen, ich stöhnte unaufhörlich, so sehr schmerzte mich mein Bein.

Zwei Tage vergingen. Moriwës Vater kam jeden Nachmittag und pflegte mich. Da es wenig Nahrung in der Umgebung gab und unser Bananenvorrat zu Ende ging, wollten wir ins große Haus zurückkehren. Ich konnte nicht laufen, sie schnitten eine lange und kräftige Stange, an der sie meine Hängematte befestigten, und einander ablösend trugen sie mich zurück. Unter großen Mühen gelangten wir zum *shabono*.

In der Nacht träumte ich. Ich sah die *hekura*, die mich mit feurigen Pfeilen beschossen. Sie hielten sich in achtbarer Entfernung, da sie merkten, daß ich sie beobachtete. Ich vertrieb sie mit der Hand. Eine

Die Zauber

Zeitlang belauerten sie mich noch; es waren *shamat^hari*-Schamanen, sie sind vorsichtig und klug; als sie sich entdeckt sahen, sagten sie:
›Gehen wir, es ist sinnlos, zu bleiben.‹
Das war nur eine List von ihnen: sie taten so, als ob sie fortgingen. Ich ließ mich täuschen, entspannte mich und schlief ein; das war ein schwerer Fehler. Sie ließen einen Gegenstand vom Himmel herab, den ich nicht kannte. Es war stockdunkel, denn seit mehreren Tagen war der Mond ›tot‹. Als dieses unbekannte Ding neben mir war, hatte ich eine Vorahnung, und ich öffnete die Augen. Meine Brust glänzte von einer Masse, die klebrig war wie Fett. Ich schlug mit dem Handrücken zu. Ich schlug voller Verzweiflung, mit aller Kraft, ich mußte sie unbedingt loswerden, sie wollten mich umbringen. Omawës Sohn half mir, sie zu bekämpfen. Plötzlich zerriß das Ding und löste sich auf. Ein letztes Mal schrie ich:
›Wau! wau! wau!‹
Die *shamat^hari*-Schamanen waren wirklich nahe daran gewesen, mich zu töten.«
Kaōmawë erklärt noch:
»Wenn die Schamanen mit Hilfe einer Schlange töten wollen, schneiden sie ein Stück Liane ab und spalten das eine Ende, so daß es ein Maul darstellt. Sie malen Zeichnungen auf den Körper und kleben weißen Flaum auf den Kopf. Dann streicheln sie ihre Kreatur, sie wird lebendig und verwandelt sich in eine wirkliche Schlange. Dann tragen die Schamanen sie weg und rollen sie am Rand eines Wegs zusammen, denn sie wissen, daß dort ihr Opfer vorbeikommen wird. Andere Male schicken sie die *hekura* in den Himmel, ins Land des Donners und der Seelen. Sie begegnen *hera* und verlangen eine Schlange von ihm: er besitzt eine Menge davon, sie ringeln sich um ihn, es sind seine Haustiere; genau diese Schlangen greifen uns an; diejenigen, die im Wald leben, greifen niemals Menschen an. Die Schlangen der *hekura* sind fürchterlich, ihr Biß lockt die Würmer an und läßt das Fleisch verfaulen. Die *hekura* verstecken sich in der Nähe der Stelle, wo sie das Reptil abgelegt haben, und schlagen zur selben Zeit zu wie dieses. Nur der *kaomari*-Vogel kann siegreich gegen sie kämpfen.«

Moriwë und Wakamoshiwë sind bei dem alten *shabono* von Karohi angelangt. Vor einigen Jahren lebten sie hier, weiter unten am »Regenfluß«. Alle fünf oder sechs Jahre verlassen die Yanomami ihre

Die magischen Mächte

abgenutzte Behausung und bauen an einer frisch gerodeten Stelle eine neue. Das alte Rundhaus ist verwittert: die Lianen des Daches, von der Fäulnis zerfressen, biegen sich unter der Last der Blätter; Fluten von Kürbisgewächsen quellen aus dem Gebäude und überwuchern den Platz in der Mitte, ihre gelben Blüten durchwirken das Pflanzengewirr. Der Boden ist mit Kürbisfrüchten übersät, aus deren harter Schale die Frauen Kalebassen herstellen. Die beiden Männer erreichen den ehemaligen Garten und schlagen sich durch ein gewaltiges Geflecht dorniger Sträucher. Einige Bananenbäume tragen noch Früchte; sie schneiden zwei reifende Trauben ab. Moriwë geht auf dem zugewachsenen Pfad voraus; man sieht, wie er sich wachsam duckt und stehenbleibt: deutliche und frische Spuren sind in die Erde eingezeichnet. Er winkt seinen Gefährten herbei:

»Sieh nur, heute morgen sind feindliche Krieger hier gegangen.«

Diese Feststellung läßt sie erstarren; sie ziehen es vor, den Ort schleunigst zu verlassen.

Aus Vorsicht schlafen sie abseits im benachbarten Wald, ohne sich die Mühe zu machen, einen Wetterschirm zu errichten. Neben ihnen brennt ein Feuer, sie hoffen, daß es nicht regnen wird. Moriwë schläft und träumt. Morayema ruft ihn:

»Mein Sohn, hilf mir, die Bananen aufzuhängen.«

Er geht zu ihr, und sie paaren sich im Stehen. Als er sich zurückzieht, sieht er, daß sein Penis von Blut gerötet ist. Er fragt:

»Hast du etwa deine Regel?«

»Ja.«

»Oh, nie wieder werde ich mit dir Liebe machen.«

Eine verdächtige Bewegung auf dem Fluß weckt sie mitten in der Nacht: ein merkwürdiges dumpfes Plätschern, das anschwillt, plötzlich gefolgt von einem Tauchervogel, der in ihrer Nähe eine Wassergarbe aufspritzen läßt. Sie fürchten sich und bilden sich ein, daß ein mächtiges Tier mit seinem Schwanz auf das Wasser schlägt und auf sie zuschwimmt. Bestimmt hat ein *rahara* das Feuer bemerkt und will sie verschlingen. Sie rennen unter die Bäume, weitab vom Fluß, wo das Wasserungeheuer sie nicht erreichen kann. Bis zum Morgengrauen bleiben sie stumm niedergekauert, trotz der Müdigkeit, der Kälte und der Mücken. Moriwë erinnert sich an jene Männer aus Hasubiwë, deren Geschichte ihm sein Vater erzählt hat: sie waren gerade dabei, einen Steg über den Orinoko zu bauen, um leichter zu ihrem Garten zu

Die Zauber

gelangen, als plötzlich eine riesige Woge über ihnen zusammenschlug und sie verschlang; sie tauchten nie wieder auf, und man wußte, daß ein *rahara* sie gefressen hatte.

Bei ihrer Rückkehr in Karohi berichten sie über die Ereignisse, deren Zeuge sie gewesen waren. Shimoreiwë glaubt nicht, daß die Spuren im Garten von feindlichen Kriegern herrühren; er hat soeben erfahren, daß sich Besucher aus Wayabotorewë nach Tayari begeben haben, er ist sicher, daß sie es waren, die unterwegs in den Garten gegangen sind, um zu stehlen.

Mabroma röstet Knollen auf der Glut; ab und zu dreht sie sie um, und als sie gar sind, schabt sie sie sorgfältig ab. Kremoanawë ißt ein paar davon, bevor er seine Pfeile in die Hand nimmt und mit zugekniffenem Auge die Spitzen prüft. Einen von ihnen begradigt er über der Hitze des Feuers, er repariert den ausgefransten Gurt seines Köchers, indem er ihn auf der Hüfte rollt. Dann zieht er seine Ohrstäbchen heraus: die Bogensehne oder Schlingpflanzen könnten sich darin verfangen und das Ohrläppchen zerreißen, während er schießt oder ein Tier verfolgt. Schließlich wendet er sich Hebëwë zu:

»Komm mit mir jagen, kleiner Bruder. Du wirst das Wild tragen.«

Sie dringen in den Wald ein und finden unterwegs Auswürfe von Raupen; sie betrachten sie eingehend und erkennen, daß sie von der *maya*-Art stammen und daß man die Raupen nicht essen kann, da sie noch zu klein sind. Sie werden später wiederkommen; sie werden die Leute aus Karohi von ihrem Fund unterrichten und öffentlich erklären: »An jener Stelle, auf jenem Baum gibt es *maya*-Raupen: sie gehören uns, wir werden sie sammeln, wenn sie groß sind.«

Die Brüder suchen weiter nach Wild. Sie schlagen einen Mutum in die Flucht, der schwerfällig auffliegt, und finden die Stelle nicht, wo er sich niedergelassen hat. Kurz darauf verscheuchen sie einen Agamischwarm; aber Kremoanawë verbirgt sich hinter einem Baumstumpf und ahmt den Ruf eines kleinen Agami nach; die getäuschten Vögel kehren arglos zurück, und Hebëwë erlegt einen von ihnen. Sie schneiden die buntschillernde Kehle des Vogels heraus, um ein Armband daraus zu machen, und gehen nach Hause.

Sie sind kaum zurückgekommen, als sich der Himmel verfinstert. Es braut sich eines jener heftigen und kurzen Abendgewitter zusammen. Eine dicke dunkle Wolke droht am Horizont. Die Luft ist reglos, feucht und schwül. Bald erhebt sich ein Rumoren; zunächst undeutlich,

Lager der Jäger mit Räuchergestell

schwillt es an und entfesselt sich; eine Brise kommt auf, läßt die Blätter an den Bäumen erzittern und die Bananenbäume rauschen; dann verstärkt sie sich und braust im Wald wie eine vielstimmige Orgel. Vereinzelt fallen dicke Tropfen. Und im Nu ist der Sturm da, begleitet von wolkenbruchartigem Regen und einem alles hinwegfegenden Wind. Das sanfte Schwanken der Bäume ist mit einem Mal in Unordnung geraten, der Wald ist verrückt geworden. Stämme krümmen

Die Zauber

sich und zersplittern, wie Strohhalme geknickt. Zweige werden weit fortgeschleudert.

Überall kracht es, Wassermassen stürzen mit Getöse herein, Blitze zucken. Das Haus wird überflutet, ungeachtet der Schamanen, die ihre feurigen Pfeile schleudern, Machetenhiebe austeilen und Schritt für Schritt auf dem Platz kämpfen, um die Invasion der feindlichen *hekura* abzuwehren. Sie werden überrannt. Eine Palme zertrümmert den Teil des Daches, den Moriwë bewohnt, der Wind verfängt sich unter Shimoreiwës Dach und stülpt es einen Augenblick um; die Bewohner haben gerade noch Zeit, aus den Hängematten zu springen, die von den Stützpfosten abgerissen werden, und es ist ein Wunder, daß niemand getötet oder auch nur verletzt wird. Die Schamanen erschöpfen sich in ihrem Kampf, von Sturm und Regen gepeitscht; Frauen schluchzen unter Wetterdächern, die nichts mehr schützen; Kinder klammern sich an ihre Arme und brüllen vor Entsetzen.

Die Beruhigung kommt ebenso unverhofft wie der Anfang. Der Sturm legt sich, der Regen trommelt sittsam, der Donner entfernt sich.

Eine apokalyptische Landschaft erstreckt sich rings um die verwüstete Behausung. Die Bananenbäume des Gartens liegen flach auf dem Boden. Von den schönen Drogenbäumen, auf die man so stolz war, ist nur noch ein Haufen Äste übrig. Die *rasha*-Palmen sind zerstört. Die Windbrüche haben breite Schneisen in den Wald geschlagen; die Wege sind mit Zweigen und Schlingpflanzen versperrt, die man mit der Machete wird zerhauen müssen, um sich fortbewegen zu können; zersplitterte Strünke recken ihre langen fasrigen Finger in den Himmel. Von Zeit zu Zeit knackt schaurig ein Baum, der auf einen anderen gestürzt und an ihm hängengeblieben ist. Die Brandung der feindlichen *hekura*, die sich in dem Wirbelsturm verkörperte, hat diese Verwüstung angerichtet: der Geist des Spinnenaffen hat die Äste zerbrochen, indem er sich an sie hängte, der Geist des Jaguar hat die Baumstämme geknickt, indem er sich gegen sie stemmte, und der Geist des Riesentatu hat sie entwurzelt, indem er seinen Tunnel grub.

Turaewë klagt den Feind an. Die *hekura,* so sagt er, sind von Bukumariwë, einem *shamathari*-Schamanen, geschickt worden, um die Wohnstätten und Pflanzungen von Karohi zu verheeren; sie waren so zahlreich und gewalttätig, daß sich die freien Geister des Waldes bestimmt denen des Schamanen angeschlossen haben. Turaewë ruft:

Die magischen Mächte

»Ich habe Bukumariwë erkannt, er war es, der sie anführte. Wir werden uns rächen!«

Bei einbrechender Dunkelheit suchen jene, die kein Dach über dem Kopf mehr haben, unter dem unversehrt gebliebenen Teil des Hauses Schutz. Sie sammeln ihre Hängematten ein, lassen sie trocknen und reparieren sie. Alle Gespräche und Kommentare drehen sich um das Unwetter.

Es ist beschlossen: gleich morgen wird Turaewë die in den Felsen versprengten *hekura* zusammentrommeln, er wird sie auf die *shamathari* hetzen, um sich für die Schäden, die sie angerichtet haben, zu rächen. In der Nacht hat der Schamane einen Traum, der Bukumariwës Schuld an dem Unheil bestätigt.

Am folgenden Tag gegen Mittag geht Kaōmawë einen Streifen *ama*-Rinde holen, um die für das Ritual erforderliche Droge zuzubereiten. Diesen Rindenstreifen schneidet er in etwa fünfzehn Zentimeter lange Stücke, die er auf die Glut legt und von Zeit zu Zeit wendet, bis sie rauchen und sich entzünden; dann sammelt er sie auf dem Boden eines Tongefäßes, wo sie unter der Bewegung des Fächers weiterbrennen und zu lockerer Asche von sehr hellem Grau zerfallen. Kaōmawë öffnet die lange Hülle, die die Körner des Halluzinogens enthält, löst ein Stück davon ab, verjagt die Kakerlaken, die darin hausen, und macht das Paket sorgfältig wieder zu. Er breitet ein Bananenblatt auf der Erde aus, auf das er die Asche siebt; dann setzt er sich auf einen Holzklotz und preßt die Hände zwischen seine Schenkel, damit er Körner und Asche kräftig kneten und vermischen kann. Sobald ihm die Konsistenz der Mischung befriedigend erscheint, legt er die Tonscherbe auf die Glut, wartet, bis sie heiß ist, und krümelt die Paste hinein. Rauch steigt auf und verteilt sich – schwer, erstickend und ekelerregend zugleich. Die getrocknete Substanz läßt sich nun leicht zerbröckeln; und Kaōmawë kann sie mit einem flachen Stein zu einem feinen, völlig homogenen Pulver mahlen.

Als das Pulver fertig ist, reinigt Kaōmawë sein Schnupfrohr, steckt es unter seinen Arm und bringt die Droge zu dem zerstörten Dach. Die anderen Schamanen kommen und versammeln sich dort, bemalt und geschmückt, wie es sich gehört. Das Schnupfen beginnt. Turaewë leitet die Sitzung; er ruft die *hekura* an, schart sie um sich, verkörpert sie nacheinander, indem er sie durch ein hervorstechendes Merkmal charakterisiert. Da ist der Puma-Geist mit seinen riesigen Hoden; der

Die Zauber

Geist des Riesentatu mit dem beeindruckenden Penis und dem lächerlichen Gang; der Geist des Tamandua, der Geist des Faultiers, der den anderen befiehlt, gleichmütig gegenüber den grausamsten Wunden. Und da ist auch Taisinakawë, der Sohn von Donner, und der Jaguar-Geist. Als Turaewë seine Verbündeten um sich versammelt hat, schöpft er einen Augenblick Atem und verlangt eine weitere Dosis des Halluzinogens. Dann läßt er die Elemente des Unwetters kommen: Ruwëriwë, den Geist der Dunkelheit und des dichten Nebels; Jhiroit^{h}awë, den Geist der Wolken und des Dunstes.

Alle Schamanen, große und kleine, die mächtigen und die anderen, rufen nacheinander ihre *hekura* herbei. Mokaukawë ist der letzte, seine Gesänge und seine Nachahmungen sind besonders plump, und die jungen Männer, die der Zeremonie als Zuschauer beiwohnen, lassen es sich nicht entgehen, ihn offen zu verspotten.

Turaewë ergreift wieder die Initiative. Er gräbt ein Loch in den Boden, das eine Kalebasse voll mit einer imaginären Flüssigkeit, *ami u bë,* aufnehmen soll, einem nahrhaften und berauschenden Trank der *hekura,* dem Saft einer übernatürlichen und märchenhaften Frucht, rot wie Blut und süß wie Honig; wer ihn trinkt, dem raubt er den Verstand. Die Schamanen *sind* nun *hekura,* sie legen ihre hohlen Hände zusammen oder nehmen einen Löffel, um zu trinken und sich zu stärken. Mit dem Rest des Getränks geht Turaewë langsam von Schamane zu Schamane, reibt ihre Körper ein, besprengt sie und bemalt sie mit schmückenden Motiven: denn die *hekura* können ohne ihre Federn und Bemalungen keinen Feldzug antreten.

Als sie fertig sind, zeigt ihnen Turaewë den Weg und nennt ihnen den endgültigen Bestimmungsort, nunmehr überzeugt, daß sie unter dem Einfluß des Zaubertranks die Aufgabe erfüllen werden, mit der er sie betraut: die Wut der Naturelemente gegen die Gemeinschaft von Bukumariwë zu entfesseln und sie zu verwüsten. Die Rache, auf diese Weise gestillt, bürgt für künftige Sicherheit, denn diese ist nur dann gewährleistet, wenn jeder Schlag unverzüglich erwidert wird; sich nicht rächen können oder es zu tun versäumen, heißt feige und ohnmächtig sein; es heißt, einen von seiner Straflosigkeit überzeugten Feind zu neuen Schlägen ermutigen.

VI
Die Seelenfresser

An mannigfachen Orten verstreut, treiben die feindlichen Dämonen auf den verschiedenen Ebenen des Universums ihr Unwesen. Sie pflegen die Seelen zu verschlingen, die sie bei Überfällen in den Wohnstätten rauben. Wenn die schützenden Schamanen wachsam sind, wenn sie Kenntnisse und Macht besitzen, erkennen sie sie sofort an dem Weg und an dem jedem Dämon eigentümlichen Geruch; sie können die Gefahren abwenden, die jenen drohen, die den übernatürlichen Wesen zu nahe kommen, und geben den Kranken ihre Seele zurück; wenn sie scheitern, wird die Seele »gefressen«, und der seiner Energie, seines »Mittelpunkts« beraubte Körper siecht dahin und stirbt.

In *hekura* verwandelt, bewegen sich die Schamanen durch den kosmischen Raum, um einem Dämon oder Feind eine Seele zu entreißen oder selbst eine zu rauben, um sie zu »fressen«. Im Nu versetzen sie sich an ferne Orte: horizontal von einer Himmelsrichtung in die andere; vertikal, um die Himmelsscheibe zu erreichen oder in die unterirdische Welt einzudringen; sie sind imstande, unbekannte Gegenden zu schildern, Gemeinschaften oder Personen zu nennen, die ihnen allein bekannt sind: ihr Wissen betrifft nicht nur die mythologische und historische Zeit, es erstreckt sich auf einen dreidimensionalen Raum.

Immer wenn es nötig ist, stellen die Schamanen die Seelen materiell dar: ein Federbusch, ein Bogen, ein Pfeil oder eine rote Passionsblume verkörpern einen Mann; ein Schamtuch oder eine Kiepe beschwören eine Frau.

In der Nähe der Wasserläufe leben Vögel mit dunklem Federkleid; es sind Segler, Schwalben ähnlich; ihr Schwanz ist gegabelt, sie fliegen pfeilschnell über dem Wasser, das sie zuweilen streifen, schnappen Insekten im Flug und lassen sich in Gruppen auf den dürren Zweigen der in die Strömung gefallenen Bäume nieder. Es sind *shoro*; *shorori* nennt man das Volk, das sie bilden; obwohl Wasserdämonen, sind sie

Die Seelenfresser

auch Herren des Feuers; Kakamamë herrscht über sie. Ihre Unterwasserbehausungen sind den *shabono* gleich: sobald sie sich dort aufhalten, nehmen sie menschliche Gestalt an. Wenn sie über den Flüssen fliegen, ist es ratsam, sie nicht mit Geschossen zu bewerfen, wie man es spaßeshalber bei den gewöhnlichen Vögeln tut; sie würden sich für diese Schmach rächen. Kinder sollten abends nicht zu lange am Ufer stiller Wasser säumen, denn die *shoro* könnten ihre Seelen rauben.

Moriwë wäre fast durch sie gestorben:
»Ich war noch ein Kind. Ich hatte eine Eiterbeule am Schenkel, die Entzündung hatte mein ganzes Bein erfaßt, es war riesig geworden, nur weil ich beim Nahen der Dämmerung am Rande eines Sumpfes herumgeschlendert bin. Ich hatte solche Schmerzen, daß ich nicht schlafen konnte, ich stöhnte nächtelang. Mein Vater wollte wissen, was mir fehlte; er inhalierte die Halluzinogene und fand heraus, daß die *shorori* im Besitz meiner Seele waren. Er ließ seine *hekura* kommen. Ich saß auf dem Boden, vor mir hatte man einen Bogen in die Erde gerammt, an dessen Ende ein Federbusch befestigt war. Mein Vater verwandelte sich in *hekura* und nahm den Weg der *shorori*. Dieser Weg ist heiß wie Feuer; er litt unter der sengenden Hitze, seine Fußsohlen bedeckten sich mit Brandblasen, sein Gesicht verzerrte sich vor Schmerz. Er wollte schon umkehren, als Hebëwës Vater ihm zu Hilfe kam: er warf ihm Kalebassen voll Wasser zu, damit er sich abkühlen konnte, und schlug ihn mit Zweigen, um ihm Luft zuzufächeln. Mein Vater ertrug die Glut nun besser, er gelangte in die Nähe des Bogens, riß den Federbusch ab und rannte mit ihm davon. Er hatte mir meine Seele wiedergegeben, als er einen lauten Schrei ausstieß und zu Boden stürzte: das Feuer der *shorori* war im Begriff, ihn zu verzehren, er lag im Sterben. Eilig legte man ihn in eine Hängematte, goß ihm Wasser auf die Stirn, besprützte ihn, meine Mutter schlug ihn mit einem Büschel Blätter auf den Rücken und auf die Schultern. Sie weinte, meine kleine Schwester ebenfalls, man glaubte, daß mein Vater nicht überleben würde. Aber er öffnete wieder die Augen und stand bald auf, er war gerettet.

Und mir ging es besser. Die Schwellung ging zurück, ich hatte keine Schmerzen mehr. Nie wieder treibe ich mich am Wasser herum, wenn es Nacht wird.«

Moriwë erzählt von den Reisen seines Vaters:
»Die *waika*-Schamanen erscheinen niemals und fügen uns kein Leid

Die magischen Mächte

zu. Nur die *shamat^hari*-Schamanen ängstigen uns: sie schicken den Sturm, verstecken Schlangen auf dem Weg, rauben die Seelen. Unlängst hatte sich T^horuwë, ein Schamane aus Yeisikorowë, der Seele von Hebëwës Vater bemächtigt. Mein Vater nahm sofort die Droge. Er reiste an Bord eines langen fliegenden Kanus in Begleitung des Vaters von Ritimi; sie flogen so hoch, daß sie beinahe die Milchstraße berührten, wo eine erdrückende Hitze herrschte. Sie stießen senkrecht auf Yeisikorowë herab, durchbohrten die feindlichen Schamanen mit flammenden Geschossen und nutzten die Verwirrung, die ihr Überfall hervorrief, um die Seele wieder in Besitz zu nehmen. Mittlerweile hatten sich die gegnerischen Schamanen erholt und schleuderten nun ihrerseits glühende Geschosse; Ritimis Vater, den einer von ihnen an der Gurgel gepackt hatte, konnte sich nicht mehr in das Kanu retten. Mein keuchender Vater mußte ihn aufgeben, und so ging Bokorawë, der zu Besuch war, hin und befreite ihn.

Ein andermal suchte uns Mamokoriwë aus Mahekoto auf, damit man sein Auge heile. Er hatte schreckliche Schmerzen und fürchtete, blind zu werden. Mein Vater ließ die *hekura* kommen und sah, daß der Geist Sonne das Lebensprinzip des Auges geraubt hatte, um es zu vernichten. Um ins Land von Sonne zu gelangen, muß man eine ferne Welt erreichen, die im Werden ist, durchsichtig, die Milchstraße, wo eine sengende Hitze herrscht. Mein Vater verwandelte sich in einen Spinnenaffen und kletterte einen Stützpfosten hinauf. Andere Schamanen begleiteten ihn auf seiner Reise; die einen waren Brüllaffen, die anderen Satansaffen, wieder andere Eichhörnchen. Sie begannen, zum Dach hinaufzusteigen. Die Hitze nahm zu, je höher sie kamen, bald war sie so stark, daß man die Schamanen mit Wasser besprengen mußte. Als sie in der oberen Welt Fuß gefaßt hatten, veränderten sie abermals ihre Gestalt; mein Vater war ein Hagelkorn geworden, damit ihn die Kälte vor dem Feuer schütze, Ritimis Vater war eine Riesenschlange, Hebëwës Vater ein *rahara*, und das Wasser, in dem diese Tiere leben, erlaubte es ihnen, die glühende Hitze zu ertragen. Sonne wollte sie vertreiben, um das Auge zu behalten und zu fressen, und schoß starke Strahlen auf sie. Mein Vater befahl uns, einen Korb in die Mitte des großen Platzes zu stellen und an einem Pfahl zu befestigen. Das taten wir, während er vom Dach heruntersteig. In diesem Korb bewahrte Sonne das Auge auf, mein Vater näherte sich ihm, band ihn los und trug ihn fort. Alle Schamanen waren wieder in Satansaffen

Die Seelenfresser

verwandelt. Sie riefen: ›*hōsē! hōsē!*‹ Sie gaben Momokoriwës Auge das Lebensprinzip zurück.

Donner ist der Herr der *morē*-Früchte. Früher war er ein Tapir. Er wurde von Fēifēiyomis älterem Bruder getötet, der ihn zerstückelte und nach Hause trug. Als die Leber gekocht war, wollten sie sie essen. Während der Verteilung hatte sich Fēifēiyomi neben seinen älteren Bruder gehockt; man gab ihm die Bauchspeicheldrüse. Er war so zornig, ein so schlechtes Stück zu bekommen, daß er es in den Himmel schleuderte, wo es Donner wurde. Und Fēifēiyomi verwandelte sich in einen Vogel; er ist der Schwiegersohn von Donner, er lebt bei ihm im Haus der Seelen. Kürzlich ging mein Vater zu Donner, um die *morē*-Früchte zu fordern. Er bereitete die Halluzinogene zu, rief Hebëwës Vater, und sie taten so, als wollten sie die Stützpfosten hinaufklettern; ihre Füße lösten sich nicht vom Boden, trotzdem waren sie schon sehr hoch. Mein Vater gab Hebëwës Vater den Rat: ›Schau nicht nach unten, sonst wird dir schwindlig.‹ Wenn einem schwindlig wird, läßt man los und fällt herunter. Sie erschraken darüber, daß sie sehr hoch waren, und riefen: ›*hi-i! hi-i!*‹ Sie erreichten die Himmelsscheibe, faßten dort Fuß und ruhten sich einen Augenblick aus. Sie begegneten zuerst dem Schwiegersohn von Donner, plauderten mit ihm und überredeten ihn, zu seinem Schwiegervater zu gehen und ihn abzulenken. Fēifēiyomi setzte sich auf das Seil von Donners Hängematte und begann zu singen: ›*fēi, fēi, fēi yo!*‹ So singt er im Wald. Währenddessen drangen die beiden Schamanen in das Haus der Seelen ein, von weitem erblickten sie Donner, der lockige Haare und Augenlider voller Warzen hat, sie nahmen die *morē*-Bäume und streuten deren Früchte auf der Erde aus, die von ihnen befruchtet wurde. Aber sie hatten die Seelen gesehen; unter ihnen hatten sie tote Verwandte erkannt. Sie brachen in Tränen aus und wehklagten. Wir waren unten und hatten verstanden, was vorging, wir begannen beim Gedanken an die Verschwundenen zu schluchzen. Mein Vater hatte seine richtigen Eltern gesehen: seinen Vater und seine Mutter.«

Es hat aufgehört zu regnen. Über den Bäumen entfaltet sich ein Regenbogen; die Yanomami nennen ihn *Bauch der Boa*, sie sagen, er sei der Weg, von dem aus der Dämon Omayari die Menschen beobachtet, um ihnen Durchfall und Seuchen zu schicken und ihre Seelen zu rauben. Der Dämon teilt sich in einen Omayari des Ostens und einen

Die magischen Mächte

Omayari des Westens, so wie die Regenbogen bald im Osten, bald im Westen erscheinen. Ebenso wie eine rote Abenddämmerung hat auch ein Regenbogen immer eine unheilvolle Nebenbedeutung; deshalb vermeidet man es, Omayaris Namen auszusprechen, wenn ein Regenbogen erscheint. Den Namen des Dämons aussprechen heißt ihn rufen; aus demselben Grund spricht man im Wald nicht vom Jaguar, am Ufer des Wassers nicht vom *rahara*, bei Einbruch der Dunkelheit weder von dem Gespenst noch von irgend etwas, was Drohung oder Verdruß bedeutet.

Seit einigen Tagen lebt ganz Tayari in Karohi. Der große *shabono* kann ohne weiteres die beiden Gruppen beherbergen. Die Maniokernte im Garten war reich gewesen, zahllose Körbe sind mit Fladen gefüllt; der Wald ist voll wilder Früchte; die Jäger, emsig und geschickt, kehren selten mit leeren Händen zurück; an Nahrung fehlt es nicht. In Tayari war das Gegenteil der Fall; man hatte den Wald zu spät gerodet, die neuen Pflanzungen konnten die erschöpften alten nicht rechtzeitig ersetzen; deshalb sind die Bewohner nach Karohi gekommen und haben ihre Bluts- und Heiratsverwandten um Beistand gebeten, da sie wußten, daß sie ihnen eines Tages dieselbe Hilfe werden gewähren müssen.

Als Fraktionsführer wetteifern Shimoreiwë und Kaōmawë um das Wohl ihrer Gäste. Reihum bieten sie Bananenkompott an, schicken ihre Jäger nach Wild aus, organisieren ausgedehnte Drogen- und Schamanismussitzungen.

Die Leute aus Tayari verteilen sich je nach dem Grad ihrer Verwandtschaft mit ihren Gastgebern in der Wohnstatt: die einen sind bei Brüdern, die anderen bei verheirateten Schwestern, also Schwägern, wieder andere, in respektvoller Entfernung untergebracht, genießen die Gastfreundschaft ihrer Schwiegersöhne.

Das Rundhaus braust von überschäumendem Leben. Überall sprüht Lachen auf, lang und schrill, immer wieder neu entzündet von Sticheleien oder vergnüglichen Erinnerungen. Neuigkeiten laufen um, häufig ausgeschmückt und verzerrt; Klatsch und Lästerreden sind die höchste Wonne der Prahlerei. Man schmiedet Pläne, die folgenlos bleiben werden. Die Heranwachsenden wetteifern um die Mädchen, und die eifersüchtigen Ehemänner verdoppeln ihre argwöhnische Wachsamkeit. Private Freundschaften vertiefen sich, neue werden geschlossen. Komplizen rotten sich zusammen, Eifersucht und Haß brechen auf.

Die Seelenfresser

Beherrschend aber ist ein überall wehender Hauch von Freundschaft, warm wie ein Feuer nach überstandenem Regen.

Da plötzlich ein verzehnfachtes Bedürfnis nach Farbstoff besteht, ist Mabroma in den Garten gegangen, um die pelzigen Kapseln der Orleanbäume zu pflücken; sie entnimmt ihnen die Kerne und kocht sie in Wasser, preßt dann mit Hilfe eines Lappens den Saft heraus und läßt ihn auf schwachem Feuer sieden; sich mit beiden Händen den Bauch haltend, spricht sie die folgende Formel:

»Tapirklumpen, Tapirklumpen.«

Auf diese Weise wird das Gebräu die Konsistenz und die Färbung der Blutklumpen des Tapir annehmen. Unterdessen verbrennt Kaōmawë ein Stück Harz. Er stülpt eine Kalebasse darüber, auf deren Wandung der Ruß sich niederschlagen wird; man braucht ihn nur noch abzuschaben und mit dem verdickten Urucu zu mischen, damit der Farbstoff vom grellen Rot zum bräunlichen Ocker übergeht, so wie er für die Körperbemalung verwendet wird.

Während sein Vater damit beschäftigt ist, fragt ihn Hebewë:

»Hast du von jener Frau gehört, die in Suimɨwei Schamane geworden ist?«

»Nein.«

»Die Nachricht kommt von einem Besucher.«

»Das ist möglich. Frauen können nicht initiiert werden, aber einige von ihnen sind scharfsichtige Seherinnen, diesen offenbaren sich zuweilen die *hekura*. Es gibt eine *hekura*-Frau bei den Waika, sie heißt Wēikayoma. Ich weiß nicht mehr, wo sie wohnt.«

»Behandeln die Schamanen-Frauen die Kranken?«

»Sie nehmen Halluzinogene, singen die Geister an und haben die Fähigkeit, die Seele eines Kranken zu suchen. Wēikayoma tötet die Kinder und frißt ihre Seelen, und sie ist immer auf der Hut: jedesmal, wenn ein Schamane sie schlagen will, entdeckt sie ihn sofort, wendet seine Schläge ab und verfolgt ihn.«

Während dieses Aufenthalts in Karohi wird Breimi krank. Sie spürt ein schreckliches Stechen im Bauch, das ihr Schmerzensschreie entreißt. Turaewë, der konsultiert wird, stellt die Diagnose nicht sofort. Er zaudert und läßt sich Zeit. In der Nacht offenbart sich dem Schamanen im Traum der Ursprung der Krankheit: er sieht Titiri, den weißhaarigen Dämon der Nacht, wie er zu der schlafenden Breimi kriecht, ihre Taille zwischen seine Schenkel preßt, seinen monströsen Penis in die

Vagina zwängt und die Öffnung erweitert, bis das Fleisch zerreißt: daher rührt der Schmerz, den sie empfindet.

Einst herrschte auf der Erde ewiger Tag. Titiri existierte nicht als Dämon, er war nur ein riesiger Mutum, der unablässig »weinte« und immer auf demselben Ast hockte, den er nie verließ. Er weinte und weinte, und die Dämmerung kam nicht. Also schliefen die Yanomami am Tag; sie gingen auf die Jagd, kehrten zurück, aßen ihre Beute, zankten sich nicht und schliefen erst, wenn sie müde waren. Sie hörten den klagenden Gesang des Mutum-Geistes, der sagte: »*titiri, titiri, titiri, wē*!«

Und er benannte die Flüsse, die Berge und die Felsen:

> Dort ist der »Fels der Gespenster«,
> dort der »Berg des *ocumo*«,
> da der »Fluß der *tʰoru*-Blumen«,
> hier der »Fluß der Dornen«.

Er war es, der den Orten des Waldes ihre Namen gab.

Die Yanomami meinten, daß die Nacht käme, wenn man ihn töten würde. Sie machten sich gegenseitig Mut:

»Versuch es doch! Versuch es! Der, den man ständig hört, ist ein Dämon.«

Da sie die Nacht nicht kannten, schliefen sie, wenn die Sonne hoch am Himmel stand. Und immerzu weinte Titiri. Der Ast, auf dem er hockte, bog sich unter seinem Gewicht bis zur Erde. Die Älteren spornten die Jüngeren an: »Meine Kinder, versucht es!«

Eines Tages gingen sie zu der Stelle, wo der Gesang herkam. Sie sahen, wie Titiri seine Flügel schüttelte, damit die Parasiten aus ihnen herausfielen. Sie kamen noch dichter heran. Einer von ihnen schoß einen Pfeil ab, der die Federn des Vogels streifte. Genau in diesem Augenblick verfinsterte sich der Himmel, und sie glaubten schon, daß es Nacht würde; zum ersten Mal hörten sie die Stimmen der Nacht: das Sirren der Hautflügel der Insekten, das Quaken der Lurche. Es dauerte nur einen Moment, dann war es wieder Tag, und der Vogel nahm seine Klage wieder auf.

»Meine Kinder, wir hatten recht, genau das ist zu tun. Versuchen wir es nochmal.«

Hōrōnami versicherte: »Ich werde ihn töten.«

Die magischen Mächte

Er war ein guter Jäger, er zielte genau, und der Pfeil durchbohrte den Geist des Mutum, dessen zu Tod verwundeter Körper schwerfällig zu Boden fiel. Die Geräusche der Nacht erklangen zum zweiten Mal. Weiße Federn lösten sich vom Unterleib des Vogels, sie entschwebten in einer langen Reihe, verwandelt in Dämonen der Abenddämmerung, die *weyari*. Es war schwarze Nacht, und die Yanomami konnten ihren Weg nicht wiederfinden. Sie fragten sich: »Wo sind wir?«

Sie tappten im Dunkeln und riefen den anderen, die im Haus geblieben waren, zu: »He, ihr da, holt uns!«

Man hörte sie; man band brennende Scheite zusammen und schwenkte sie vor sich, um für Beleuchtung zu sorgen. Sie kehrten ins Rundhaus zurück und sagten: »Ich bin müde!«

Man begann zu schnarchen. Manche befahlen ihren Frauen: »Zünde ein Feuer hier an, ich friere!«

Sie schliefen einen tiefen Schlaf und träumten zum ersten Mal. Die Vögel verkündeten den kommenden Tag; der Morgen graute. Die Alten sprachen: »Meine Kinder, steht auf, es ist Zeit, auf die Jagd zu gehen.«

Seither hat sich Titiri in einen Dämon verwandelt, er quält die Yanomami. Sein Penis ist übermäßig lang und dick. Er paart sich mit den Frauen und treibt Unzucht mit den Männern, ohne daß sie es wissen; während sie schlafen, zerreißt er ihr Fleisch mit seinem Glied und bemächtigt sich ihrer Seelen, nachdem er ejakuliert hat.

Es wurde bereits auf die Ähnlichkeit zwischen der Form der Wohnstatt und der Vorstellung hingewiesen, die sich die Yanomami vom Universum machen. Der Platz in der Mitte ist der Teil des Himmels, wo er am höchsten ist; die Stützpfosten helfen den Schamanen bei ihrem Aufstieg in die obere Welt, sie sind Mittler zwischen der einen Ebene und der anderen; denn die obere Welt wird als konvexe Struktur begriffen, ihr Zentrum ist ein rundes Plateau, seine Ränder neigen sich langsam zum Horizont und berühren schließlich die irdische Welt: genauso, wie sich das Dach des Rundhauses allmählich dem Boden zuneigt. Titiri wohnt nun aber dort, wo sich irdische und himmlische Welt vereinen. Wenn man sich die erwähnten Entsprechungen vor Augen hält, ist dieser Ort – in der Konstellation der Wohnstatt – der Umkreis des niederen Teils des Daches. Und genau an einem Punkt dieses Kreises hängt Turaewë einen Korb auf, der ein Holzscheit und ein baumwollenes Lendentuch enthält – an einem Punkt, dem Ort,

Die Seelenfresser

wo die Heilbehandlung stattfindet, diametral entgegengesetzt ist: das Holzscheit stellt Titiris Penis dar, das Schamtuch symbolisiert die Seele der Kranken.

Die Schamanen aus Tayari und die aus Karohi vereinen unter Turaewës Leitung ihre Bemühungen. Dank der Droge haben sie eine Verwandlung ihrer Natur bewirkt: sie sind *hekura* geworden. Zunächst zerstreuen sie sich, suchen brennende Scheite, die sie zusammenbündeln, stellen sich dann hintereinander auf, angeführt von Turaewë, der den Weg zum Lager von Titiri gefunden hat. Dieser Weg ist in tiefste Finsternis getaucht und von Dornen gespickt. Turaewë geht aufrecht, auf Zehenspitzen, und drückt die Dornen vor sich beiseite; die anderen hocken, und dank den brennenden Scheiten, die sie in der ausgestreckten Hand halten, können sie sehen. Die vertrauten *hekura* umringen sie und zerstäuben den Dunst, der sie einhüllt. Sie überqueren den Platz in der Mitte und verletzen sich trotz ihrer behutsamen Schritte an den Füßen. Um sie daran zu hindern, zu der Seele zu gelangen, pißt Titiri auf die brennenden Scheite, mehrfach löscht er sie fast aus, und man muß eine Pause einlegen, um sie wieder anzufachen. Dennoch kommen sie ans Ziel; Turaewë umschlingt Titiri mit den Armen, trägt den Korb weg und stellt ihn vor der Kranken ab. Er holt das Holzscheit und das Baumwolltuch heraus und spielt die Szene des Koitus. Er manipuliert den Penis bis zur Ejakulation; das Sperma des Dämons quillt in Strömen, verbreitet sich auf der Erde, besprizt alles. Turaewë braucht nur noch den »Widerschein« – man sagt auch das »Bild«, den »Schatten« – des männlichen Gliedes aus dem Körper der Frau zu ziehen, die noch von ihm verseucht wird; dann gibt er Titiri seinen Penis zurück und schickt ihn zu Rumirumiyoma, seiner Schwiegermutter, damit sie ihn bewache.

Vor einem Jahr starb Turaewës Sohn, der kleine Heturawë. Nächtelang hatte der große Schamane gekämpft, um das Kind den Klauen der verschlingenden Dämonen zu entreißen, aber der Husten des Kranken war immer tiefer und heiserer geworden, sein Gesicht eingefallen. Einen Augenblick lang hatte man geglaubt, daß es ihm besser ginge; törichte Hoffnung: plötzlich war er gestorben, in einer Nacht, als sein Vater neben ihm sang, um ihn zu heilen. Turaewë war gescheitert; er war besiegt und konnte seine Traurigkeit nicht verbergen; sein Vertrauen in seine Macht war nachhaltig erschüttert worden; wochenlang

Die magischen Mächte

hatte er sich seiner unendlichen Traurigkeit nicht erwehren können.

Seit der Ankunft der Gäste aus Tayari haben sich die Anspielungen auf den toten Sohn wieder gehäuft: es vergeht kaum eine Nacht, ohne daß Turaewë lange Totenklagen anstimmt; in den Gesängen an die *hekura* kommen seine Vorwürfe und sein Wunsch nach Rache zum Ausbruch.

Und Folgendes sagt er heute während der kollektiven Sitzung der Schamanen:

»Geist Ozelot, steig in mich herab! *hekura,* ihr habt mir nicht geholfen. Nächtelang habe ich an meiner Rache gekaut. Ich habe den Geist Geier und den Geist Mond gesehen. Geist Mond wurde von Suhirinas Pfeil getroffen, als er in der Wohnstatt auftauchte, lüstern nach Menschenfleisch; und aus seiner Wunde, seinem vergossenen Blut entstand eine Vielzahl fleischfressender Geier. Geist Mond, Geist Geier, ihr seid Menschenfresser. Geier, dein Kopf ist mit Blut besudelt, deine Nasenlöcher wimmeln von Würmern. Die Libellen versammeln sich im Himmel. Omawë durchbohrte die Erde mit seinem Bogen, aus dem Loch, das er schuf, schoß eine Wasserhose, die den Himmel erreichte und einen See bildete. Dort oben vermehren sich die Libellen, dort oben leben die Dürstenden. Sollen sie in mich herabsteigen! Omawë hat meine Zunge verbrannt! Sollen sie meine Zunge benetzen und sie kühlen! Jene, die den Dämonen befohlen haben, sich unserer Kinder zu bemächtigen, werden meine Rache zu spüren bekommen, wo immer sie sich aufhalten. Schon gehen die *hekura* auf sie zu, schon wälzen sich die *hekura* auf sie zu. Bald wird die Nacht kommen, wie werden tief schlafen, und das Weinen der kleinen Kinder wird ertönen. Viele *hekura* sind in meiner Brust! Leute aus Hiyōmisi, *shamathari,* unter euch lebt Breiwë, der Mörder. Möge der Lichtstrahl den Himmel entschleiern, möge der Blitz niederfahren! So entfernt ihr auch sein mögt, ich werde zu euch kommen, ich werde das schönste Kind auswählen, ein Kind, dessen Lächeln freundlich ist, und werde es töten. Auch ich fresse die Kinder. Meine *hekura* werden zu euch gehen, zweifelt nicht daran, sie werden die Vogelbälge und die Federn der Schmuckstücke zerreißen; dann werden sich meine Nasenlöcher mit dem starken Geruch der Neugeborenen füllen, sie werden den faden Geruch der Muttermilch verströmen, meine Brust wird das Aas sein. So wird meine Brust sein!

Mond sammelt die verfaulten Maniokwurzeln, aus denen er Fladen

Die magischen Mächte

macht, die er in alten Scherben kocht. Wenn die Fladen fertig sind, streicht er um die Behausung herum, von ferne ruft er den Kindern zu: ›Komm zu mir, mich hungert nach Menschenfleisch!‹ Die Leichtsinnigen gehen zu ihm, und er schleppt sie fort, um sie mit seinen Fladen zu fressen.

Früher war Mond ein wirklicher *hekura*, er lebte im Körper eines großen Schamanen. Dieser starb, Mond wurde aus seiner Brust befreit, er irrte frei im Raum umher. Im Rundhaus herrschte große Trauer: man beweinte den toten Schamanen. ›Was für ein großer Schamane er war! Wie traurig, mein Gatte.‹ Seine Frau schluchzte. Man errichtete den Scheiterhaufen und verbrannte den Körper. Als die Asche erkaltet war, verdoppelten sich die Wehklagen und die Schmerzensschreie. In diesem Augenblick stieg Mond auf den Platz in der Mitte herab, er schritt an der leeren Feuerstelle des Toten vorbei, ging zu der Asche des Scheiterhaufens und zu den Knochen, die man unter seinen Zähnen krachen hörte. Der Sohn des Verschiedenen näherte sich und meinte, es sei sein Vater, denn Mond ähnelte ihm ein wenig. Er sagte: ›Vater, Vater!‹ Der andere fuhr fort, die verkohlten Knochen zu fressen, ohne ihn zu hören. Das Kind kam noch näher. Als es dicht bei Mond stand, richtete dieser sich auf und entfernte sich langsam. Da bemerkten sie ihren Irrtum: jemand, den sie nicht kannten, war gekommen, um die verkohlten Reste des Toten zu essen. Ihr Zorn kam zum Ausbruch: ›Töten wir ihn, es ist ein anderer!‹ Sie schossen ihre Pfeile ab, sie schwirrten aus allen Richtungen. Mond stieg schon zum Himmel auf. Sie befanden sich im Umkreis des Hauses, aber ihre Pfeile verfehlten ihr Ziel. Suhirina, der aufrecht stand, hohnlachte über die erbärmlichen Schützen: ›Wie ist das möglich?‹ Sie beschossen Mond, der ohne Hast aufstieg: die Pfeile flogen in die Höhe und fielen am Ende ihrer Flugbahn wieder zu Boden, bevor sie ihn erreicht hatten. Schon wollte Mond in den Wolken verschwinden. Einer von ihnen näherte sich Suhirina: ›Schwager, sagt man nicht, daß du ein vortrefflicher Schütze bist? Wirst du hier sitzen bleiben, ohne etwas zu tun?‹ Suhirina erhob sich; sein Pfeil war dünn, er trug eine lange und schmale Spitze; er spannte seinen Bogen und zielte. Mond war ein kaum wahrnehmbarer Punkt geworden. Suhirina sagte: ›Hört auf das Schwirren des Pfeils, er wird weit fliegen.‹ Und er stieg tatsächlich, er stieg und stieg und bohrte sich in Mond. Das Blut quoll in Strömen heraus, es floß in alle Richtungen, besudelte die Erde. Unten im Süden verwandelte sich

Die Seelenfresser

jeder Blutstropfen in einen Yanomami der *shamathari*, die tapfer und wild sind und sich gegenseitig zu töten begannen.

Es flossen Ströme von Blut. Aus diesem Blut entstanden auch Shãkinari, der menschenfressende Dämon, und die ebenfalls menschenfressenden Geier. Wir, die Yanomami von hier, stammen nicht von Monds Blut ab: wir sind die Söhne des Vogels Kanaboromi, dessen Wade von seinem Gefährten geschwängert worden war.«

Wieder vergehen einige Tage. Turaewë wird schwermütig und hüllt sich in undurchdringliches Schweigen; man spürt, daß er sich konzentriert. Sein Entschluß kommt ihm ganz plötzlich, im Lauf einer Drogensitzung, die so eintönig ist, daß es den Anschein hat, als würde sie von keinem nennenswerten Ereignis geprägt werden. Der große Schamane bittet einige Besucher um Hilfe, die fähig sind, mit ihm zusammen den Tod nach Hiyõmisi zu bringen, wo der Schuldige wohnt. Sie inhalieren das magische Pulver, werden *hekura*. Turaewë sagt:

»Geist Mond, Geist Mond! *tei, tei* . . . Ich bewirke meine Verwandlung, ich verändere meine Natur, ich bin ein anderer. Meine Söhne, seht die bösen Dämonen um uns herumschleichen.«

Er ahmt Koimawë nach, einen Falkenvogel und großen Seelenfresser:

»*kakakaka* . . . Friß! Friß!«

Ein Kind nähert sich, den Kopf in die Höhe gereckt. Von weitem ruft man ihm zu:

»Geh weg, entferne dich!«

Turaewë ignoriert den Zwischenfall, er fragt:

»Wo lebt Breiwë?«

»Da drüben, flußaufwärts, in Hiyõmisi«, antwortet man ihm.

Man zeigt ihm die Richtung mit der Hand. Währenddessen bringt ein Hilfsschamane ein Büschel weißer, roter und gelber Federn: sie werden ein männliches Kind töten. Turaewë versammelt diejenigen, die ihm helfen werden, sein Vorhaben auszuführen: den Geist der großen Ameise, den Geist der *waroo*-Schlange, den Geist Skorpion: gemeinsam werden sie das Kind schlagen, während Koimawë die Seele rauben und nach Karohi bringen wird, um sie den Menschenfressern auszuliefern.

»Hier ist der Geist Skorpion!«

»Er ist ein Dämon«, ruft der Chor der Schamanen.

»Geist Mond! Geist Mond! Der Augenblick des Festmahls naht.«

Die magischen Mächte

Die Schamanen machen sich auf den Weg. Die Szene, die sie in Karohi spielen, spielt sich in Wirklichkeit in der feindlichen Wohnstatt ab, in Hiyõmisi, wo die Schamanen jetzt in immaterieller Gestalt eingedrungen sind. Ein kleiner *shamat^hari* hat die sich ihm nähernde Geisterschar gesehen. Er ist schön. Er fleht:
»Vater! Vater! Tu das nicht, töte mich nicht! O mein Vater, führe mich dorthin zurück, wo ich geboren wurde!«
Es ist Turaewë, der die Stimme nachahmt. Das Kind hat begriffen, daß es sterben wird, es schützt sich mit den Armen, Entsetzen in den Augen. Vergebens: der Geist Skorpion durchbohrt es mit seinem tödlichen Stachel, und die *hekura* schlagen gemeinsam zu. Das Kind bricht tot zusammen, und die Wehklagen der Feinde ertönen. Die Mutter des kleinen Knaben schluchzt:
»Mein Sohn, mein schönes Kind! Sie haben es getötet!«
Breiwë, der unter ihnen weilt, hat sie erraten. Er nimmt sein berauschendes Pulver, will die Angreifer verfolgen und ihnen die Seele wieder wegnehmen, die sie davontragen. Aber Turaewë ist zum Geist des Wildschweins geworden, er scharrt den Boden, verwischt die Fußspuren, die zu ihm führen könnten, so daß die Verfolgung unmöglich wird.
Die Schamanen sind nach Karohi zurückgekehrt. Turaewë verkündet:
»Der Skorpion hat ein Kind gestochen, ein kleines Kind. Es ist tot!«
Unterdessen warten die Dämonen ungeduldig, daß man ihnen die versprochene Seele ausliefere. Da ist der Geist Mond, der Geist Geier, der Geist Bussard, der gefräßige Shākinari: die abscheuliche Schar der großen Verschlinger. Bokorawë liegt auf dem Rücken, er verkörpert Geist Mond; seine Füße sind an seine Schenkel gezogen, ein gräßliches Zucken verzerrt sein Gesicht, seine Zähne sind entblößt, zum Zubeißen bereit. Im niedergeschmetterten *shabono* kann man in einer beeindruckenden Stille das Knirschen der Zähne hören. Endlich kommt Koimawë, der Träger der Seele; er liefert die erwartete Beute ab. Und nun beginnt das grausige Mahl, begleitet von dem wüsten Konzert schauriger und verworrener Geräusche. Als sie fertig sind, torkeln die Dämonen zum Platz; sie haben den Schluckauf; sie speien das Blut des Kindes aus, seine Adern, seine roten Knochen, sein Fett, seine Haare. Das schauderhafte Erbrochene wird in ein Blatt gewickelt

Die Seelenfresser

und hinter der Wohnstatt versteckt.

Friede deinem Herzen, Turaewë, dein Kind ist gerächt, du hast endlich das Böse vergolten und das Leid, das man dir zugefügt hatte! Die Seelenfresser sind fort, ihre Tränen haben andere Tränen ausgewischt.

Dritter Teil
KRIEG UND BÜNDNIS

VII
Die Jagd

Die Zeit der Besuche, der langen Aufenthalte außerhalb des großen Hauses, die Zeit der Feste und der Kriege ist gekommen; es ist die Zeit der »Niedrigwasser«, und man kann schnell gehen, auf einem fast trockenen Boden: die Flüsse haben ihr überfließendes Wasser abgeleitet, die Sümpfe sind oft nur noch bescheidene grünliche Pfützen, in denen eine sich rasch vermehrende Fauna wimmelt. Der Fischfang – mit Gift, mit dem Harpunenpfeil oder mit der Angel – ist sehr ergiebig. Das Jagen ist leichter geworden: die Vögel geben sich ihren Liebschaften hin oder lassen sich, von ihrer Nachkommenschaft begleitet, von den nachgeahmten Schreien leichter täuschen.

In Karohi tragen die Pflanzungen immer noch reichlich Früchte; es gibt, in großen Mengen, alle möglichen Bananensorten, Papaya, verschiedene Knollen und vor allem die schönen glänzenden *rasha*-Früchte, die in üppigen Trauben hängen. Daher haben Kaōmawë und Shimoreiwë die Gäste überredet, ihren Aufenthalt zu verlängern; sie wollen die Leute aus Hōkanakawë zu einem Fest einladen; man wird die Asche von Sɨsɨwë trinken, einem »Sohn«, den die Krieger aus Mahekoto getötet haben. Nach den Festlichkeiten, den Riten und dem Leichenschmaus werden alle tapferen Männer gemeinsam eine Expedition unternehmen, um den Toten zu rächen.

Dieser Krieg hat vor mehreren Jahren begonnen, wie so oft wegen einer Frau. Omihi war soeben in Wayabotorewë angekommen, begleitet von ihrem Gatten und dessen älterem Bruder. Seit langem wohnte sie bei ihren Schwiegereltern: sie hatte den Wunsch gehabt, ihre Mutter und ihren Bruder wiederzusehen. Es war ein glückliches Wiederfinden; die Besucher wurden freundlich aufgenommen, man ging für sie jagen, man ließ es ihnen weder an Tabak noch an Nahrung fehlen. Ohimi hatte ihre Hängematte bei ihrer Mutter befestigt, die nicht müde wurde, ihren kleinen Enkel zu sich zu nehmen; der Ehemann hatte sich in ehrfurchtsvoller Entfernung von seiner Schwieger-

Krieg und Bündnis

mutter niedergelassen, wie es sich gehört: ihre Blicke durften einander nicht begegnen. Alles stand zum besten, bis zu dem Tag, als der Bruder des Ehemannes Ohimi in den Garten lockte, um sie zu lieben. Es war nicht das erste Mal, daß er so handelte; sie wehrte sich ein wenig, der Form halber, dann gab sie nach. Der Ehemann bemerkte die gleichzeitige Abwesenheit der beiden; gewöhnlich war er tolerant – bei den Yanomami ist es erlaubt, daß ein Mann Zugang zu den Frauen seiner Brüder hat –, doch an diesem Tag, wahrscheinlich in seinem Stolz getroffen, weil er sich in einer Gruppe von Fremden befand, verletzte er Ohimi an der Schulter, als sie zurückkam. Ohimis Bruder war abwesend; man rannte zu ihm, um ihn von dem Zwischenfall in Kenntnis zu setzen, und die Mutter ließ ihm ausrichten, daß er seine Schwester verteidigen müsse. Als er das Haus betrat, hatte er schon seine beste lanzenförmige Spitze am Schaft befestigt; er sagte kein Wort; sein Schwager wandte ihm den Rücken zu, er schoß aus nächster Nähe auf ihn. Die Wunde war tödlich, der Bambus hatte lebenswichtige Organe durchbohrt; das Blut floß in Strömen, und der Mann starb bald. Sein eigener Bruder verbrannte ihn auf dem Platz in der Mitte, zerstieß die Knochen und nahm das Pulver an sich. Die Leute aus Mahekoto lebten in der Nähe. Als sie von dem Drama erfuhren, fanden sie sich ein, beriefen sich auf ihre Verwandtschaft mit dem Toten und verlangten, daß man ihnen eine Kürbisflasche mit Asche übergebe. Man wußte, daß sie tapfer waren, und sie versprachen, den Verschiedenen zu rächen, und daher wurde ihrer Bitte stattgegeben. Es verstrichen einige Monate, dann wurde in Mahekoto das Ritual des Verzehrs der zerstoßenen Knochen vollzogen. Schon am folgenden Tag stürmte eine Gruppe ungeduldiger Männer in den Krieg. Sisiwë wurde überrascht und nach einem kurzen, aber heftigen Handgemenge getötet. Er war ein »Sohn« für Kaõmawë und Shimoreiwë, entsprechend groß war ihr Kummer. Nun waren sie es, die eine Kürbisflasche erhielten und versprachen, die Schuldigen zu bestrafen. Karohi trat in den Krieg ein, der schicksalhafte Zirkel von Vergeltungen, Angriffen und Gegenangriffen war in Gang gekommen.

Als der Beschluß, ein Fest zu feiern, gefaßt ist, werden zwei Boten nach Hõkanakawë geschickt. Vier Tage später kehren sie zurück: die Einladung ist angenommen worden, die Gäste werden sich bald auf den Weg machen und in kurzen Etappen die Strecke zurücklegen, die sie

Die Jagd

von Karohi trennt. Wohlgefällig stellen die Reisenden die Dinge aus, die sie von ihrem Besuch mitgebracht haben: lanzenförmige Spitzen, Curare, ein Knäuel frisch gesponnener Baumwolle, Aphrodisiaka und *manaka,* eine Pflanze, die die Frauen unfruchtbar macht.

Unverzüglich holt man die für das Fest notwendigen Bananentrauben aus dem Garten. Kaōmawë und Shimoreiwë befestigen sie reihenweise unter dem Dach vor ihrer Feuerstelle. In einem *shabono* deuten aufgereihte Trauben reifender Bananen immer auf den Platz eines einflußreichen Mannes hin, der auf die politischen Angelegenheiten der Gemeinschaft Einfluß hat. Es handelt sich hier um Fraktionsführer, kleine Häuptlinge, die nur moralische Autorität besitzen, aber über die Gabe der Beredsamkeit verfügen und unternehmungsfreudig sind, sich auf dem Gebiet der Jagd und des Krieges auskennen und die Verantwortung für die materielle Organisation langwieriger Jagdzüge übernehmen; sie liefern auch die pflanzliche Nahrung, die das Fleisch begleitet, und bereiten das Bananenkompott zu, das den Gästen angeboten wird. Bei Besuchen verbündeter Gemeinschaften, bei Ritualen und Festen ist ihre wirtschaftliche Rolle von größter Bedeutung, da sie über einen ausreichenden Nahrungsüberschuß verfügen müssen; daher sind ihre Gartenparzellen zwei- bis dreimal größer als die der anderen; sie widmen sich vorwiegend der Landwirtschaft und überlassen es den Jüngeren – ihren Söhnen und Schwiegersöhnen –, für das tägliche Wildbret zu sorgen; an langen Jagdzügen nehmen sie nur teil, wenn ihre Anwesenheit unbedingt erforderlich ist. Oft haben diese Häuptlinge mehrere Frauen. Das hat vielfache Vorteile: die Frauen helfen bei den häuslichen Arbeiten und beim Sammeln im Wald, sie stellen Dinge her, die für den Tauschhandel nützlich sind; mit einer zahlreichen Nachkommenschaft kann man ein kompliziertes Bündnisnetz knüpfen; die größte Kunst besteht darin, sooft es möglich ist, für die Söhne Gattinen einzufangen und dafür zu sorgen, daß der Ehedienst so kurz wie möglich ausfällt, und für die Töchter Schwiegersöhne zu finden, die bereit sind, sich für immer in der Gemeinschaft niederzulassen (es kommt vor, daß man ihnen zwei Frauen überläßt, um sie dazu zu bewegen; auf diese Weise bläht man seine eigene Fraktion auf, man erhält Schwiegertöchter und Schwiegersöhne, die sich an den gemeinnützigen Arbeiten beteiligen. Die Bedeutung dieser Häuptlinge ohne Zwangsgewalt hängt einzig von der Zahl der Personen ab, die ihnen folgen; sie kann zu nichts schrumpfen, sobald ein Konflikt oder

Krieg und Bündnis

ein Zwist Uneinigkeit oder Abtrünnigkeit verursachen.

Das Ritual der *heri*-Jagd beginnt in dem Augenblick, da die Bananentrauben aufgehängt sind. Sobald es dunkel geworden ist, versammeln sich die jungen Männer und die großen Kinder, ordnen sich zu Gruppen von drei oder vier Personen, die untergehakt um den Platz herumgehen. Dann stimmt einer von ihnen ein Lied an, das immer sehr kurz ist und von den anderen sofort im Chor aufgegriffen wird. Hin und wieder unterbrechen sie ihren Marsch, um vorwärts und rückwärts zu tanzen. Die Melodien sind schön, ungeachtet des Durcheinanders der Stimmen und der Uneinigkeit der Sänger. Jede Gemeinschaft hat ihre eigenen *heri*-Gesänge; einige sind in Mode und allen bekannt, sie werden ohne weiteres aufgegriffen; andere werden im Augenblick erfunden oder sind entliehen, man wiederholt sie schlecht und recht, läßt Silben oder ganze Wörter aus.

Diese Gesänge beschwören in einer schlichten Poesie einfache Dinge:

> Die aus Kōbari tragen ihr Blasrohr
> eng unter dem Arm.

> Die Waika ahmen den *kirakirami*-Vogel nach,
> wie der *kirakirami*-Vogel pfeifen die Waika.

> Der Ara wippt mit dem Schwanz
> seinem langen blauen Schwanz.

> Man hat den Baum des Mondes gerufen.

> Der Schwanz des Jaguars entrollt sich,
> entrollt, entrollt sich.

Überschäumende Fröhlichkeit, tausenderlei Späße, obszöne Witze begleiten das *heri*-Ritual. Schreie und helles Gelächter explodieren in der Nacht, nach langen Momenten des Schweigens, in denen man heimlich die Köpfe zusammensteckt; dann ertönt wieder der Gesang, unerwartet, hüpfend, näselnd, spöttisch.

Schon seit geraumer Zeit drehen sich die Gruppen der Teilnehmer nacheinander im Kreis, und ihre Stimmen schwellen an und ab. Trotz

Die Jagd

des Lärms ist man überall eingeschlafen. Als Hebëwë an seiner Familie vorbeikommt, versorgt er sich rasch mit ein paar reifen Bananen, die über seinem Vater hängen, und schließt sich seinen Gefährten wieder an. Dann kaut er mit vollem Mund Früchte, spuckt sie in seine Hände und schleudert diesen warmen und wie Sperma klebrigen Brei den Frauen ins Gesicht. Das ist das Signal für eine allgemeine Verschwendung; alle Knaben stürzen los, um verstohlen und auf gut Glück Bananen abzureißen; und die Frauen werden mit Geschossen beworfen, die vorzugsweise auf die Geschlechtsteile, das Gesäß und das Gesicht zielen. Mitunter schleudert eine von ihnen voller Wut ein brennendes Scheit oder glühende Kohlen auf einen feixenden Schatten, der entwischt, von der Dunkelheit verschluckt.

Das Spiel geht weiter, stundenlang, von Gesängen unterbrochen. Dieser Kampf bezeichnet nicht nur den Gegensatz zwischen Männern und Frauen, sondern auch den zwischen Tag und Nacht, Stille und Lärm; seine sexuelle Konnotation ist unübersehbar. Das Ritual, das mit der Nacht begonnen hat, geht weiter bis zum Morgen: wenn die Knaben vom Singen, Schreien, Lachen, Tanzen und Rennen ermattet in ihre Hängematten fallen, werden sie sofort von den jungen Mädchen abgelöst. Diese versuchen nun, die Kränkungen, die ihnen zugefügt worden sind, in dem Augenblick heimzuzahlen, da ihre männlichen Rivalen eine friedliche Ruhepause wünschen. Beim Nahen des Tages, als der unaufdringliche Ruf der ersten Vögel ertönt, lösen die jungen Männer die Frauen ab, bis es hell wird.

Drei Tage hintereinander wird das nächtliche Spiel fortgesetzt, immer mit demselben Schwung, zuweilen mit wechselnden Scherzen. Manche sind fast stimmlos geworden, heiser von den begangenen Ausschweifungen. Erschöpft holen die jungen Männer am Tag den Schlaf nach, den sie nachts versäumen; daher scheinen die Tage stiller zu sein als gewöhnlich.

Unterdessen ist die Farbe der Bananen heller geworden, das dunkle Grün schlägt ins Gelbliche: es ist Zeit, daß die Jäger aufbrechen.

Am Tag des Abmarschs steht Mabroma lange vor Morgengrauen auf, um Maniokfladen zu backen, von denen sich die Jäger ernähren werden; sie bereitet einen ganzen Korb voll zu, der nicht nur für ihre eigenen Söhne bestimmt ist, sondern auch für die anderen Jäger, die Kaõmawë ihr Wild überlassen werden. Die Frauen müssen diese

Krieg und Bündnis

zusätzlichen Dienste verrichten, die eine verantwortliche Stellung mit sich bringt: von einem Anführer erwartet man Großzügigkeit, und daß er die Leute seiner Fraktion, die ihre Dienste anbieten, mit Nahrungsmitteln unterstützt. Mabroma arbeitet emsig und effizient: kaum ist es hell geworden, sind die Fladen fertig und in einem grob geflochtenen Korb gestapelt. Ein warmer Duft von gebackenem Maniok schwebt in der Luft: das Versprechen des kommenden Festmahls.

Über dem Feuer von Kaōmawë hängen Knochenreste von Tieren: Schädel von Affen und Wildschweinen, Brustbeinkämme von Vögeln, Tatupanzer, Kaimanschwänze und Fischgräten. Diese Trophäen zeugen vom Jagdgeschick der Männer, es sind Zeichen des Wohlstands: an solchem Ort gibt es immer etwas, das die gerösteten Bananen begleiten kann. Diese aufgehängten Knochen, staubig, verräuchert, vom nächtlichen Nagen der Schaben gereinigt, wenden das Mißgeschick ab, *sina* zu werden, das heißt ein schlechter Schütze und ein schlechter Jäger; dank ihnen flieht das Wild nicht vor den Jägern, was geschehen könnte, wenn man sie wegwerfen würde. Es sind die Frauen, die sie auf diese Weise aufhängen; sie sind es, die die Schädel zum Auslutschen, die Schwänze, die Brustbeinkämme erben. Wenn eine Wohnstatt einer anderen zuliebe aufgegeben wird, bleiben diese Knochen hängen; man schafft sie nur dann beiseite, wenn sie zu hinderlich werden oder wenn man sie ersetzen will; dann werden sie in einen Korb gepackt, den man hinter die Wohnung zu den Abfällen wirft. Wenn ein Mann stirbt, verbrennt man die Jagdtrophäen, die ihm gehören, mit ihm auf dem Scheiterhaufen.

Mabroma gönnt sich eine kleine Ruhepause. Zerstreut betrachtet sie das Bündel alter Knochen, das neben ihr hängt; mechanisch wandert ihr Blick die Schlingpflanzen entlang und erreicht das Dach, wo er verweilt. Und da fallen ihre Augen auf eine Art Gecko mit Saugnäpfen an den Zehen, der an einem dürren Blatt klebt. Einen Augenblick lang ist sie vor Schreck wie gelähmt; als sie wieder zu sich kommt, unterrichtet sie ihren Mann und ihre Kinder, die das Tier behutsam entfernen: man sagt, daß dieser Gecko durch die Öffnung des Afters in den Körper eindringt. Hebëwë tötet ihn mit einem kleinen Pfeil aus Palmholz.

Unterdessen hat Remaema den Korb voll Fladen zu Ebrëwë gebracht. Ein letztes Mal überprüfen die Jäger mit zugekniffenem Auge, ob ihre Pfeile gerade sind, sie sehen nach, ob ihre Köcher alles

Die Jagd

Notwendige enthalten: die Ersatzspitzen, lange Knochensplitter, Harz und Zündhölzer; sie vergewissern sich auch, ob die kleinen Nagetierzahnmeißel gut an den Deckeln befestigt sind und das Tragband fest verzurrt ist.

Ebrëwë gibt das Zeichen zum Aufbruch. Der Fluß wird auf einem erbärmlichen Boot überquert, dann beginnt die lange Wanderung durch den Wald.

Unterwegs töten die Jäger einen Ara und einige Agami. Als sie das Ziel erreichen, das sie sich gesteckt haben, wählt Ebrëwë den Lagerplatz aus, am Rand eines Baches mit klarem Wasser. Dann ist jeder damit beschäftigt, sein Wetterdach zu bauen: binnen einer halben Stunde sind die Schirme mit dem trapezförmigen Dach errichtet und mit *ketiba*-Blättern, die Bananenblättern ähneln, gedeckt. Ebrëwë begnügt sich damit, das Gerüst seines Unterschlupfs aufzustellen – drei Pfähle, die das Dach stützen –, und überläßt es dem jungen Fama, die Pflanzendecke anzubringen. Die Nahrungsmittel werden unter den Wetterschirmen verstaut, schon stapelt sich das Holz, die Feuer lodern, und ein leichter, bläulicher Rauch zieht in durchsichtigen Schwaden durch das Laubwerk. Man gart in Blätter gewickelte große Raupen und kocht die Vögel; es ist das letzte Wild, das die Jäger sich gönnen: während der Dauer des Jagdzugs würden die Männer Schande auf sich laden, wenn sie die erlegten Tiere anrührten, um sich zu ernähren; nur die Insekten sowie die Lurche und die Eingeweide bestimmter Tiere sind erlaubt.

Kurz vor Einbruch der Dunkelheit bauen die jungen Männer etwas abseits die Nachahmung eines Räucherrosts, auf die sie Teile jener schwarzen und rauhen ovalen Termitennester legen, die an den Baumstämmen hängen. Diese aufgeschichteten Blöcke stellen, so sagt man, die künftigen Fleischstücke dar, die sich bald auf dem Räucherrost türmen werden. Mit dieser glückbringenden Geste versichert man sich im voraus einer reichen Beute.

Moriwë und Kremoanawë wohnen zusammen. Während sie ihre Nahrung kochen, erzählt Moriwë eine Jugenderinnerung:

»Ich war noch ein Kind, kaum älter als Tiyetirawë. Mein Vater wurde krank, seine Hoden schwollen an, sie waren so dick, und er konnte nicht mehr jagen. Er hatte ›Riesentatuhoden‹ (*nat^{h}eki wakabi*), der Schmerz war so heftig, daß er heimzukehren beschloß. Wir machten uns auf den Weg; ich ging voraus, mein Vater folgte, auf einen

Krieg und Bündnis

Stock gestützt. Unser Hund rannte im Kreis um uns herum und entfernte sich immer mehr: er witterte etwas. Plötzlich begann er zu bellen, er hatte einen Tamandua aufgespürt, der in einem hohlen Stamm kauerte. Bei dem Gedanken, daß das Wild in unserer Nähe war, begann mein Vater zu laufen, trotz seiner Schmerzen. Er sagte: ›Der Hund hat ein Tier gefunden, sehen wir nach!‹ Wir kamen zu dem Baum; man mußte den Stamm mit der Axt öffnen, um das Tier zu erreichen, und mein Vater schlug unter Stöhnen mit aller Kraft zu. Als der Tamandua getötet war, lösten wir einen Streifen Rinde ab, und ich trug ihn. Wir kamen an einen Fluß, den man auf einem Baumstamm balancierend überqueren mußte; es war ein umgestürzter Genipa, durch die Feuchtigkeit war die Rinde glitschig geworden. Ich paßte nicht auf, ich rutschte aus und fiel ins Wasser. Der Fluß war an dieser Stelle sehr tief, ich sank weit nach unten mit dem toten Tier, das ich nicht losgelassen hatte. Ich merkte es nicht, aber mein Vater gestand mir später, daß ich eine lange Weile unten gewesen war, bevor ich wiederauftauchte; er hatte schon befürchtet, mir sei etwas zugestoßen.«

Moriwë lacht, als er sich das besorgte Gesicht seines Vaters in Erinnerung ruft. Sie knabbern ihre Raupen und essen Fladen dazu. Dann schlafen sie rasch ein, erschöpft von den mit Spielen, Tanzen und Schreien verbrachten Nächten.

Der Tag ist nicht mehr fern, als verdächtige Geräusche am Rand des Weges zu hören sind; zunächst ein trockenes Knallen wie von einer Sehne, die gegen den Bogenstab zurückschnellt, dann Pfeiftöne, wie die Yanomami sie von sich geben, wenn sie einander rufen. Jene, die es gehört haben, rütteln die anderen und sagen leise:

»Wacht auf, feindliche Krieger sind uns gefolgt, sie lauern am Weg.«

Hastig zerren sie die Feuerstellen auseinander und blasen auf die Flammen, um sie zu löschen. In der Dunkelheit greifen sie nach ihren Waffen und dringen dann schweigend in den Wald ein. Um nicht in eine Falle zu geraten, bilden sie zwei Reihen, die mitten im Wald parallel vorrücken, zu beiden Seiten des Weges. So laufen sie einige hundert Meter, bis sie auf den Pfad stoßen. Sie stellen nun fest, daß er noch voller Spinnenfäden ist; mit Hilfe der brennenden Scheite, die sie mit sich tragen, suchen sie den Boden ab: es ist keine Spur zu sehen.

Die Jagd

Niemand ist vorbeigekommen; sie beruhigen sich wieder und kehren ins Lager zurück, indem sie nun den Weg benutzen. Wieder lodern die Flammen, sie wärmen sich auf und sagen:
»Es war ein Gespenst, das hier herumschlich.«
Vor den Gespenstern muß man sich immer in acht nehmen. Manche sind völlig harmlos, andere dagegen rauben den Menschen ihr »Lebenszentrum«, um sie zu töten, oder nähern sich ihnen heimlich, während sie laufen, drücken die Knie gegen ihr Kreuz und brechen sie entzwei. In der Nähe von Tayari, auf der anderen Seite des Orinoko, lebt ein Gespenst, das so blutrünstig ist, daß man die Stelle meidet, wo es wohnt.

Da der Tag nicht mehr fern ist, verdünnen die Jäger die Früchte der Oenocarpus-Palme mit Wasser und schlürfen diesen Fruchtsaft zusammen mit Maniok oder gerösteten Bananen. Diejenigen, die fischen wollen, bereiten keinen Tabakpriem zu, sie begnügen sich mit dem alten: mit einem frisch zubereiteten Priem kehrt man unweigerlich mit leeren Händen zurück, die Fische beißen nicht an. Wenn man jagt, wird von einigen Handlungen abgeraten. Die Tiere, die man verfolgt, bei ihrem Artnamen nennen oder mit dem Finger auf sie zeigen, heißt sie verscheuchen. Wenn man gerade defäkiert hat, findet man nur leere Tatulager; die Mutums fliegen davon und bleiben unauffindbar, wenn man furzt. Alles sieht so aus, als bestünde zwischen dem Rektum und dem Loch des Tatu eine Beziehung der Äquivalenz, und der Furz wird mit dem Flug des Vogels verglichen. Diese Beziehung, die die Indianer zwischen Jagd und Ausscheidung herstellen, findet man im Zusammenhang mit den Wildschweinen wieder; sie ähnelt derjenigen, die sie auf einer anderen Ebene zwischen Kopulation und Ernährung herstellen.

Bei Morgengrauen wird das Zeichen zum Aufbruch gegeben. Der Wald ist noch dunkel, die Spinnennetze behindern den Weg, und die nassen Zweige klatschen kalte Finger auf die fröstelnden Körper. Ebrëwë geht an der Spitze, einen Weg entlang, der kaum markiert ist, einen »Jagdweg«. Nachdem die Jäger eine geraume Weile marschiert sind, machen sie eine Pause; sie setzen sich, plaudern und teilen sich dann in drei verschiedene Gruppen, die jeweils eine andere Richtung nehmen werden; jede Gruppe besteht aus drei bis fünf Personen, die einen ganzen Tag lang zusammenbleiben. Bevor sie aufbrechen, »schließen« die Männer den Weg, den sie einschlagen, indem sie einige Zweige abbrechen und auf die Erde legen; damit hoffen sie, die Tiere

Krieg und Bündnis

innerhalb des Areals zu halten, das sie jetzt durchkämmen werden. Moriwë begleitet Ebrëwë und zwei andere Jäger. Bald stoßen sie auf die noch frischen Spuren eines Rudels Wildschweine. Unverzüglich setzen sie ihnen nach. Ebrëwë nimmt einen Klumpen braunen Farbstoffs, der in ein Blatt gewickelt ist, und reibt sich Schultern und Brust damit ein: um Schweine zu jagen, muß man schön sein und gut riechen. Die Hunde stören sie, es sind erbärmliche, undisziplinierte Kläffer, die in alle Richtungen rennen, zur Unzeit bellen und den Rufen ihrer Herren nicht gehorchen. Es steht zu befürchten, daß sie die Schweine während des Anpirschens in die Flucht schlagen. Doch nach kurzem Zögern findet man sich mit ihrer Anwesenheit ab.

Die Fährte ist je nach der Beschaffenheit und der Feuchtigkeit des Bodens mehr oder weniger deutlich. Der Spur von Wildschweinen zu folgen, ist ein Unterfangen, das große Aufmerksamkeit und viel Geschick erfordert. Bald laufen die Tiere in einer langen Reihe und hinterlassen eine wahre Furche in der Erde; bald teilen sie sich in mehrere Gruppen, und die Spuren sind weniger gut lesbar; bald zerstreuen sie sich auf der Suche nach Nahrung und wühlen den Boden auf; dann muß man die Stelle finden, wo sie sich wieder sammeln. Das Rudel kann geradeaus vorwärtsstürmen; andere Male schlägt es weitläufige Haken, kehrt fast an seinen Ausgangspunkt zurück, und die Spuren sind verwischt; oder es macht unumwunden kehrt. Die Jäger, die einer Fährte folgen, können sich verirren, kostbare Sekunden verlieren, um die Richtung »flußabwärts« wiederzufinden, und wenn sie sie wiederfinden, sind die Spuren so unscheinbar geworden, daß man den Boden Schritt für Schritt absuchen muß. Dann zerstreuen sich die Verfolger, um den Wirrwarr leichter lösen zu können, und sie halten mit Hopprufen untereinander Verbindung.

Die Wildschweinjagd ist stets mit Ungewißheit verbunden. Manchmal rennt das Rudel so schnell, daß es unmöglich ist, es einzuholen; andere Male trottet es gemächlich und scheint zu flanieren, die Tiere sind nicht scheu, sie sind zugänglich und lassen sich leicht töten; wieder andere Male greifen sie ihre Verfolger an, schlitzen den Hunden den Bauch auf, und es bleibt nichts anderes übrig, als Hals über Kopf Pfeile und Bogen wegzuwerfen und auf einem Baum Zuflucht zu suchen: und der muß auch dick genug sein, denn die rasenden Tiere zersplittern das Holz mit ihren Hauern.

Die Schweinerudel erscheinen und verschwinden in zyklischen Ab-

Die Jagd

ständen, sie stellen ein Element der Zeitlichkeit dar. Wenn ein Rudel angekündigt wird, sagen die Yanomami: »Die Wildschweine haben festgestellt, daß die Menschen groß geworden sind: sie vergewissern sich, daß die Kinder Jünglinge und die Jünglinge Erwachsene geworden sind.«

Von guten Wildschweinjägern sagt man: »Ihr Arm hat Wildschweinwert« (*bë boko no warebi*); solche Personen können die Schweine in großer Zahl töten, weil sie großzügig zu den Tieren sind und ihnen Ohrstäbchen schenken: die Freigebigkeit mit einem höchst kulturellen Gut, die die Jäger ihnen gegenüber zeigen, beantworten die Schweine damit, daß sie sich als Wild anbieten. Von einem schlechten Jäger dagegen heißt es, daß er den Schweinen gegenüber geizig ist.

Die Jagd auf diese Tiere verlangt von den Jägern ein Minimum an Zusammenarbeit. Ein Rudel greift man nicht allein an, das ist gegen die Moral. Wer frische Spuren bemerkt hat oder den Tieren begegnet ist, darf sich nicht bemerkbar machen; er eilt zur Wohnstatt zurück, um seine Gefährten zu benachrichtigen. Wenn er eintrifft, bedient er sich einer stehenden Formel, die er in einem ganz bestimmten Tonfall spricht: »Ich habe Krieger gesehen« oder »Ich habe Yanomami gesehen«. Sofort errät man, worum es geht. Würde er versehentlich sagen: »Ich habe Wildschweine gesehen«, dann wüßte man mit Sicherheit, daß das Rudel sich verflüchtigen wird; niemals nennt man das begehrte Ding beim Namen, denn damit vertreibt man es. Die Jäger folgen den Spuren, lokalisieren das Rudel, nähern sich ihm und greifen es an. Der beste Jäger stellt sich an die Spitze und schießt den ersten Pfeil ab, die anderen begeben sich in die Mitte der Gruppe, die die Tiere bilden, und beschießen sie, während sie zurücklaufen. Wenn die Tiere Reißaus nehmen, arbeitet wieder jeder für sich; doch immer eignet sich der Jäger die Schweine an, die er tötet.

Ebrëwë und seine Gefährten werden immer tiefer in den Wald gelockt. Manchmal haben sie das Gefühl, daß sie sich den Tieren nähern, deren Spuren beim Verlassen der Wasserläufe noch feucht sind; dann sprechen sie leise und vermeiden es, zu urinieren und zu furzen, damit die Schweine ihre Gegenwart nicht bemerken.

Während sie so wandern, findet einer von ihnen Honig; sie bleiben stehen und beratschlagen, was zu tun sei. Die Sonne neigt sich merklich, und sie sind entmutigt: die Spuren scheinen nicht mehr so frisch zu sein, wie es aussah, vielleicht haben sich die Männer verirrt und folgen

Die Jagd

einem falschen Weg. Manche meinen, daß man weiterziehen solle, doch in diesem Fall wird man im Wald schlafen müssen; sie haben jedoch keine Hängematten und vor allem nichts zu essen. Von leeren Bäuchen kann man nicht verlangen, daß sie fasten, und deshalb gewinnen diejenigen, die für die Rückkehr sind, mühelos die Oberhand: »Essen wir den Honig und kehren wir ins Lager zurück«, sagen sie.

Die *yoi*-Bienen summen; das Nest befindet sich in einem hohlen Baum. Man errichtet eine Plattform, erweitert die Öffnung, um die Waben herauszuholen. Wütend stürzen sich Hunderte von hellen Bienen auf Haupt- und Schamhaare und stechen wie wild. Schnell ist die Brut herausgerissen, und die von goldenem Honig überquellenden Waben werden auf einen Blätterhaufen gelegt; sofort greifen gierige Finger hinein, genüßlich schnalzen die Zungen. Moriwë hat Wasser aus einer Schlucht geholt, und der Honig wird in großen, an den Enden zusammengefalteten Blättern verdünnt, die als Behälter dienen. Dieses köstlich duftende Getränk stärkt die Lebensgeister nach der langen Verfolgung.

Es ist schon dunkel, als sie, erschöpft und hungrig, im Lager eintreffen. Man bringt ihnen geröstete Mehlbananen, Raupen und Cashewnüsse. Hebëwë schleicht um den Räucherrost; er findet nur ein paar Vögel dort. Dieser erste Tag war ihnen nicht günstig gewesen.

Am nächsten Tag brechen Hebëwë, Ebrëwë, Frërema und Kremoanawë nach dem kargen Morgenmahl gemeinsam auf. Sie gehen den Bach neben dem Lager hinunter. Kurz darauf töten sie einen Mutum. Mit einer lanzenförmigen Pfeilspitze als Messer schneidet Ebrëwë vom Kopf des Vogels einen Streifen Haut ab, der am Schnabel anfängt, den Schopf umfaßt, an den Augen entlangführt und am Halsansatz endet: getrocknet wird dieser Streifen dazu dienen, einen Oberarmschmuck herzustellen; er löst auch die Schwungfedern ab, mit denen die Pfeile befiedert werden, und steckt die Schwanzfedern in einer Linie gerade in den Boden; sie sollen Zeugnis ablegen von seinem Geschick als Jäger.

Währenddessen hat sich Hebëwë allein zu einem nahen Wasserloch begeben. Einen Augenblick bleibt er reglos am Ufer stehen und beobachtet die wimmelnden Fische. Auf die einen schießt er Pfeile, die anderen harpuniert er, dann steigt er, seinen Bogen zurücklassend, ins Wasser und schlägt mit der Machete zu. Er ist von der Schlächterei so in Anspruch genommen, daß er nicht merkt, daß er sich immer weiter

Wenn man ein Hokko-Huhn rupft, steckt man die Schwungfedern in die Erde, die zur Befiederung der Pfeile verwendet werden vom Ufer entfernt und in die Nähe eines Lochs voll elektrischer Fische gerät. Ein heftiger Schlag durchläuft das Metall der Machete, er schreit auf und läßt das Instrument los, aber seine Füße verfangen sich unter Wasser in einer Wurzel, er stolpert. Im Fallen sieht er sich von elektrischen Fischen umringt und hat Angst zu ertrinken; mit letzter Kraft rettet er sich ans Ufer, erschöpft, zitternd und schlotternd. Die anderen haben seine Schreie gehört, sie eilen herbei:

»Was ist los?«

»Ich bin von elektrischen Fischen angegriffen worden.«

»Wir glaubten schon, ein Jaguar würde dich fressen.«

Vom Ufer aus schießen sie ihre Pfeile auf die wogenden Fische, die ein wenig wie Aale aussehen. Hebëwë packt schweigend seine Fische ein, noch erschüttert von der Gefahr, in der er schwebte.

Der Bach, dem sie folgen, ist jetzt von umgestürzten Bäumen und dürren Ästen versperrt; um vorwärtszukommen, müssen sie sich einen Weg durch besonders dichtes Unterholz bahnen. Ebrëwë ist unruhig, er fragt:

»Ist hier in der Nähe nicht das *rahara*-Ungeheuer?«

»Nein«, antwortet Frêrema, »es ist sehr viel weiter flußaufwärts.«

Die *rahara,* riesige Wasserungeheuer, verschlingen diejenigen, die ihnen zu nahe kommen, und eilen herbei, um die Unvorsichtigen zu verschlingen, die ihren Namen in der Nähe des tiefen Lochs aussprechen, in dem sie hausen.

Frêrema irrt sich, der Ort, wo das Tier sich befinden soll, ist ganz in der Nähe. Sie setzen sich einen Augenblick hin, sprechen über die *rahara,* doch aus Vorsicht und weil sie sich am Ufer des Wassers befinden, sprechen sie den Namen des Ungeheuers nicht mehr aus; sie sagen »das Tier«. Frêrema erklärt:

»Ich werde den Weg flußabwärts fortsetzen.«

Die anderen folgen seinem Beispiel und laufen auf der Böschung. Sie kommen in die Nähe der *rahara;* Hebëwë, der mit seinem Vater schon einmal hier gewesen ist, bemerkt es als erster. Sie überqueren den Fluß auf einem riesigen Stamm, der sich über ihn spannt. Um sie herum erstreckt sich ein Tapirlager, von unzähligen Spuren und Fährten markiert, denen die großen Grasfresser folgen, um die Erde zu fressen. In Hebëwë wachsen Furcht und Vorahnungen in dem Maß, wie er die Stelle wiedererkennt. Er denkt: »Ja, hier haust das Ungeheuer.« Er will sprechen, um die anderen zu warnen, als Frêrema, der noch immer an

Die Jagd

der Spitze geht, plötzlich kehrtmacht. Mit Zeichen gibt er zu verstehen, daß sie sich hinhocken sollen, und unterrichtet sie leise von der Gefahr:
»Es ist da, dort lagert es. Geht nicht weiter, bleibt, wo ihr seid.«
Sie weichen zurück und setzen sich in respektvoller Entfernung nieder. Ebrëwë sagt:
»Es wird nicht angreifen, wir sind zu weit weg.«
»Gerade eben dachte ich, daß es hier ist«, sagt Hebëwë.
»Ich werde nachsehen«, verkündet Frērema neugierig.
Er kriecht auf allen vieren. In diesem Augenblick lassen sich zwei Mutum neben ihnen nieder. Ebrëwë sagt:
»Das sind die Glücksbringer des ›Tieres‹, es benutzt sie, um uns anzulocken. Die Mutum hocken immer über dem Wasserloch, in dem sich das Ungeheuer versteckt.«

Das sagen sie, aber sie können es nicht lassen, einen der Vögel zu töten; der andere fliegt davon, in die Flucht geschlagen. Frērema erklärt Hebëwë, während sie sich aus dem Staub machen:
»Wenn die *rahara* freundlich gestimmt sind, lassen sie eine Art Klappern hören; wenn nicht, dann haben sie böse Absichten, sie bleiben ruhig, um den Unvorsichtigen zu überraschen, der sich ihnen nähert. Die *rahara* haben immer vertraute Tiere bei sich, oft sind es Hoatzins.«

Frērema erblickt eine Giftschlange, unter einem Haufen Blätter zusammengeringelt. Ein gezielter Machetenhieb fährt auf den Kopf des Reptils nieder, das im Todeskampf seinen schuppigen Schwanz zucken läßt. Frērema stützt sich auf eine dicke Wurzel, um ihm die Giftzähne auszubrechen, dann umwickelt er den Kopf, damit das tropfende Blut ihn nicht beschmutze. Man wird die Schlange nicht räuchern; am Abend wird sie die Nahrung der Jäger bilden. Während einer langen Jagd werden nur die großen Schlangen geräuchert: die Boa und die Anaconda.

Weiter entfernt finden die Jäger den Urin, den eine Horde Brüllaffen hinterlassen hat, sie beschnuppern ihn, um sich zu vergewissern, daß er frisch ist. Sie suchen die Umgebung ab, lauschen auf die Geräusche des Waldes, klettern auf die Bäume, doch nichts erlaubt es, die Anwesenheit der Tiere auszumachen. Wahrscheinlich sind sie schon außer Reichweite; sie haben hier haltgemacht und sind dann mit unbekanntem Ziel von Ast zu Ast weitergesprungen.

Krieg und Bündnis

Von der Seltenheit des Wildes entmutigt, nehmen die Männer ihre endlose Wanderung wieder auf. Schon verspüren sie Müdigkeit und Hunger. Kremoanawë hat es vorgezogen, aufzugeben, er ist umgekehrt und ins Lager zurückgegangen.

Einen Augenblick lang schöpfen sie wieder Mut: die deutlichen und frischen Spuren eines Tapir tauchen vor ihnen auf; sie meinen, daß sie von heute morgen stammen, und hoffen, daß das Tier in der Nähe geblieben und in Erwartung der Nacht auf der Erde eingeschlafen ist. Schweigend folgen sie den Spuren und untersuchen den Boden Schritt für Schritt. Plötzlich hört man das Geräusch von knackenden Zweigen und zerreißenden Blättern: ein Hund hat das Tier aufgescheucht, in wilder Flucht rennt es davon. Nun laufen sie so schnell sie können im Dickicht; Dornen verletzen die nackten Füße, die Schlingpflanzen drohen, die Pfeile zu zerbrechen, sie stolpern über Wurzeln. Sie orientieren sich am Bellen des Hundes, schon füllt der starke und hartnäckige Geruch des schweißtriefenden Tapir den Weg. Als sie den Hund erreichen, steht dieser lauernd vor einem Baumstamm, in den sich ein Pekari geflüchtet hat. Bei der Verfolgung des Tapir hat der Hund das Pekari aufgestöbert und ist ihm gefolgt, seine erste Beute fahrenlassend. Die Jäger sind enttäuscht, sie beschimpfen den Hund, töten jedoch das Pekari.

Die andere Gruppe hat mehr Glück gehabt, sie ist mit einem Tapir zurückgekommen. Als alle wieder im Lager sind, schicken sie sich an, einen breiteren, stärkeren Räucherrost zu bauen, auf den die blutigen Fleischteile gestapelt werden. Die Heranwachsenden tragen auf ihren Schultern große Holzstücke heran, das Feuer wird geschürt; auf den Tapir legt man das Kleinwild: Vögel, Affen, Pakas, Koatis und Tatus. Trotz Müdigkeit und Hunger ist man zufrieden, ein festlicher Glanz rötet die Gesichter an diesem Abend. Unter den Wetterschirmen hat man grüne Bananen aufgehängt und die Federn der erlegten Papageien hineingesteckt, damit sie von den Knicken »heilen«; sie werden als Schmuck dienen. Sorgfältig wickelt man die Schwanzfedern der Aras ein, die im Lauf des Festes für den Vorstellungstanz gebraucht werden; schon denkt man daran, daß man dann schön sein muß.

Doch es ist an der Zeit, die Jagd zu beenden. Fünf Tage lang streifen die Jäger nun schon durch den Wald, und die Nahrungsvorräte sind fast aufgebraucht, kein einziger Maniokfladen ist mehr übrig, nur ein paar

Die Jagd

Mehlbananen. Um ihren Hunger zu stillen, haben sie Palmbäume geöffnet und das Mark herausgeholt; doch dieses Hungergericht bläht lediglich den Bauch auf, niemals verschafft es das angenehme Gefühl der Sättigung. Trotz des Nahrungsmangels wird man noch einen Tag warten müssen, bis die Tapirteile ordentlich geräuchert sind. Ein Jammer, sie hungrig vor diesem Berg Fleisch zu sehen, das sie aus Furcht vor der Schande nicht anrühren.

Am nächsten Morgen läßt man sich gehen, man bricht später als gewöhnlich auf, ohne Überzeugung, nur aus Pflichtbewußtsein: es gehört sich nicht, daß Jäger untätig im Lager herumhocken, auch wenn genügend Fleisch vorhanden ist. Vor dem Aufbruch schürt Ebrëwë das Feuer und sagt:

»Gespenst, Gespenst, du wirst hier bleiben und das Feuer anblasen.«

Diese Formel muß man sprechen, wenn man sich auf den Weg macht und den Räucherrost verläßt. Ein Satz voll grausamer Ironie für das Gespenst, das ständig im Wald umherirrt und vor Kälte zittert, weil es das Feuer nicht besitzt.

Als sie am späten Nachmittag ins Lager zurückkehren, entdecken sie in der Nähe ihrer Hütten einen Affen, der am Boden liegt, noch lebendig, aber unfähig, sich zu rühren. Zweifellos ist er krank und heruntergefallen, kraftlos, außerstande, seine luftigen Sprünge fortzusetzen. Junge Leute heben ihn auf und zeigen ihn den Älteren, die ihn untersuchen. Das Tier zeigt keine Spuren einer Wunde. Sie sagen, daß er *ōrihiyē* ist und daß das ein böses Omen ist: einige Yanomami sind gestorben, weil sie unvorsichtigerweise das Fleisch solcher Tiere gegessen hatten. Die *ōrihiyē*-Tiere sind in Wirklichkeit Kriegslisten, die Feinde anwenden, um die Leichtsinnigen in Versuchung zu führen; wenn Krieger auf Streifzug einem *ōrihiyē*-Tier begegnen, heißt das, daß Gefahr droht: es ist eines der unheilvollsten Vorzeichen, und sie kehren augenblicklich um. Die Jäger erinnern sich plötzlich, daß sie am Vormittag, als sie einen Agamischwarm verfolgten, fremde Stimmen zu hören glaubten und daß mehrmals der rauhe Schrei der *kōbari*-Vögel auf ihrem Weg ertönte – ein weiteres ungünstiges Zeichen. Vielleicht lauern ihnen Krieger oder Zauberer auf. Sie werden von Unruhe ergriffen, und zu ihrem Schutz umgeben sie das Lager mit einer Hecke aus Ästen und Zweigen. Einem unerschrockenen Mann, der trotzdem aufbricht, um Rebhühner zu jagen, ruft man zu:

Krieg und Bündnis

»Gib acht auf die Feinde, nimm nicht den Weg, geh durch das Gehölz!«
Einem Knaben, der sich dem Affen nähert, um ihn eingehender zu betrachten, befiehlt man:
»Geh weg, halte dich fern, das ist gefährlich!«
Doch der Wunsch der Jugendlichen, zu spielen und dabei Schmerz zuzufügen, ist stärker als die Gefahr, in der sie schweben. Kichernd umringen sie das arme Tier, fügen ihm zahllose Verletzungen zu, stoßen ihre Finger in die Wunden und spitze Stöcke in seine Augen. Und der Affe verendet, langsam; jede seiner Zuckungen feuert sie an und bringt sie zum Lachen.
Es ist Nacht geworden. In der Ferne grollt der Donner. Frẽrema bedeckt den Räucherrost mit breiten Blättern, die das trockene Fleisch schützen werden. Diese Vorsichtsmaßnahme ist nicht überflüssig; bald bricht das Gewitter los, und es fallen Zweige, von einem heftigen Wind abgerissen, auf die zerbrechlichen Unterkünfte.

Es ist noch nicht Tag, als das geräucherte Wild auf die Träger verteilt wird, in Blätter gewickelt und mit dicken Rindenstreifen befestigt; die umfangreichen und schweren Pakete werden mit Hilfe von Stirngurten transportiert. Die Verteilung der Fleischstücke und die Auswahl derer, die sie tragen, erfolgt nach strengen Regeln: Kaõmawë und Shimoreiwë sind die Organisatoren des Festes; in dieser Eigenschaft erhalten sie die größten Stücke, und ihre Söhne und Schwiegersöhne werden sie zum Haus tragen. Die anderen Jäger behalten nur die Tukane, die Papageien, die Arara und andere kleine Beute.
Trotz der Lasten erfolgt die Rückkehr in raschem Tempo: alle haben es eilig, nach Hause zu kommen. Bevor sie über den »Regenfluß« setzen, waschen sie sich und stecken Federn in ihre Ohrstäbchen. Der zentrale Platz wird schnellen Schritts überquert, wortlos und ohne irgend jemand einen Blick zu schenken. Als die Jäger zu ihrer Feuerstelle kommen, spannen sie ihre Hängematten auf und legen sich sofort hinein.
Währenddessen haben neugierige Gesichter die Menge des Wildbrets nach der Anzahl und dem Umfang der Pakete geschätzt. Ohne Zeit zu verlieren, feuchten die Frauen den Tabak in Kalebassen an, wälzen ihn in heißer Asche, formen den Priem, indem sie die gerollten Blätter zwischen ihre Handballen pressen, und bieten sie dem zurück-

Die Jagd

gekehrten Bruder, Sohn oder Gatten an. Bald sieht man sie die Pakete öffnen und jedes Stück Wild über ein Feuer hängen, wo es trocken bleiben wird, vor Fliegen geschützt. Jeder überschlägt für sich, ob der Tapir fett ist oder nicht, und beim Gedanken an dieses Fett läuft ihnen das Wasser im Mund zusammen.

Kaōmawë verteilt das Bananenkompott, sobald es fertig ist, und schickt seine Tochter los, die Portionen auszutragen. Schon ist das Halluzinogen zu feinem Pulver zerstoßen, und es bilden sich Gruppen, um es zu schnupfen; mehr als einer wird in Kürze die Nahrung, die er gerade zu sich genommen hat, wieder von sich geben.

Neben der Hängematte kauernd, in der Ebrëwë sich ausruht, unterrichtet ihn Kaōmawë über ein bedeutsames Ereignis:
»Während deiner Abwesenheit ist ein Besucher aus Batanawë eingetroffen. Es ist der Verwandte von ›Mutter meiner Tochter‹, der bärtige und weißhaarige Alte. Batanawë und Mahekoto haben gemeinsam einen Streifzug gegen Hasubɨwë unternommen. Die Krieger waren schon dicht bei der feindlichen Wohnstatt, als sie von einer Gruppe überrascht wurden, die aus dem Garten zurückkehrte. Einige Pfeile flogen hin und her, aber keiner traf sein Ziel. Da sie sich entdeckt sahen, wollten die Krieger aus Batanawë nach Hause zurückkehren, ohne irgend etwas unternommen zu haben: ein Angriff gegen Feinde, die von ihrer Gegenwart wußten, war zu riskant. Aber sie besannen sich anders und machten einen langen Umweg, um ihre Pfeile über das Dach fliegen zu lassen. Männer aus Hasubɨwë gingen unbemerkt hinaus, sie legten sich am Ufer des Orinoko auf die Lauer, an einer Stelle, an der die Angreifer vorbeikommen mußten. Pfeile schwirrten dicht an ihnen vorbei, in jedem Augenblick konnte einer von ihnen sterben, und ein Krieger aus Batanawë schrie: ›Lauft, so schnell ihr könnt, überholt sie, sonst werden wir getötet!‹ Ein Teil der Männer aus Batanawë konnte auf diese Weise die Reihen derer aus Hasubɨwë durchbrechen – einer von ihnen zerbrach im Vorbeirennen einen Pfeil, der auf ihn gerichtet war –, die anderen blieben an Ort und Stelle und gingen hinter den Bäumen in Deckung. Die Männer aus Hasubɨwë waren nun von ihren Feinden umzingelt und an den Fluß gedrängt. Man konnte ihre besorgten geschwärzten Gesichter sehen, sie fragten sich: ›Was sollen wir tun?‹ Die Pfeile begannen rings um sie niederzufallen, einer erhielt einen tiefen Streifschuß an der Schulter. Es blieb ihnen

Krieg und Bündnis

nichts anderes mehr übrig, als sich in den Orinoko zu stürzen, dessen Strömung sie fortriß. Unerschrocken sprang ein Mann aus Mahekoto ins Wasser und schwamm ihnen nach, da er meinte, er könne einen Gegner packen, aber die Flüchtigen stachen mit Pfeilen, und er mußte umkehren, rasend vor Wut über die Stichwunden, die er erhalten hatte. Die Leute aus Batanawë begannen nun, am Ufer entlang zu rennen, von dem sich die schlechten Schwimmer aus Hasubɨwë nur mit Mühe fernhalten konnten. Ein Krieger aus Mahekoto besaß ein Gewehr, ein Missionar hatte es ihm geschenkt; er feuerte und traf einen Schwimmer am Kopf; von fern sahen sie, wie das Blut über seine Stirn floß. Andere sprangen ins Wasser und zogen, von ihren Gefährten geschützt, den Verwundeten ans Ufer. Alle bildeten einen Kreis um den Mann, spickten ihn mit Pfeilspitzen und stachen ihm mit dem Ende eines Bogens die Augen aus; in seinen Mund zwängten sie Stöcke, die seine Wangen durchbohrten. Der Gegner wußte, daß er sterben würde, aber er war ein tapferer Mann, ein *waitʰeri*, er schlug um sich und versuchte, die Hiebe zu erwidern; dann durchlöcherten sie ihn mit Pfeilen und rammten ihm schließlich Bogenstäbe in die Kehle und in die Brust. Am Ende seiner Rede sagte der Besucher: ›Wir hatten unsere Streifzüge gegen sie praktisch eingestellt, aber jetzt werden wir den Krieg wiederaufnehmen. Wir werden sie weit von uns wegtreiben.‹«

»Die Leute aus Hasubɨwë sind keine Feiglinge, sie werden sich rächen«, sagte Ebrëwë, »schon in der Vergangenheit haben sie viele ihrer Feinde getötet.«

Die Nacht ist hereingebrochen. Ein junger Mann aus Tayari will eine Frau zu sich ziehen; es ist nicht die seine; da sie nicht nachgeben will, klammert sie sich an die Hängematten und schlägt wild um sich. Während sie kämpfen, kippen sie aus Versehen die Fleischbrühe um, die Hoashimokawë für das Abendessen bereithält. Dieser gerät in Wut; aus Rache unterrichtet er den Ehemann, der den Heranwachsenden anspringt und mit Holzscheiten grausam auf seinen Kopf einschlägt. Augenblicklich bilden sich zwei Gruppen, die eine will den Knaben verteidigen, die anderen weiter auf ihn einschlagen. Alle Welt schreit und fuchtelt um sie herum; kleine und große Knaben krakeelen laut, schwingen ihre Knüppel, auch wenn sie bei der Auseinandersetzung nicht Partei sind, einfach aus Trotz; einige haben Zuckerrohrstücke anstelle von Waffen. Hewëbë geht zu Moriwë, der eine Axt in der Hand hält, er lacht und fragt:

Die Jagd

»Was machst du denn damit?«

»Ich habe keinen Knüppel gefunden, da habe ich die Axt genommen, um nicht mit leeren Händen zu kommen.«

Unterdessen läuft Shimoreiwë herum und versucht, die Kämpfenden zu trennen. Unermüdlich wiederholt er:

»Geht auseinander, zerstreut euch!«

Keiner hört auf ihn. Wutschnaubend schreien Frauen dem jungen Mann zu, er solle die Schläge erwidern, aber er ist groggy, er hört nichts und taumelt; Blut überströmt sein Gesicht und seine Brust. Eine Frau eilt herbei und drückt ihm einen Knüppel in die Hände, er kann ihn kaum halten. Sie brüllt ihm ins Ohr:

»Räche dich, so räche dich doch! Gib die Schläge zurück, die du erhalten hast!«

Rabema und Mamikiyima stehen einander gegenüber, jeder schwingt eine lange Keule und ist bereit, zuzuschlagen. Es herrscht ein unbeschreibliches Durcheinander. Aufgebracht kreischt Hebëwë mit den anderen und sagt, was ihm gerade einfällt, nur um Lärm zu machen und sich tapfer zu zeigen, ein spöttisches Lächeln auf den Lippen. Kremoanawë amüsiert sich.

Als es ruhiger wird, legen sich einige wieder in ihre Hängematte. Bald kehrt auch der Verwundete an seine Feuerstelle zurück. Kremoanawë wischt ihm das immer noch rinnende Blut ab, schabt die Haut mit einem kleinen Zweig. Eine lange tiefe Wunde zerreißt die Kopfhaut, auf jeder Seite von einer kleineren eingerahmt; mit Hilfe eines Stöckchens zieht Kremoanawë die darin klebenden Haare heraus. Noch immer schreien Frauen, aber die Gefahr einer allgemeinen Auseinandersetzung ist gebannt.

Ein letztes Mal vollziehen die jungen Männer das *heri*-Jagdritual, ohne die üblichen Possen zu reißen. Während der Abwesenheit der Jäger hatten es die Frauen bei Einbruch der Dunkelheit allein ausgeführt.

VIII
Der Pakt

Während die Jagd stattfand, haben die Gäste die Strecke zurückgelegt, die sie von Karohi trennte. Die Frauen trugen das schwere Gepäck mit den Haushaltsgeräten und den grünen Plátano, kleine Kinder trotteten neben ihnen her oder saßen auf den Körben. Jetzt kampieren die Gäste im Wald, in der Nähe von Karohi, und warten darauf, daß die offizielle Einladung eintrifft, der *teshomomou*, um die Wohnstatt der Gastgeber zu betreten und an dem Fest und den Ritualen teilzunehmen.

Das provisorische Lager der Leute aus Hōkanakawë – so heißt ihr *shabono*, der hoch oben auf dem Berg desselben Namens steht – umfaßt etwa achtzig Personen. Die Wetterschirme mit der dreieckigen Grundfläche sind mitten im Wald errichtet worden, kreisförmig angeordnet; das Unterholz in der Mitte wurde abgeschlagen und nach draußen geworfen. Um das Lager zieht sich eine Hecke aus in den Boden gerammten und von Lianen zusammengehaltenen Ästen, als Schutz vor den Kriegern, den Zauberern, die ihre Giftstoffe »blasen«, und den Gespenstern, die die Seelen rauben. Um das Dach der Unterkünfte haltbarer und wasserdicht zu machen, hat man *miyōma*-Blätter verwendet statt der üblichen *ketiba*-Blätter, die zu schnell verwittern.

Die morgendliche Sonne schickt schräge Strahlen in den Wald, die die Hütten in blendendes Licht tauchen. Gut sichtbar auf der Querstange der Unterkünfte hat man rote Stoffbahnen ausgebreitet, die sowohl vom Reichtum der Gruppe wie von ihrer Großzügigkeit zeugen.

Der Ort wird von Sandmücken heimgesucht, die Indianer klatschen sich unentwegt auf die Hüfte und den Rücken, um sie zu verscheuchen; nur die Nacht setzt dieser ständigen Qual ein Ende.

Da der Vorrat an Bananen und Plátano zur Neige zu gehen droht, brechen an diesem Morgen einige Frauen nach Karohi auf, um dort welche zu erbitten; sie lassen sich von kleinen Mädchen und einigen Knaben begleiten. In der Wohnstatt der Gastgeber legen sie sich in die

Hängematten ihrer Verwandten, um zu plaudern. Man bietet ihnen reife Bananen an, und die Kinder spielen auf dem Platz in der Mitte. Nachdem man ungezwungen miteinander geredet hat, nehmen die Männer aus Karohi ihre Machete und begeben sich in den Garten, gefolgt von den mit Kiepen ausgerüsteten Besucherinnen. In den Pflanzungen schlägt man so viele Bananen wie nötig, die Frauen schneiden kleine Früchtepakete ab und verstauen sie sorgsam in ihren Körben. Bevor sie gehen, bitten sie noch um ein paar reife Bananen, die sie oben auf die Last legen. Mit schweren Schritten machen sie sich auf den Weg in den Wald; jede von ihnen trägt etwa dreißig Kilo; die Mädchen und die Knaben tragen ebenfalls einen Teil mit Hilfe eines Gurtes, der auf ihre Stirn drückt. Humoama hat ihre Regel; während sie wandert, läuft das Blut an ihren Schenkeln herunter und vermischt sich mit den Schweißspuren. Sie rasten an einem Bach in der Nähe des Lagers, um zu baden. Als sie die Umfriedung betreten, werden sie von den sarkastischen Bemerkungen der Heranwachsenden bestürmt, die sie fragen, wen sie gerade geliebt hätten, und von einem Schwarm gieriger Verwandter belagert, die sich um die reifen Bananen balgen.

Korb voller für die Gäste gekochter Bananen

Der Pakt

Humoama reicht ihrem Jungen eine Frucht; sofort taucht der ältere Bruder auf und nimmt sie ihm weg; der Kleine bricht in Tränen aus, bleibt mitten auf dem Weg stehen, brüllt und reibt sich die Augen, taub für die Stimmen, die ihn auffordern, sich zu entfernen. Der Ältere hockt sich lachend vor ihn hin, um ihn zu ärgern, und ißt geräuschvoll die Banane. Um ihren Sohn zu beruhigen, löst die Mutter eine andere Banane ab und streckt den Arm aus, um sie ihm zu geben, aber das Kind tut so, als sähe es sie nicht. Mindestens zehnmal wiederholt sie:

»Da, nimm diese Banane, sie ist für dich.«

Ihre Geduld ist bewundernswert. Schließlich reißt ihr der Kleine mit einer wütenden Geste die Frucht aus den Händen und beginnt sie zu schälen, ohne seine Mutter eines Blickes zu würdigen.

Unterdessen ist Shëyërewë jagen gegangen. Er wandert durch einen Wald voller Wasserlöcher, in die er hineinsteigt, um dem dichten Unterholz auszuweichen. Mehrfach wirft er erfolglos die um ein Stück Holz geschlungene kleine Leine aus, die er in seinem Köcher trägt: die Fische beißen nicht an. In einem Wasserloch, dessen Grund mit einer dicken Schicht fauler Blätter bedeckt ist, stößt sein Fuß an etwas Hartes, er stochert mit dem Ende seines Bogens und holt schließlich einen Kaiman heraus, der so reglos ist, als befände er sich im Winterschlaf. In diesem Moment wird sich Shëyërewë bewußt, daß er seine Machete vergessen hat; er klettert ans Ufer zurück und schneidet einen dicken Stock, mit dem er das Tier erschlägt. Um es zu zerteilen, bedient er sich eines Bambussplitters, den er unter die Bauchplatten schiebt; zuerst schneidet er die Bauchwand auf und weidet den Kaiman aus; ab und zu reißt er mit seinen Zähnen die Bambusfasern ab, die sich auf der Schneide bilden, damit sie wieder scharf wird; um die Gliedmaßen abzutrennen, zerbricht er das Gelenk mit seinem Stock und zerschneidet dann die Ligamente. Die Eingeweide werden gewaschen und gesondert eingewickelt, die anderen Teile – der Kopf, die vier Beine, der Rumpf, der Schwanz und die Bauchwand – zusammengebunden. Auf dem Heimweg findet Shëyërewë einen Baum, der Brasilnüsse trägt; er legt seine Last ab, klettert den Stamm hinauf und läßt die schweren dicken Schalen herunterfallen, die die Nüsse enthalten. Um sie zu öffnen, steckt er die Spitze seines Bogens in das dem Ansatzpunkt gegenüberliegenden Ende des Gehäuses, um die natürliche Öffnung, die sich an dieser Stelle befindet, zu vergrößern; dann stößt er

Krieg und Bündnis

gewaltsam einen spitzen Stock hinein, den er als Griff benutzt, und sprengt die lederne Hülle, indem er sie mit aller Kraft gegen eine Wurzel schlägt.

Als Shëyërewë im Lager eintrifft, verteilt er den Kaiman und die Brasilnüsse unter verschiedene Verwandte. Neben seinem Wetterschirm sieht er einen dicken Ast auf der Erde liegen. Seine Frau fragt ihn:

»Hat es nicht geregnet, wo du warst?«

»Ich habe den Donner gehört, es war windig, aber es hat nicht geregnet.«

»Hier ist der Blitz eingeschlagen. Plötzlich hatten wir das Gefühl, daß wir zu Boden geschleudert würden, unsere Körper wurden geschüttelt, unsere Beine haben gewankt. Dann haben wir ein furchtbares Krachen gehört, ein Ast ist abgebrochen, wir sind aus den Hütten gerannt, damit er uns nicht erschlägt.«

»Das sind die *shamat^hari*-Schamanen, sie haben die *hekura* auf uns gehetzt, damit sie den *bei kë mi amo* (die Seele) unserer Kinder sehen; später werden sie wiederkommen und ihn holen.«

Shëyërewë setzt sich. Er ist der einzige Mann in der Gegend, der Schamane geworden ist, ohne initiiert worden zu sein; eines Tages, als er auf der Jagd war, haben sich ihm im Wald die *hekura* offenbart. Seither kann er die pathogenen Dinge ausspucken, die die Kranken im Körper haben, zum Beispiel die magischen Pflanzen. Er ist ein vorzüglicher Jäger, ein Beweis für die Gunst, die er bei den *hekura* genießt.

Seine Frau kocht Plátano für ihn und hängt eine Portion Kaiman zum Kochen auf; Shëyërewë selbst wird dieses Fleisch jedoch nicht essen können: niemals verzehrt ein Jäger das Wild, das er mitbringt; wenn er es täte, würde er der strengen Regel zuwiderhandeln, die zum Tausch zwingt, er würde *sina* werden, ein schlechter Jäger, und nie mehr ein Tier erlegen.

Als er ausgeruht ist und gegessen hat, ruft er Barikiwë; er schreit:

»›Vater von Wëkërawë‹, komm und setz dich hierher!«

Der Alte nähert sich, bietet ihm ein paar Brasilnüsse an und spricht über den jungen Knaben, der in einer benachbarten Gemeinschaft von einer *Bothrops*-Schlange gebissen worden ist. Das Fleisch ist in Fäulnis übergegangen und die Knochen haben sich unter dem Knie abgelöst. Jetzt kann sich der junge Mann nur noch auf einem Bein fortbewegen.

Der Pakt

Sie sagen:

»Diese Schlangen fürchte ich mehr als alles andere, ich möchte nicht von einer gebissen werden.«

»Der Junge hätte sterben können, er hat nur noch ein Bein und stützt sich auf einen Bogen, um zu laufen. Aber er jagt noch immer das Wild, er ist ein guter Schütze. In den Tagen nach dem Biß brüllte er vor Schmerzen; nachts konnten seine Nachbarn nicht schlafen.«

»Ich habe Angst vor den Schlangen, Jaguaren und Zauberern; dagegen fürchte ich mich nicht vor den Kriegern: das ist nicht dasselbe.«

»In Karohi ist ›Vater von Hebëwë‹ früher einmal ins Bein gebissen worden, seitdem nimmt er nicht mehr an großen Jagden und Überfällen teil: er kann nicht schnell laufen.«

»Als ich klein war, ist eines Nachts ein Jaguar ins Haus eingedrungen. Er lief auf dem Platz herum und wandte uns seinen großen Kopf zu. Wir wagten nicht, auf ihn zu schießen, um keinen Verwandten zu treffen, wir haben ihn mit Glut beworfen, und er ist gemächlich davongetrottet.«

»Zur Zeit regnet es viel, ich bin den ganzen Tag im Wasser gewatet.«

»Bald wird sich ein neuer Mond ›setzen‹, und das Wetter kann sich ändern.«

»Weißt du, ob es in Karohi Tabak gibt?«

»Man sagt, daß sie welchen haben.«

»Ich werde sie darum bitten, ich habe eine ›leere Lippe‹. Meine Frau kann es nicht aushalten, eine ›leere Lippe‹ zu haben, sie ersetzt den Tabak durch grüne Baumwollstrauchblätter.«

Neben ihm spinnt seine Frau Baumwolle; er sagt zu ihr:

»Beeil dich, ›Zunge‹, mach ein großes Knäuel, ich werde die Leute aus Karohi um einen Hund bitten.«

Unterdessen sind Kiyēkō und einige andere Honig ernten gegangen. Kiyēkō leistet in Hōkanakawē seinen vorehelichen Dienst ab; deshalb hat man ihm diese unangenehme und mühsame Arbeit aufgebürdet. Es handelt sich um Bienen der *ōi*-Art, ihr Nest hängt hoch an einem großen Baum; um den Stamm zu fällen, errichtet Kiyēkō etwa drei Meter über dem Boden ein Gerüst. Während er das Holz mit der Axt einkerbt, vergnügen sich die Kinder und werfen hin und wieder einen zerstreuten Blick auf das Feuer, das sie mit trockenen Zweigen unterhalten. Ein etwa zwölfjähriger Knabe trocknet tote Blätter über der Flamme, damit sie angezündet werden können. Kiyēkō arbeitet lange, sein Körper ist schweißüberströmt, mehrfach bittet er, man möge ihm Wasser bringen. Endlich kracht der Baum, vorsichtig weicht Kiyēkō an den Rand des Gerüstes zurück; bald neigt sich der Stamm merklich; Kiyēkō steigt von seinem Hochsitz herunter, da er schätzt, daß der Baum von selbst fallen wird. Der Stamm neigt sich immer stärker, langsam. Und mit einem Mal ertönt ein furchtbarer Lärm; jählings birst das Holz, und der Baum kracht auf den Boden, der unter der Wucht des Aufpralls erbebt. Kiyēkō zündet die Blätter an und stürzt auf das Nest zu, gefolgt von einer Horde begeisterter Kinder. Unzählige Bienen werden verbrannt, aber überall quellen weitere hervor, sie kleben auf der Haut, greifen sie mit ihren Kiefern an, verfangen sich in den Haupt- und Körperhaaren, aus denen man sie herausreißen muß; Hunderte von Insekten kneifen die Haut. Nur die Tapfersten erreichen das Nest, sie zerbrechen es hastig und schaffen es rennend beiseite. Sie haben sich entfernt; die Zahl der Bienen nimmt ab, was es den Männern erlaubt, den Honig zu ernten und in Blätter zu verstauen; ab und zu unterbrechen sie die Arbeit, um sich die Finger zu lecken.

Kiyēkōs Frau ist nicht älter als sechs Jahre, sie lebt bei ihren Eltern. Als Kiyēkō aus dem Wald zurückgekommen ist, schicken die Schwiegereltern die Kleine mit einem Paket gerösteter Plátano zu ihm. Man sieht, wie sie zögernd durch das Lager geht, sich zwischen den Unterkünften verirrt, furchtsam die Erwachsenen ansieht, die ihr den Weg zeigen, und ihrem starken Gatten, der lässig in seiner Hängematte liegt, das Paket überreicht und wortlos wieder umkehrt.

Währenddessen trifft man in Karohi die nötigen Vorbereitungen. Männer befiedern ihre Pfeile, reparieren einen Bogen oder rollen eine Sehne auf ihrem Schenkel; Frauen verdrillen den oberen Rand der Körbe, spinnen noch ein wenig Baumwolle oder stellen Farbstoff her: alle diese Dinge sind für den Tausch bestimmt, sie müssen rechtzeitig fertig sein.

Auf inständiges Bitten der Alten hat man den Platz in der Mitte von Unkraut befreit und vor den Feuerstellen gekehrt. Hier und dort hat man mit bunten Federbüscheln bekränzte Stangen in den Boden gesteckt. Vor Kaōmawës und Shimoreiwës Feuerstelle hat man einen Trog aus Rinde gestellt, dessen Ränder mit Stangen abgestützt sind; in

Der Pakt

ihn wird man das für die Gäste bestimmte Bananenkompott gießen.

Am Vortag sind einige Männer in die Gärten der »alten Frauen« gegangen, zu dem früheren Wohnort weiter unten am Regenfluß; sie sind schwer beladen mit den roten Früchten der *rasha*-Palme zurückgekehrt. Dann haben sich auf Mabromas Initiative die Frauen versammelt, um die Früchte abzulösen, und sodann begonnen, die grünen Plátano zu schälen, indem sie mit ihren Zähnen kräftig hineinbissen. Die ganze Nacht über haben junge Männer, einander ablösend, das Fleisch und die Pflanzenprodukte auf großen Feuern gekocht, die abseits angezündet wurden; sie haben weitmaschig geflochtene Körbe mit gekochten Plátano gefüllt, indem sie sie mit spitzen Stäbchen aus dem Topf holten, um sich die Finger nicht zu verbrennen.

Schon seit geraumer Zeit bereiten Kaõmawë und Shimoreiwë das Bananenkompott zu: sie schälen die Früchte, teilen sie in zwei Hälften und legen sie ins Wasser; nachdem die Früchte lange gekocht haben, binden sie den Topf los, verrühren den Inhalt mit einem vielfach gegabelten Ast und verdünnen das Mus hin und wieder mit kaltem Wasser. Wenn das Kompott fertig ist, wird es in die Rindentröge gegossen. Man sieht Kaõmawë, wie er seine klebrigen Hände reinigt, indem er sie an den Stützpfosten abwischt und dann über seine Haare streicht.

Männer, die riesige Holzstücke auf den Schultern tragen, überqueren den Platz in der Mitte, andere entfernen alte Strünke oder sind damit beschäftigt, Baumstämme zu spalten.

Auch beim Arbeiten tratscht und stichelt Hebëwë unermüdlich weiter; diesmal nimmt er sich Hewakema zur Zielscheibe; in der Nacht ist das Kind von einer Fledermaus gebissen worden, ohne es zu merken, beim Erwachen hat man eine Spur getrockneten Bluts auf seiner Schläfe entdeckt. Sobald es dunkel wird, flattern die in dieser Jahreszeit besonders zahlreichen Handflügler unaufhörlich unter dem Dach herum; sie streifen die Dinge und die Menschen mit ihrem hastigen Flügelschlag, klammern sich an die aufgehängten Bananen, um sich daran zu stärken; mitunter setzen sie sich auf den Fuß oder die Schläfe eines Schlafenden, um sein Blut zu saugen, und der oft schmerzlose Biß weckt ihn nicht auf.

Kaõmawë überwacht das Kochen der reifen Plátano, während er seiner Frau einen Traum erzählt. Zum Schluß fügt er hinzu:
»Zur Zeit träume ich nächtelang. Ich höre nicht auf zu träumen und

Krieg und Bündnis

weiß nicht warum.«

»Ich werde dir eine Tarantel zu essen geben; wenn man aufhören will zu träumen, muß man eine Tarantel essen«, antwortet Mabroma.

Sie ruft Hebëwë und befiehlt ihm, sich hinzusetzen, damit sie ihn entlausen kann; sie zerbeißt die Parasiten mit den Zähnen, um sich für den Ärger zu rächen, den sie verursachen, und zieht die Haare straff, um die Nissen zu entfernen. Plötzlich lacht sie, sucht eine Laus, die sie fallen gelassen hat und die unauffindbar bleibt. Sie gibt auf und sagt:

»Sie wird in den Staub krabbeln und bald ein Skorpion sein.«

Man glaubt, daß Läuse, die auf die Erde fallen, sich in Skorpione verwandeln.

In der Nähe zieht Remaema Bananen vom Feuer, die sie darauf geröstet hat, und schabt sie mit einem Stock ab, weil sie ein wenig angebrannt sind: Angebranntes ist den Indianern wegen des bitteren Geschmacks zuwider.

In der Gruppe der Gastgeber sowie im Lager der Besucher ist man aufgebrochen, um die frischen, hellgrünen Zweige der Oenocarpus-Palme zu holen; sie werden entlang der Mittelrippe halbiert, und die Blätter werden eingerissen. Diese *hoko siki* genannten Palmwedel sind unentbehrlich für den Tanz, mit dem jedes Fest beginnt, sie bilden auch den Schmuck der *hekura*.

Endlich ist alles bereit in Karohi, und man beratschlagt, wer den Gästen den *teshomomou*, die rituelle Einladung, überbringen soll. Ubrawë und Wakamoshiwë lassen sich überreden, schnell machen sie sich fertig, bemalen ihre Haut mit Urucu, stecken Arafedern in ihre Armbinden, hängen Tukanbälge an ihre Gürtelschnur; der eine borgt sich eine Perlenkette aus, der andere eine Machete, die er im Sand blankreibt. So geschmückt, machen sie sich auf den Weg und treffen im Lager von Hōkanakawë ein, wo sie mit Pfeifen und Gejohle empfangen werden. Dann sagen sie hastig ein paar abgehackte, skandierte Sätze auf, die ein Alter erwidert. Man wartet nicht, bis sie geendet haben, um sich vorzubereiten und die Hängematten in die Kiepen zu stopfen – die folgenden Nächte wird man unter dem Runddach verbringen, wo das Fest stattfinden wird. Im Nu ist ein Haarschnitt oder eine Tonsur vervollkommnet, man vergewissert sich, daß nichts vergessen wurde, was als Schmuck dienen könnte.

Endlich setzen sich alle in Bewegung, eine lange Reihe bildend, die

Krieg und Bündnis

sich auf dem schmalen Pfad unter den Bäumen entlangzieht, und machen erst an dem Bach in der Nähe von Karohi halt. Von dort entsenden sie zwei kräftige Burschen, die sich, bemalt und geschmückt wie ihre Vettern aus Karohi, auf den Platz in der Mitte stellen und die Einladung beantworten. Als sie die übliche Erklärung abgegeben haben, erhalten sie eine Kalebasse mit Bananenbrei, den sie in großen Zügen schlucken, sowie zwei Körbe voll gekochter Plátano und Fleisch, die sie auf gekrümmten Rücken zum Bach schleppen.

Mittlerweile haben die Leute aus Hôkanakawë mit ihrer Toilette und dem Anlegen des Schmucks begonnen. Schon sind die Körper mit vielfältigen Motiven verziert, die Armbinden angelegt, die Vogelbälge und die Federn in die Ohrstäbchen gesteckt, Affenschwänze bekränzen die Stirn der Männer, auf die emsig weißer Flaum geklebt wird. Einige glätten sorgfältig eine Tierhaut, andere tragen paarweise den Farbstoff auf. Ein Heranwachsender trägt ein herrliches Armband aus neuer Baumwolle zur Schau, an dem er seit Tagen gearbeitet hat; neben ihm hockend malt seine Mutter Kreise auf seine Haut. Jeder überprüft den guten Zustand und das schöne Aussehen der Palmwedel, die für den Tanz benötigt werden. Es geht nicht nur darum, schön zu sein, man muß auch, falls man kann, in seiner Aufmachung komisch wirken; ein junger Mann hat sich aus einem Palmblatt einen Rock geschnitten, ein anderer heftet die getrockneten Füße eines Reihers an seinen Rücken, ein dritter hängt sich eine Sammlung von Tukanschnäbeln um; ein etwa zwölfjähriger Knabe hat sich aus dem Schenkelknochen eines Vogels eine dreilöchrige Flöte gefertigt, ein anderer besitzt eine Panflöte; zwei oder drei junge Männer haben ihre Körper völlig geschwärzt und diesen Untergrund mit weißer Tonerde betupft.

Zwei alte Männer binden die von Karohi spendierten Körbe los. Blätter werden auf die Erde gelegt, auf denen man die Nahrung ausbreitet. Das Fleisch wird aufgeteilt, und jedes Familienoberhaupt, jeder Heranwachsende erhält eine Portion zusammen mit Plátano. Die Väter verteilen, was sie erhalten, unter die Frauen und Kinder, was nicht immer einfach ist, da die jungen Mädchen und Knaben zwischen zwölf und achtzehn Jahren viele Tiere nicht essen dürfen. So ist ihnen das Fleisch des Paca, des Pekari, des Aguti, des Hirschtiers, des Coati, des Brüllaffen, des Satansaffen, des Capivara verboten, und man muß anderes für sie auftreiben.

Die Gründe für diese Beschränkungen im Verzehr von Wild, die für

Zu Beginn des Festes vollführt ein Gast den Vorstellungstanz auf dem Platz des Rundhauses

die jungen Leute gelten, sind unklar: keinerlei logische Verbindung scheint die diversen ausgeschiedenen Tiere miteinander zu verknüpfen; mehr noch, die verbotenen Tiere wechseln von Region zu Region. Man behauptet, daß sich die Haut derer, die dem Verbot zuwiderhandeln, mit Geschwüren bedeckt und daß sie den Tod riskieren. Vielleicht meint man, diese Fleischsorten seien in der kritischen Periode vor und nach der Pubertät für den Organismus zu stark; doch wenn man sich

Gruppen von Tänzern schwenken die Palmwedel

allein das greifbare Resultat des Verbots vor Augen hält, dann sieht alles danach aus, als ob die ältere Fraktion der Bevölkerung – diejenige, die Autorität besitzt – das Vorrecht besäße, den Verzehr des Wildes durch die jüngere und aktivere Fraktion – diejenige, die sich am eifrigsten, wenn nicht am sachkundigsten der Jagd widmet – zu kontrollieren und zu ihrem Vorteil zu wenden.

Man ißt ohne Hast, vervollkommnet sein Kostüm, und als alle fertig

Männergruppe

sind, setzt sich die Gruppe in Bewegung, um genau hinter dem Runddach von Karohi in der Nähe einer Öffnung stehenzubleiben: der Augenblick des Vorstellungstanzes ist gekommen.

Sobald die Anwesenheit der Gäste bekannt wird, ertönt ein ohrenbetäubendes Pfeif- und Schreikonzert unter dem Dach zu ihrer Begrüßung. Es beginnt der *braiai*-Ritus, ein Vorstellungstanz, den die Besucher rings um den zentralen Platz vollführen. Fünf oder sechs

Ein Knabe pfeift und tanzt

Personen kommen durch den Eingang der Behausung, drei von ihnen schwärmen in der einen Richtung, die anderen in der entgegengesetzten Richtung um den Platz herum; sie tragen die Palmwedel in der ausgestreckten Hand oder an den Körper gepreßt, schwingen mit Flaum geschmückte Pfeile, eine Machete oder eine Axt; die Palmwedel wogen mit all ihren dünnen Streifen, leise raschelnd. Ab und zu bleiben die Tänzer vor einer Feuerstelle stehen, legen ab, was sie in Händen

Kindergruppe

halten, tanzen auf der Stelle und murmeln einen unverständlichen Gesang, das Ganze mit möglichst ausdruckslosem Blick; dann entfernen sie sich wieder. Der ungewöhnliche Aufzug mancher Personen ruft bisweilen Schreie der Bewunderung hervor, unterbrochen von Bemerkungen, in denen eine leise Ironie mitschwingt. Es gibt einige, die, in Verkennung ihrer Kräfte, Mühe haben, den Platz ganz zu umrunden, und am Ende der Prüfung völlig außer Atem sind. Kleine Kinder,

Der Pakt

verängstigt und ungeschickt, stolpern oder machen falsche Bewegungen, und man lacht; eines von ihnen irrt sich im Ausgang, man muß es auf die richtige Bahn bringen. Wenn die Tänzer den Platz ganz umrundet haben, verschwinden sie und werden sofort von anderen abgelöst.

Auch Frauen nehmen an dem Ritual teil, ihr schwerfälliger, fast unbeholfener Gang unterscheidet sich von dem der Männer; die meisten von ihnen, besonders die älteren, ziehen es vor, unauffällig unter das Dach zu schlüpfen und sich geradewegs an der Feuerstelle eines Verwandten niederzulassen.

Nachdem sich die Männer auf diese Weise vorgestellt haben, warten sie einen Augenblick draußen, treten dann erneut, diesmal gemeinsam, in das Innere des *shabono* ein und laufen noch einmal um den Platz herum. Ihre bunte Reihe zieht sich in die Länge, in einer eindrucksvollen Harmonie von Gesten, Formen, Farben und vermischten Gerüchen: Gerüchen von Farbstoffen, frischen Palmzweigen, schwitzenden Körpern und Rauch. Als sie fertig sind, rücken sie zur Mitte des Platzes vor und bleiben dort stehen; die einen legen die Palmwedel auf die Erde und kreuzen die Arme vor der Brust, andere heben die Axt oder die Machete in die Höhe, wieder andere kreuzen Bogen und Pfeile; alle blicken in herausfordernder Haltung auf die Spitze des Daches und warten reglos, daß sie die förmliche Einladung erhalten, sich an die Feuerstelle zu begeben, die man ihnen zuweist, eben jene, zu der sich vor ihnen eine Gattin oder eine Mutter begeben hat. Die Farbe, die sie auf dem Gesicht tragen, der Affenschwanz und der weiße Flaum bilden gleichsam eine Maske, so daß man sie nicht auf Anhieb erkennt. Die Gastgeber treten näher, sie tragen Keulen aus Palmholz, die sie über ihrem Kopf schwingen, als wollten sie ihre Gäste schlagen. Sie sehen ihnen scharf ins Gesicht; einer ruft: »Da ist mein Schwager! Komm doch hierher!« Und der Angesprochene folgt ihm, seine Hängematte tragend, in die er sich schweigend legt.

Nacheinander werden die Gäste an eine Feuerstelle gebeten, und der Platz in der Mitte ist jetzt verlassen. Ein Tabakpriem und eine Kalebasse randvoll mit Kompott werden den Ankömmlingen gereicht: diese Gabe an Nahrung und Tabak ist die Einleitung jedes verbalen Austauschs. Währenddessen haben sich die Heranwachsenden und die Kinder den Breitrögen genähert, sie hocken sich rings um sie nieder, Schulter an Schulter: ihre flockigen Köpfe wogen in sanften Wellen; sie

Die ältesten Besucher erhalten das
Bananenkompott in einer Kalebasse

Die Besucher versammeln sich um einen Rindenbehälter und essen das Bananenkompott

rülpsen laut vor Befriedigung, um kundzutun, daß sie satt sind.

Nach einer Weile, als alle Gäste Tabak erhalten und sich mit Bananenbrei und Palmfrüchten gesättigt haben, stellt sich Shimoreiwë auf den Platz in der Mitte und richtet das Wort an sie. Er sagt:

»Ihr seid Besucher, nicht wahr? Ich habe unseren Frauen eingeschärft, sich nicht in Versuchung führen zu lassen, falls ihr ihren Schamhügel begehren solltet. Wir sind Erwachsene, wir bezähmen

unsere Begierden. Weshalb solltet ihr die Frauen am Arm wegziehen? Entführt sie nicht! Eure Frauen haben bemalte Augenlider, sie sind für das Fest geschmückt; sie alle haben bemalte Augenlider. Ihr liegt ruhig in euren Hängematten, nicht wahr? Geht also nicht zu den Frauen, sonst werde ihr fortgehen müssen. Schwäger, glaubt nicht, daß man euch angreifen wird. Sagt das nicht! Sagt das nicht! Wir sind wirkliche Freunde. Ich bin euer Freund. Warum sollten wir Feinde werden?

Krieg und Bündnis

Werden wir uns wegen Frauen bekämpfen? Nein! Ihr werdet so viel Nahrung erhalten, wie ihr braucht, obwohl einige der Unseren im Zorn ihre Pflanzungen beschädigt haben. Kommt her! Schwäger, bleibt hier! Wir sind Freunde. Es spricht hier ein einflußreicher Mann, es soll nichts Schlechtes von mir gesagt werden, Schwäger! Glaubt nicht, daß wir auf diesem Weg, der vom Haus wegführt, eure Frauen fortschleppen werden, glaubt nicht, daß man euch angreifen wird; möge diese Furcht euch nicht in Scharen davonstürmen lassen. Wir werden unsere Nahrung teilen, fürchtet nichts für eure Frauen. Frauen, habt keine Angst! Man wird euch nicht mit Gewalt nehmen! Hier ist meine kranke Schwester. Aus Hōkanakawë sind auch ein Mann und eine Frau angekommen, sie haben sich gesagt: ›Wir werden Liebe machen.‹ Sie haben sich getäuscht. Nein, nein, nein, wir werden nicht kopulieren! Ihr aus Karohi, meine Söhne, eure Frauen sind geizig, weil sie ihren Gästen keinen Tabak anbieten. Wir werden Tabakprieme haben. Glauben sie, daß es mir daran fehlt? Daß ich bei den Feuerstellen herumlaufe und darum bettele? Haben sie das gedacht? Ich bin nicht bei den Feuerstellen herumgelaufen! Ich bin großzügig! Ich werde einen ganzen Korb voll Tabak anbieten. Ich habe die Frauen gebeten, daß sie ihn zubereiten. Legt euren Priem unter eure Lippen!«

Er redet, aber man hört ihm kaum zu: jeder hält seine eigene Rede und geht seinen Beschäftigungen nach. Neben der Stelle, wo Turaewë wohnt, versammelt man sich, um die Droge zu schnupfen. Shokoriwë, ein Schamane aus Hōkanakawë, beginnt die Geister anzurufen: die besondere Art – für »die von flußaufwärts« –, wie er tanzt und die *hekura* beschwört, sowie sein Dialekt reizen zum Lachen. Er spricht den Namen von Wesen aus, die in Karohi unbekannt sind, die Heranwachsenden stoßen sich mit dem Ellbogen an, lachen heimlich, machen unfreundliche Bemerkungen über die Länge seines Hodensacks: bei den flußabwärts lebenden Yanomami hängt er herab, sie sind weniger stark behaart als die Leute von hier. Als Shokoriwë seine Vorführung beendet hat, wird er von Turaewë abgelöst. Sein Gesang ist ernst wie immer, sein Schritt langsam und geschmeidig. Zunächst läßt er die vertrauten *hekura* in sich herabsteigen, dann ruft er bald singend, bald sprechend eine mythische Erzählung in Erinnerung:

»Die Seelen irren im Wald umher, bis zu dem Augenblick, da die Rebhühner auffliegen, dann folgen ihnen die Seelen in den Himmel: dort versammeln sie sich.

Frauen begeben sich unauffällig zu der Feuerstelle,
die man ihnen zuweist

Krieg und Bündnis

Eines Tages kamen die Seelen an den Ort zurück, wo sie einst gelebt hatten. Die Bewohner waren dezimiert worden, und es stand nur noch ein Teil des Rundhauses: der Kreis war nicht geschlossen, breite Räume waren leer. Die Seelen traten ein, viele an der Zahl, man erkannte ihre Gesichter. In der Wohnstatt hatte man soeben ein junges Mädchen verbrannt, das tags zuvor gestorben war; vom Schmerz erdrückt, bewahrte die Mutter neben sich die Asche in einer Kürbisflasche auf.

Als sie die Seelen in so großer Zahl kommen sahen, sagten sie: ›Wir müssen das Haus wiederaufbauen, damit alle darin wohnen können; machen wir es so groß wie möglich.‹

Die Seelen holten lange Stangen, andere reinigten den Boden. Die Seele des Mädchens, das verbrannt worden war, stellte sich mit den anderen ein; sie hatte blutrote Blüten in ihre Ohrläppchen gesteckt. Wie schön war sie geschmückt! Sie sah genauso aus, wie sie als Lebende ausgesehen hatte. Sie setzte sich neben ihre Mutter in dieselbe Hängematte. Sie hatte den Ort des Scheiterhaufens entdeckt und untersuchte alles:

›Mutter, warum ist die Erde verbrannt und gebacken, dort vor unserem Feuer?‹

›Dein Bruder hat das Gras verbrannt.‹

›Mutter, warum sind deine Wangen geschwärzt?‹

›Dein Bruder hat sie mit Kohle eingerieben.‹

›Was befindet sich in dieser Kürbisflasche?‹

›Die Asche einer Rinde, die ich als Gewürz aufbewahre.‹

Der Sohn der Toten hatte wieder angefangen, an der Brust seiner Mutter zu saugen; ihr Vater, der an einer anderen Feuerstelle allein war, freute sich über die unverhoffte Wiederkehr. Überall war man geschäftig, man stellte die Stützpfosten auf. Man rief einander zu, die Mütter riefen die Söhne, und die Söhne antworteten den Müttern. Es herrschte ein reges Treiben. Nach und nach schloß sich der Kreis des Hauses: es war ein wirklicher *shabono* mit einem makellosen Platz in der Mitte. Sie hatten die Bäume aus dem Wald geholt, die für den Bau benötigt wurden; alle waren nun zurückgekommen.

Die Mutter freute sich über die Rückkehr. Neben ihr saß ein Papageienpärchen auf einer Stange. Wahrhaftig, das Mädchen war von großer Schönheit. Soeben hatte sie gefragt, wessen Asche sie sah. Oh, dieses kannibalische Feuer, dieses Feuer, das sie verzehrt hatte! Ihre

Der Pakt

Nase und ihre Augen waren glühend geworden, und doch waren ihre Züge dieselben geblieben. Die Männer arbeiteten. Das Mädchen saß neben seiner Mutter, als plötzlich die Rebhühner aufflogen. Die schwatzhaften Papageien hatten gerade die Frage der Seele beantwortet: ›Es ist deine eigene Asche.‹ Genau in diesem Augenblick verschwanden die Seelen. Die Mutter wollte ihre Tochter zurückhalten, aber sie behielt nur ein Häufchen Holzkohle in der Hand.

Die Rebhühner werden von den Seelen begleitet. Dort befinden sie sich, in der himmlischen Welt; die Seelen hören die Rebhühner schnattern und fragen sich: ›Meine Kinder, meine Kinder, warum sind sie unsichtbar? Warum ist es nicht möglich, ihnen zu begegnen? Wir hören sie, wir wissen, daß sie um uns sind, sie schnattern in unserer Nähe.‹ Aber die Rebhühner sind unsichtbar für die Seelen. Diese Vögel bleiben in ihrer Nähe, in voller Größe, aber der Blick der Seelen heftet sich nicht auf sie, sie blicken anderswo hin.«

Während sie sich damit vergnügen, die Abenteuer der Vorfahren zu erzählen, die zu Beginn der Zeit lebten, ist es Nacht geworden. Ein paar Kinder spielen noch mit der aufgeblähten Harnblase eines Ameisenbären. Mabroma, die Wasser braucht, wendet sich an Hebëwë:

»Liebster, geh Wasser aus dem Fluß schöpfen.«

»Ich bin schon damit beschäftigt, mir die Zähne zu säubern.«

Das sagt man, wenn man der Bitte um eine Gefälligkeit ausweichen will.

Wishamis Baby ist krank. Man sagt, es habe sein »Bild« (*noreshi*) verloren, das von einer kleinen Eidechse verkörpert wird. Die Frauen rennen hinter dem Haus und um den Platz in der Mitte herum, wobei sie spitze Schreie ausstoßen und Zweige schwenken. Sie hoffen, daß dadurch das verirrte »Bild« in den Körper des Kindes zurückkehrt und daß es wieder gesund wird. Die »Bilder« der kleinen Kinder werden von einer winzigen blauschwänzigen Eidechse dargestellt; sie sind unbeständig, daher neigen sie dazu, verlorenzugehen, man muß sie dann suchen. Wenn die Kinder größer werden, verkörpern sich ihre »Bilder« in anderen Tieren; diese »Bilder« werden vererbt: die Knaben nehmen das Bild ihres Vaters an, die Mädchen normalerweise das ihrer Mutter, aber dieser Punkt ist zweifelhaft, denn einige sind der Meinung, daß eine Frau das Tier der Gruppe annimmt, in der sie nach ihrer Heirat wohnt. Wie dem auch sei, alle männlichen Nachkommen desselben Vorfahren haben dasselbe Tier-Bild, das, wenn man so will, das

Krieg und Bündnis

Emblem der Gruppe ist, die sie bilden. In Karohi sind zwei Emblemtiere vertreten: der Spinnenaffe ist das Emblem von Kaõmawë und seinen Brüdern, der Jaguar das der anderen. Alle Frauen aus Karohi sind Ottern. In Hõkanakawë sind die Männer Jaguar, Spinnenaffe oder Harpyie, die Frauen Otter oder Schlange.

Bei den zentralen Yanomami bildet eine ganze Klasse von Tieren die den Männern zufallenden Embleme: Kapuzineraffe, Spinnenaffe, Harpyienadler, Jaguar, Tukan und Ara. Eine andere, von der ersten getrennte Klasse schließt die den Frauen vorbehaltenen Tiere ein: Otter, Schlange, Kröte, Tapir.

Es besteht eine unmittelbare Beziehung zwischen einer Person und ihrem Emblemtier, eine Art organische Solidarität in jedem Augenblick; wenn jemand krank ist oder stirbt, dann wird auch sein Gegenstück augenblicklich krank oder stirbt. Die Tiere leben in großer Entfernung von den Menschen, deren Bild sie sind, so daß die Verbindung der beiden ausgeschlossen ist; daraus folgt, daß ein Mann, der in der tierischen Welt den Spinnenaffen zum Gegenstück hat, durchaus die Spinnenaffen töten und essen kann, ohne fürchten zu müssen, sein Doppelbild umzubringen und selber das Leben zu verlieren. Die einzige Ausnahme bildet der Harpyienadler, der in der Nähe der Menschen wohnt, deren »Bild« er ist, und deshalb muß man sich, wenn man ihn tötet, notwendigerweise dem *unokai*-Ritual beugen, dem sich alle Mörder unterziehen: indem man den Vogel erlegt, tötet man sein menschliches Double. Das »Lebensprinzip« (*bei kë no uhutibi*) des Harpyienadlers kann ebenso wie das der Menschen kommen, um den Mörder zu quälen: das der anderen Tiere zeigt sich niemals.

Eine Person, die ihr »Bild« verliert, ist geschwächt, wird krank, sie kann sterben, wenn die Situation andauert. Um sie zu heilen, ahmen ihre Gefährten und Verwandten den Schrei und die Verhaltensweisen des »Bildes« nach. Es ist möglich, daß die Emblemtiere in der Vergangenheit dazu dienten, die Heiratsklassen zu bestimmen. Manchmal hört man sagen: »Die Spinnenaffen heiraten nur Ottern« oder »Die Jaguare heiraten nicht die Schlangen«. Doch gegenwärtig besteht keinerlei Unvereinbarkeit, und ein Mann kann eine Frau unabhängig von ihrem Bild heiraten, unter der Voraussetzung, daß sie für ihn eine Kreuzkusine oder eine gleichwertige Verwandte ist. Ein Mann, der sich an die Vorschriften hält, kann eine Gattin nur von einer Person empfangen, deren Emblemtier sich von dem seinen unterscheidet.

Der Pakt

Shokoriwë hat Kaōmawës Gastfreundschaft erhalten; sie sind Schwäger: früher war Shokoriwë der Mann von Kaōmawës Schwester gewesen, bevor sie an den Masern starb. Sie plaudern über dies und jenes, insbesondere über den Krieg. Shokoriwë fragt:
»Was ist mit Rakirawë los? Man sagt, er verliere den Verstand.«
»Das stimmt, er ist gestört. Wenn er von der Droge nimmt, will er alles zerschlagen, und man muß ihn anbinden. Nachts steht er auf, irrt im Haus umher, weckt die anderen auf, um sie zu beschimpfen und sich zu schlagen; rings um ihn bellen die Hunde und versuchen, ihn zu beißen.«
»Es wird wegen Katarowë sein, den er getötet hat.«
»Ja. Katarowës ›Lebensprinzip‹ ist in seinen Körper eingedrungen, es ist in ihm gewachsen und peinigt ihn: sein Opfer hat Besitz von ihm ergriffen, das bringt ihn durcheinander.«

Einen Augenblick lang beobachten sie Hiyomi im Schein der Feuer. Ihr Kind äußert den Wunsch zu trinken; aber da sie es rittlings in einem Rindengurt trägt, den sie mit der linken Hand festhält, und zu schwach ist, allein mit der rechten Hand die große Kürbisflasche zu heben, die das Wasser enthält, hockt sie sich hin, schiebt die freie Hand unter den Behälter und zieht ihn an ihren Körper heran. Sie preßt ihren Mund an den Flaschenhals, füllt ihn mit Wasser, legt dann ihre Lippen auf die des Kindes und läßt es trinken.

Die beiden Männer haben ihr Gespräch wiederaufgenommen.
»Die Kriege sind nicht mehr so ingrimmig wie früher«, bemerkt Kaōmawë. »Einmal haben die Unseren ein Baby geraubt, dessen Mutter sie getötet hatten. Es war ein Knabe, sie wußten nicht, was sie mit ihm machen sollten, sie ertränkten es, indem sie seinen Kopf unter Wasser hielten.«
»Wenn Blitze durch den Himmel zucken, ohne daß es regnet, dann heißt das, daß genau in diesem Augenblick Krieger ihre Pfeile auf Feinde schießen. Wenn Krieger aufbrechen, kann man das Geräusch der Bambusspitzen hören, die sie mitnehmen. Die Pfeilspitzen der *sikorobirimi*-Art machen: *sei, sei*; die anderen machen: *wēh, wēh*. Jene, die man angreifen wird, können des Nachts, wenn sie auf der Hut sind, dieses Geräusch wahrnehmen. Dann rufen sie den anderen zu: ›Seid auf der Hut, da kommt das Geräusch der Pfeilspitzen auf uns zu!‹«
»Einmal habe ich deutlich das mit den Pfeilspitzen der Krieger

Krieg und Bündnis

verbundene Geräusch gehört. Ich habe nicht weiter darauf geachtet. Am nächsten Morgen lag ich noch in meiner Hängematte. Ich hatte gerade eine Banane gegessen und streckte die Hand aus, um eine weitere zu packen. Plötzlich vernahm ich das Geräusch eines abgeschossenen Pfeils. Ich zuckte zusammen und wurde vom Schaft des Pfeiles gestreift, er trug eine mit Curare getränkte Spitze. Sofort stürzten wir uns auf unsere Bogen, um die Angreifer zu verfolgen.«

»Nach einem ähnlichen Angriff wurde ein Mann aus Shibariwë getötet, erinnere dich! Sie kehrten von einem erfolglosen Angriff auf Mahekoto zurück. Die Krieger aus Mahekoto waren dann losgerannt und hatten eine lange Schleife gezogen, um die Angreifer auf dem Heimweg zu überraschen. Die Angreifer kehrten also ahnungslos zurück. Ihre Gruppe wurde von einem Mann angeführt, der die Vorsichtsmaßnahmen außer acht gelassen hatte und allein vorausgegangen war. Plötzlich stand ihm ein Feind gegenüber, einen Pfeil auf der Sehne seines Bogens, und tötete ihn. Als die Männer aus Shibariwë ihren Gefährten tot auffanden, fürchteten sie um ihr eigenes Leben, und sie ließen den Leichnam liegen. Als sie ihn später holen kamen, stank er schon; sie verbrannten ihn an Ort und Stelle.«

»Auch ich wäre wegen einer solchen Unvorsichtigkeit einmal fast umgekommen. Einige Frauen waren fischen gegangen, als sie von Feinden überrascht wurden: zwei von ihnen wurden getötet, zwei weitere verletzt, und ein kleines Mädchen, das sie begleitete, wurde gefangengenommen. Sobald wir es erfuhren, nahmen wir die Verfolgung der Angreifer auf. Wir rannten los und versteckten uns auf ihrem Weg: ›Dort sind sie, dort sind sie‹, sagten wir. Aber man warnte uns: ›Stellt euch nicht hier hin, der Wald ist »leer«, sie sind in jene Richtung gegangen.‹ Wir legten uns also anderswo auf die Lauer. Ich hatte mich hingehockt und machte mich so klein wie möglich, aber wir warteten vergeblich, die Feinde tauchten nicht auf, wo wir sie erwarteten. Ich ging mit einem anderen fort. Wir kamen zu dem Hügel des ›weißen Steins‹. Dort hörten wir die Stimmen unserer Feinde: *hōhō, ōhō!* Ich kroch mit meinem Gefährten näher an sie heran. Bald waren wir so dicht bei ihnen, daß wir ihre Stimmen deutlich hören konnten. Sie sagten: ›Entrinden wir diesen Baum, wir werden ein Seil machen.‹ ›Seid leise, wir können verfolgt werden.‹ Um schneller laufen zu können, trugen sie das kleine Mädchen auf ihrem Rücken. Wir waren

Der Pakt

ganz nah, ich erhob mich langsam und spannte meinen Bogen mit aller Kraft, aber der Knoten der Sehne verrutschte auf dem Holz, und mein Pfeil ging nicht los. Der Pfeil meines Gefährten traf sein Ziel: man hörte einen lauten Schrei bei den Gegnern. Später erzählte man uns, daß die Pfeilspitze ein sehr großes Loch in die Brust gerissen hatte und daß die Augen des Verwundeten riesig geworden waren. Ich begann zu fliehen, ganz allein. Ich rannte geradeaus und geriet mitten in die Gruppe der Feinde, die kehrtgemacht hatten. Sie richteten ihre Pfeile auf mich; wieder begann ich zu laufen. Plötzlich verfing sich mein Bogen in einem Ast, ich zog an ihm, aber er kam nicht. Schon umringten mich die anderen. Sie ließen sich Zeit, da sie wußten, daß ich nicht entkommen konnte, bedächtig steckten sie ihre Curare-Spitzen auf. Ich dachte an meinen nahen Tod. Mit einem Mal hörte ich ein dumpfes Grollen im Wald, es kam näher und schwoll ganz schnell an: es war der Sturm. Ein heftiger Wind begann zu blasen, er machte großen Lärm; trockene Äste fielen rings um mich nieder. Dann regnete es. Da faßte ich meinen Entschluß, ich rannte geradeaus, wie ein Tapir, so schnell ich konnte, mit aller Kraft. Ich blieb erst stehen, als ich außer Atem war, völlig erschöpft. Ich lauschte auf die Geräusche, aber alles war still: der Wind hatte sich gelegt, der Regen tropfte langsam. Niemand. Dank dem Gewitter hatte ich meinen Verfolgern entrinnen können. An jenem Tag wäre ich wirklich fast gestorben.«

Zeitweilig ist die Nacht von Schluchzern und Totenklagen aufgerührt worden. Doch am Morgen erwacht man nach und nach und reckt gemächlich die steifen Glieder. Die Sonne steigt. Man unterhält sich von Hängematte zu Hängematte, schält Palmfrüchte und knabbert sie bedächtig. Ein Auflachen, ein Hundebellen, das Weinen eines Kindes sind die einzigen hervorstechenden Geräusche dieses friedlichen Vormittags.

Die Sonne hat den Zenit schon überschritten, schon neigt sie sich dem Horizont zu, als Ebrëwë mit seiner kräftigen Stimme ruft:

»Junge Männer, setzt euch unverzüglich in Bewegung, jetzt muß es sein.«

Nun laufen einige Heranwachsende mit Bogen und Pfeilen um den Platz herum, am äußersten Rand des Daches entlang – von links nach rechts, wenn man dem Wald den Rücken kehrt. Sie gehen hinterein-

ander und lassen dabei die Sehne gegen das Holz ihres Bogens klatschen; das macht ein trockenes und kaltes Geräusch. Während sie sich im Kreis drehen, nimmt Kaõmawë die Kürbisflasche mit der Asche von Sɨsɨwë, der von Mahekoto getötet worden ist, und färbt sie mit Urucu rot. Der Wachsverschluß wird entfernt. Schon kommen die erwachsenen Männer mit ihren Waffen und ihren Köchern; sie stehen dicht nebeneinander; zu ihrer Rechten haben sich die Frauen hingesetzt. Alle weinen und singen, man sieht Tränen über ihre Wangen rollen. Kaõmawë schüttet den Rest der Asche in eine große, zur Hälfte mit Kompott gefüllte Kalebasse. Als die Mischung bereit ist, reicht er sie Mabroma, dann Kokobirima und Moth okama; die Frauen trinken in raschen Zügen, ohne Atem zu holen. Kein Mann verzehrt die Asche, nur die Frauen dürfen die Reste eines im Krieg getöteten Mannes »trinken«.

Als sie fertig sind, wird der leere Behälter zerbrochen, und man legt die Scherben auf das Feuer. Man bringt andere Gegenstände herbei, die dem Toten gehört haben, einige noch in schmutzige alte Stofflappen gewickelt. Man klebt Flaum auf die lanzenförmigen Pfeilspitzen, und eine alte Frau tanzt mit ihnen auf dem Platz in der Mitte. Man zerhaut einen Köcher mit der Ma-

Junger Festteilnehmer

Der Pakt

chete, zerreißt den Beutel, der die Vogelbälge und die Federn enthält, mit denen der Tote sich schmückte, zerbricht die Pfeilspitzen, löst die Perlen einer Halskette, holt Angelhaken aus einer Zündholzschachtel; alles Brennbare wird ins Feuer gelegt, der Rest in den Fluß geworfen. Eine Machete, die beiseite geschafft werden muß, wird man später auf ein Ameisennest legen; die Insekten werden sie im Herzen ihrer Behausung begraben.

Das Feuer hat diese bescheidenen Reliquien noch nicht verzehrt, als ein so schauriges Geheul die Wohnstatt erfüllt, daß man vor Schreck erstarrt. Sofort nehmen einige junge Männer Äxte und Macheten zur Hand, einer befestigt die große Blechscheibe an seinem Rücken, auf der gewöhnlich die Droge zerstoßen wird; ein anderer trägt das Schnupfrohr und die Päckchen mit feinem Pulver. Sie tanzen um den Platz herum, aber ihre Gesten sind unerträgliche Karikaturen: verrenkte Puppen des Todes mit verdrehten Augen. Ihre ganze Haltung flößt Entsetzen ein, und tatsächlich ist man ringsum verstummt, um sie vorbeiziehen zu sehen. Bald begeben sie sich in die Mitte des Platzes, das Blech wird abgelegt, und sie blasen sich gegenseitig starke Dosen des Rauschmittels ein. Erasiwë wird von der Substanz tobsüchtig, er schleudert Holzscheite auf die Hunde und tritt beinahe auf die Feuerstellen. Die Frauen lenken ihn ab und räumen alles beiseite, was verwunden kann.

In diesem Augenblick verlassen einige Erwachsene das Feuer, an dem die Totenasche »getrunken« worden ist, und gehen auf die bewußtlosen jungen Leute zu. Sie bewegen sich langsam fort, nicht stehend und laufend, sondern auf dem Boden kriechend, wobei sie sich absichtlich mit Erde beschmutzen, die sie mit vollen Händen werfen. Sie mischen sich unter die Heranwachsenden und nehmen ebenfalls starke Dosen der Droge. Unterdessen hat man auf Kaōmawës Geheiß einen großen Teil des Hauses frei gemacht: die Hängematten wurden abgebunden, die Hausgeräte anderswo hingeschafft; der Raum ist leer. Genau auf diese Stelle gehen nun die Männer zu, wie Enten watschelnd, immer noch mit Erde werfend; sie drehen die Augen zum Himmel und spreizen die Ellbogen ab, während sie sich mit den Händen hart auf die Brust schlagen und die Zunge aus ihrem abscheulich grinsenden Mund hängen lassen. Als sie unter dem Dach, an der Stelle der Feuer angekommen sind, verstreuen sie die Asche, unbekümmert um die noch glühende Kohle, werfen alle Holzreste in die

Krieg und Bündnis

Luft, wälzen sich in den Feuerstellen, ohne sich vor Verbrennungen zu fürchten und offenbar ohne den Schmerz zu scheuen. Wenn die Feuer, die brennenden Scheite, die Glut und die Asche verstreut und erloschen sind, nehmen die Männer, grau geworden, einen breiten Raum auf dem Platz ein und setzen sich dort paarweise, jeweils ein Gast und ein Gastgeber, mit verschlungenen Beinen einander gegenüber und geloben einander Freundschaft und Bündnis. Damit besiegeln sie einen Pakt gegenseitiger Hilfe: die Feinde des einen werden auch die Feinde des anderen, und die Besucher verpflichten sich, die Rache an dem Toten gemeinsam zum Abschluß zu bringen. Schon am nächsten Tag werden sie zusammen einen Kriegszug unternehmen. Dieses Ritual ist das *haōhaōmou*.

Bald kommt die Dämmerung, und Ebrëwë läßt noch einmal seine klangvolle Stimme vernehmen:

»Kinder, vergnügt euch! Vergnügt euch, jetzt kommt die Nacht!«

Bei diesem Ruf beschreiben alle großen Kinder und Heranwachsenden, etwa zwanzig Personen, ein weiteres Mal mit erhobenen Bogen und Pfeilen einen Kreis um den Platz in der Mitte. Nach einer Runde legen sie ihre Waffen ab und bilden einen festen Block aus ihren Körpern; sie drehen sich untergehakt im Kreis. Währenddessen werfen Erwachsene heiße Asche auf die dargebotenen Rücken, schlagen brennende Scheite über ihnen zusammen, um die Glut von ihnen abzuschütteln, und zünden dürre Blätter an. Die jungen Männer drehen sich ohne Unterlaß, ihre Füße treten auf glühende Kohlen, ihre Körper erhalten grausame Wunden, aber sie müssen standhaft bleiben und dürfen keinen Schmerz zeigen. Mitunter hat man den Eindruck, als würde die Gruppe auseinanderbrechen: sie zögert, teilt sich einen Augenblick, um sich sofort von neuem zu formieren, eine wogende Masse, auf die ein Feuerregen niedergeht. Frauenstimmen brüllen von ferne Aufmunterungen, ermahnen die jungen Männer, *wait^{h}eri* zu sein. Die in der hereinbrechenden Dunkelheit um die schweißtriefenden Körper stiebenden Funken, die Bewegungen und die Schreie – das alles bildet ein phantastisches Schauspiel.

Ein neuer Tag bricht an. Die Frauen legen die in der Nacht gebackenen Fladen zusammen. Aber die Krieger haben es nicht eilig, sie kennen die Strecke, die sie zurücklegen müssen, und wissen schon, wo sie schlafen werden: es ist unnötig, zu früh aufzubrechen. Die Männer prüfen ihre Pfeile und wählen die besten aus, sie lösen die Spitzen ab, um sie sorgfältig wieder zu befestigen, und ersetzen zuweilen eine lanzenförmige Spitze oder eine Harpunenspitze durch einen vergifteten Stachel. Sie nehmen alles Überflüssige aus den Köchern heraus. Keine Nervosität ist zu spüren, vielleicht sind ihre Gesichter etwas strenger als sonst.

Mabroma bereitet Tabak zu, während neben ihr Ebrëwë's Frau Maniokfladen in einen grob geflochtenen Korb stapelt. Kinder spielen. Kremoanawë, der eine leichte Fußverletzung hat, erklärt, daß er an dem Kriegszug nicht teilnehmen wird. Er sagt:

»Ich habe Schmerzen, ich will nicht mitgehen.«

»Wäre nicht der Schlangenbiß, der mich am Laufen hindert«, antwortet sein Vater, »dann wäre ich bestimmt gegangen. Aber ich kann nicht. Doch einer von uns muß mit. Diesmal werden wir Kasiyewës Söhne töten.«

Kasiyewës Söhne, das sind die Einwohner von Mahekoto: die Feinde.

Die Männer essen geröstete Plátano. Frërema befestigt seinen Köcher, Ebrëwë umwickelt seine Hängematte mit Schlingpflanzen. Alle, die an dem Streifzug teilnehmen, bemalen sich mit Holzkohle. Bei dieser Bemalung geht es nicht um

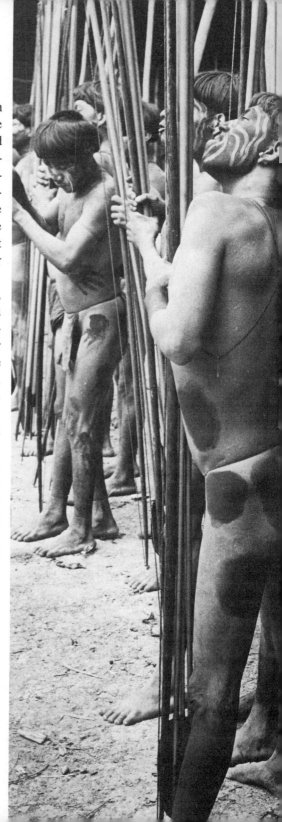

Die auf dem Platz in der Mitte aufgereihten Krieger sind bereit, in den Krieg zu ziehen

Krieg und Bündnis

Schönheit: die Gesichter werden grob geschwärzt und die mit schwarzer Farbe gefüllten Hände auf den Körper gedrückt. Es ist ein Erkennungszeichen, das die Krieger wie ein Kleidungsstück tragen, die schwarze Farbe symbolisiert den Krieg und den Tod. Schließlich malt sich auch Kremoanawë an; seine harmlose Wunde war ein zu schlechter Vorwand.

Als sie fertig sind, hält Bokorawë den Kriegern eine Ansprache. Es gilt, so erklärt er, unversöhnlich Rache zu üben, so viele Feinde zu töten wie möglich und Kasiyewë – schiefes Maul – den Preis des Todes zahlen zu lassen. Kaum hat er gesprochen, als plötzlich von einem Ende der Wohnstatt zum anderen ein heiseres Geschrei ertönt; die Männer aus Karohi stellen sich am äußersten Rand des hohen Teils des Daches in einer Reihe auf und kehren den nahen Feuern entschlossen den Rücken. Alle tapferen Männer sind dort, mit Ausnahme der ältesten. Die Männer aus Tayari haben sich ihnen gegenüber versammelt und bilden einen festen Block; als sie sich in Bewegung setzen, stoßen sie kehlige Schreie aus, kreuzen ihre Bogen und Pfeile in einer herausfordernden Haltung oder schlagen ihre Pfeile aneinander und lassen die Sehnen gegen die Bogen knallen. Sie stellen sich rechts neben die Krieger aus Karohi, die Männer aus Hōkanakawë links neben sie. Alle zusammen bilden sie eine tadellose Linie aus nackten, schwarzverschmierten Körpern, stolzen und unbeweglichen Gesichtern. Sie sind etwa vierzig. Einen Augenblick stehen sie reglos, dann heben sie auf ein Zeichen von Ebrëwë feierlich ihre Waffen in einer langsamen Wellenbewegung: man meint, vom Wind gebeugte Schilfrohre zu sehen.

Unauffällig haben Frauen Proviant neben den Weg gelegt, den die Männer bald einschlagen werden: kleine Mädchen stellen sich dort auf, um Pakete zu überreichen. Im Vorbeigehen nehmen die Männer die für sie bereitete Nahrung in Empfang, ohne stehenzubleiben, und verschwinden im Wald. Zuerst folgen sie dem vorgezeichneten Weg, dann rasten sie. Als sie wieder aufbrechen, gehen sie quer durch den Wald und orientieren sich an den Wasserläufen, den Unebenheiten des Bodens, den verschiedenen Hindernissen, die sie seit vielen Jahren kennen. Ihre Mienen haben sich im Laufe der Wanderung aufgeheitert, ab und zu wird ein Scherz laut. Weder das Jagen noch das Sammeln von Früchten haben ihre Rechte eingebüßt: man hält inne, um Brasilnüsse zu essen, Raupen aufzulesen, eine Kröte auszugraben; man verfolgt

Der Pakt

eine Horde Affen, erlegt einen Vogel. Erst am nächsten Tag wird das Unternehmen wirklich ernst werden.

Sie machen halt, als sich die Sonne dem Horizont zuneigt; in diesem Augenblick dringt das Licht nur noch mit Mühe durch das dichte Laub, dann verfinstert sich der Wald, und mit einem Schlag ist es Nacht. Das Lager wird am Ufer eines Baches angelegt. Im Nu sind die Unterkünfte errichtet und mit Blättern bedeckt. Die meisten haben keine Hängematten, sie machen sich welche aus Rindenstreifen. Wer seine gewohnte Hängematte oder eine Machete mitgenommen hat, wird sie am nächsten Tag hier zurücklassen, um sie später wieder einzusammeln: wenn man einen Angriff startet, belastet man sich nicht mit überflüssigen Dingen.

Es ist ihnen nicht unbekannt, daß man in Karohi während ihrer Abwesenheit die *hekura* losgeschickt hat, damit sie die feindlichen Pfeile beschädigen; die Gefahr, getötet zu werden, wird dadurch geringer. Mit äußerster Vorsicht setzen sie am nächsten Tag ihren Vorstoß zu der gegnerischen Gruppe fort; wenn sie nahe genug sein werden, werden sie eine Puppe basteln, das grobe Bildnis eines Menschen, auf den sie ihre Pfeile abschießen werden; dieser Ritus soll ihrem Vorhaben dienlich sein. Sie werden eine weitere Nacht im Wald verbringen, sich diesmal jedoch ohne Feuer auf dem Boden ausstrecken und wach bleiben. Am frühen Morgen, noch bevor es hell ist, werden sie sich in eine Pflanzung oder am Rand eines Wegs auf die Lauer legen und reglos darauf warten, daß ein Feind sich zeigt, um ihn mit einem Hagel von Pfeilen zu beschießen; dann werden sie die Flucht ergreifen, um sich dem feindlichen Gegenangriff zu entziehen.

Die Feuer flackern. Pakete schmoren auf der Glut. Beim Ausweiden des Vogels ist nach Meinung der Krieger zuviel Blut herausgeflossen: ein schlimmes Zeichen. Rings um das Lager schwatzen Aras in der Dämmerung, Tukane stoßen kehlige Schreie aus, die sich von ihrem üblichen Gesang unterscheiden; eine Horde Affen hüpft über sie hinweg – lauter ungünstige Vorzeichen; diese Tiere sind keine wirklichen Tiere, sondern Boten, die ihre Feinde ausgeschickt haben, um sie zu belauschen.

Ebrëwë verbringt die Nacht unter freiem Himmel, er hat seine Hängematte zwischen zwei starke, quer verbundene Stangen aufgespannt. Als er aufwacht, verkündet er feierlich, daß er von einem Jaguar geträumt habe, der das Wasser eines Baches trank. Diese Vision

Krieg und Bündnis

verheißt nichts Gutes, und Ebrëwë ist der Meinung, man solle umkehren. Es fällt ihm nicht schwer, die anderen zu überzeugen, die nicht begierig sind, auf ihrem Vorhaben zu beharren, wenn alles sie vor der drohenden Gefahr warnt.

In Karohi wundert sich niemand über die unvermutete Rückkehr; drei von vier Kriegszügen sind dazu verurteilt, nicht zum Abschluß gebracht zu werden. Keiner macht ihnen ihre Besonnenheit zum Vorwurf: die Vorzeichen waren offensichtlich ungünstig, und man freut sich, die Männer lebendig wiederzusehen. In ihrer Abwesenheit hatte man den Kindern das Spielen verboten, man hatte dafür gesorgt, daß die Feuer nicht zu heftig lodern, man hatte darauf verzichtet, sich zu entlausen, und der Weg, den die Krieger beim Aufbruch eingeschlagen hatten, war den Frauen untersagt worden.

Kein Häuptling leitet die Kriegszüge; die erfahrensten und unternehmungsfreudigsten Männer setzen sich durch und überreden die Unschlüssigen. Im übrigen kommt es nicht selten zu Unstimmigkeiten über das, was zu tun sei. Je geringer die Zahl der Teilnehmenden ist, desto größere Aussichten bestehen, daß das Unternehmen gelingt; es ist schwierig, den Zusammenhalt einer großen Gruppe zu wahren, wenn es keinerlei Befehlsgewalt gibt, und dann scheitert das Vorhaben vorzeitig. Die Teilnahme an einem Streifzug ist kein Gebot – niemand hat Autorität genug, es zu erlassen –, sie hängt einzig vom herrschenden Moralkodex ab. Die jungen Männer haben das Bedürfnis, ihre Tapferkeit zu zeigen, der Krieg ist für sie das ideale Mittel, unter Beweis zu stellen, daß sie diese Tugend besitzen. Diejenigen, die ihren Ehedienst verrichten, beteiligen sich ausnahmslos an den Kriegen ihrer Schwiegerverwandten, sonst fallen sie in Ungnade und können als Feiglinge ausgestoßen werden. Ein guter Krieger – ein *waitʰeri* – besitzt einen höheren Status, er wird geachtet, gefürchtet, er nimmt Einfluß auf die politischen Angelegenheiten seiner Gemeinschaft, seine Meinung wird in Betracht gezogen. Der Krieg ist ein Mittel der Selbstdarstellung; man muß tapfer, wild, grausam sein. Jeder reife Mann hat die Pflicht, den Frevel zu ahnden, der den Seinen angetan wurde, und die Toten zu rächen; tut er es nicht, dann macht er sich verächtlich, er ist schwach, er fordert weitere Schläge heraus und wird in dem subtilen und gefährlichen Spiel des matriomonialen oder wirtschaftlichen Tauschs immer der Verlierer sein.

Am Abend vollziehen die Männer das *wayamou*-Ritual: am nächsten

Der Pakt

Tag werden die Gäste fortgehen. Sobald es dunkel ist, stößt ein Besucher die Anrufungsformel aus, ein Gastgeber nähert sich und antwortet ihm. Der Besucher verläßt seine Hängematte, um seinem Partner gegenüberzutreten und sich auf einen schwindelerregenden Wortwechsel mit ihm einzulassen, einen endlosen Wettstreit von kurzen und skandierten Sätzen, die von dem einen gesagt und von dem anderen wiederholt werden. Nacheinander haben sie das erste Wort. In diesem Redegefecht müssen sie ständig eine Erwiderung parat haben, sie dürfen sich nie irren, und sich nicht versprechen. Die stereotypen Sätze sind in kurze Sequenzen unterteilt, Umschreibungen und Metaphern sind die Regel. Jeder Yanomami-Dialekt besitzt Formen, die sich dieser Sprechweise anpassen; daher ist das *wayamou*-Ritual nicht dazu angetan, das gegenseitige Verständnis zu fördern, wenn die Redner weit voneinander entfernt leben.

Lange bevor sie an einem *wayamou*-Ritual teilnehmen müssen, üben sich die Heranwachsenden und sogar die Kinder regelmäßig darin, sie wiederholen die Formeln und summen sie an Regentagen oder abends vor dem Einschlafen vor sich hin. Es ist ein großes Ereignis für sie, wenn sie zum ersten Mal daran teilnehmen: es ist, als würden sie damit den Status eines Mannes erhalten.

Die Jüngsten kommen im übrigen als erste dran, zu Beginn der Nacht; in weiser Voraussicht beschränken sie sich häufig auf auswendig gelernte Formeln, die sie geschwind aufsagen. Mit fortschreitender Dunkelheit treten immer ältere Männer auf den Plan, um mit Worten einander die Stirn zu bieten; ihre Meisterschaft ist größer, und der Tonfall verändert sich; sie können improvisieren und eine Botschaft, eine Information, eine Bitte in die Rede einflechten: mit ihnen wird der Ritus vernünftiger, die Sätze erhalten Sinn; bald wetteifern sie in gesungener Form, teilnahmslos; bald werden ihre Stimmen unhörbar, vertraulich, sie unterhalten sich; dann plötzlich wechselt der Rhythmus, und der Redefluß gewinnt wieder an Fülle und Kraft.

Das *wayamou*, das mit der Nacht begonnen hat, endet erst bei Morgengrauen; dann sind alle männlichen Stimmen heiser von den Ausschweifungen.

Nach einer kurzen Ruhepause und einem kargen Mahl müssen die Besucher nun nur noch die Tauschgeschäfte erledigen, die stets dem Aufbruch vorausgehen. Es gibt kein Bündnis ohne Handel. Einen politischen Pakt schließen heißt stillschweigend akzeptieren, in die

Krieg und Bündnis

Zyklen des wirtschaftlichen und matrimonialen Tauschs einzutreten. Neutrale Beziehungen sind undenkbar; entweder sind sie friedlich und gehen mit kommerziellen und matrimonialen Tauschgeschäften einher, oder aber es herrscht Krieg: man kann nur Freund oder Feind sein. In manchen Gemeinschaften ist der Satz »Ich werde nichts geben« oder »Ich werde dir nicht geben, was du verlangst« mit der Gefahr verbunden, einen Keulenschlag zu erhalten; die Ablehnung der Gabe ist beleidigend und wird als ein Akt der Feindseligkeit begriffen.

Jedes Fest, diese große Bündnismesse, endet zwangsläufig mit Handelsbeziehungen, die die Partner binden.

Dennoch gehen die Verhandlungen nicht ohne erbitterten Streit vor sich. Die Partner bewegen sich an der äußersten Grenze des Bruchs, aber gerade dieses riskante Spiel, diese Lust am Zusammenstoß bereitet Vergnügen. Die Yanomami handeln und feilschen für ihr Leben gern, nicht so sehr um der Sache selbst willen, der letztlich nur zweitrangige Bedeutung zukommt, sondern um des gesellschaftlichen und geistigen Elements willen, das jeder Tausch enthält. Auch um des Vergnügens willen, wenig später das, was man erhalten hat, wieder zu verschenken. Der Tausch ist Pflicht, und deshalb ist Hortung unmöglich. Das einzige Laster, das die Yanomami-Moral kennt, ist der Geiz, und für ihn hat man sich eine Strafe ausgedacht, die sich mit derjenigen vergleichen läßt, die die Christen für ihre Sünder vorsehen: das Feuer; freilich mit dem Unterschied, daß das Yanomami-Feuer himmlisch ist und die Seelen offenbar ohne Qualen darin verbrennen. Wenn die Indianer den Gewinn maximieren, dann also nicht aus Lust an der Akkumulation, sondern um des Prestiges und der geheimen Befriedigung willen, die mit der Verteilung und Neuverteilung der Reichtümer einhergehen.

Bei diesem Männerspiel kommt auch den Frauen eine nicht geringe Rolle zu. Sie zügeln die männliche Freigebigkeit, wenn sie auf seiten der Gastgeber stehen; sie spornen zur Erhöhung des Gewinns an, wenn sie dem anderen Lager angehören. An diesem Morgen zum Beispiel hat Mabroma hinter dem Haus einen Topf versteckt, den sie nicht hergeben will. Und sie ist auch dagegen, daß Kaōmawë die Baumwolle, die man ihm anbietet, gegen einen Hund tauschen will; wenn sie schließlich nachgibt, so deshalb, weil der Empfänger verspricht, später einen Korb Tabak zu schicken.

Während die Männer noch miteinander sprechen, machen sich die

Der Pakt

Frauen auf den Weg, und auf ihrem Rücken schwanken Kiepen vollgestopft mit Geräten, Hängematten und Lebensmitteln. Sie bewegen sich mit schwerfälligen Schritten voran, jener besonderen Gangart, die den Yanomami eigen ist, wenn sie Lasten tragen: sie drehen die Füße nach innen, um das Gleichgewicht besser zu halten und sich am Boden festzukrallen.

Die Besucher erheben sich; plötzlich sind sie verstummt, und ohne einen Abschiedsblick übertreten sie die Schwelle des *shabono* und verschwinden im Wald, wie von ihm verschluckt. In dem großen entvölkerten Haus spürt man mit einem Mal, doch nur für kurze Zeit, den Druck einer Abwesenheit, die Traurigkeit, wieder unter sich zu sein, die Nüchternheit der alltäglichen Arbeiten.

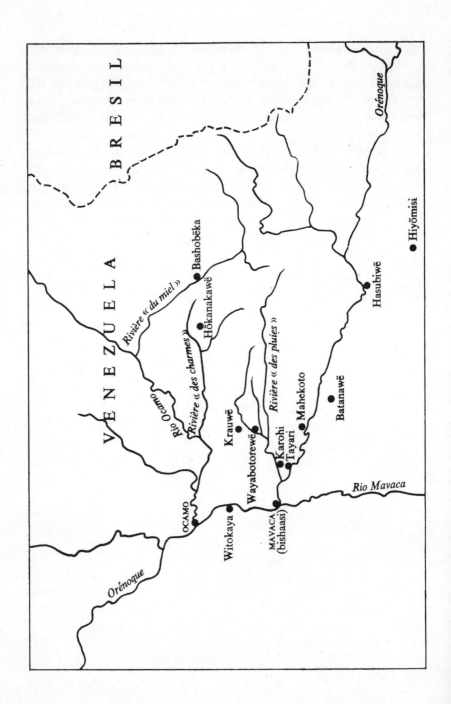

Anmerkungen zur Transkription

Bei der Notierung der Yanomami-Wörter wurden folgende phonetische Zeichen gewählt:

ë [ə] wird etwa wie das »e« in »Mensch« bzw. in dem französischen Artikel »le« ausgesprochen,

ɨ ist ein zentrales »i«, bei dem der Rücken der Zunge an den Gaumen gedrückt wird,

t^h ist ein aspiriertes »t«,

sh [š] wird wie das deutsche »sch« ausgesprochen,

r ähnelt dem gerollten spanischen »r«,

Eine Tilde über einem Vokal bedeutet, daß er nasal ausgesprochen wird.

Um den Leser nicht zu verwirren, haben wir uns einige Freiheiten in bezug auf die phonetische Notierung genommen: anders als üblich haben wir Ortsnamen und Personennamen mit großen Anfangsbuchstaben versehen und nicht kursiv gesetzt. Die Nachsilbe -t^heri, die in alle Namen von Gemeinschaften angehängt wird (karohi-t^heri), wurde der Einfachheit halber weggelassen.

Glossar

amahiri	Chthonische Wesen, kahl, sie ähneln den Yanomami. Mit demselben Wort bezeichnet man auch die verwesten und phosphoreszierenden Pflanzenreste.
ami kë u	Berauschendes rotes Getränk, aus einer mythischen Frucht gewonnen. Es bildet die Nahrung der *hekura,* dient ihrer Körperbemalung.
aroami	Giftschlange, deren Biß tödlich sein kann: *Bothrops atrox.*
aroari këki	Knollengewächs der Art *Cyperus,* wird in der schwarzen Magie verwendet.
baushimi	Banane mit blaßrotem, mehligem Fleisch.
bëna	Kleines Nagetier (nicht identifiziert) mit rotem Fell, lebt in den Bergregionen der zentralen Yanomami; sein Fell wird als Zauber in der schwarzen Magie verwendet.
bei kë maki	Felsen, in denen die *hekura* hausen.
bei kë mi amo	Die »Seele«, das »Zentrum« einer Person, sein Verlust hat den Tod des Körpers zur Folge; es ist gleichsam das »Lebensprinzip«.
bei kë no uhutibi	Synonym von *bei kë mi amo.*
bei yë o	Ausruf, soll möglichen Feinden zu verstehen geben, daß man auf der Hut ist.
bishaa kë henaki	Pflanze, *Calathea altissima* (Peopp. und Endl.). Die Blätter werden zum Einwickeln und zum Kochen auf dem Feuer verwendet, manchmal auch zum Bedecken der Unterkünfte im Wald.
boko no warebi	Bezeichnet eine Person, die großes Geschick bei der Jagd auf Wildschweine besitzt.
bore kë hi	Baumart (Baum des Gespenstes), nicht identifiziert.
bore koko	Imaginärer Vogel, er bildet die übernatürliche Welt der *hekura.*
braiai	Vorstellungsritual, mit Tanzschritten im Laufe der Feste ausgeführt.
eeeeri	Ein kleiner Tukan, wahrscheinlich der *Pteroglossus flavirostris azara.*
fëifëiyomi	Vogel, *Lipaugus vociferans.*
habrabiwë	*hekura,* die den Körper eines toten Schamanen verlassen und in den Körper eines noch lebenden Schamanen überwechseln.
hama	Besucher.
haöhaömou	Ritual, das paarweise und am Tag im Laufe eines Festes ausgeführt wird, um ein Bündnis zu besiegeln und sich gegenseitige Hilfe zu versprechen.

Glossar

hekura	Übernatürliches Wesen, bildet die übernatürliche Welt der Schamanen; Geist einer Pflanze, eines Tiers oder eines natürlichen Elements. Die *hekura* ziehen in die Brust des Schamanen ein, dem sie ihre Kräfte verleihen.
hemare	Baum derselben Familie wie der Kakaobaum, *Theobroma sp.*
hera	Dämon, der im Haus der Seelen lebt, in der himmlischen Welt, in Gesellschaft von Donner.
heri	Nächtliches Jagdritual, im Zusammenhang mit dem Verzehr der Totenasche in Bananenkompott.
hiima	Besonders in der dritten Person des Possessivums gebraucht; bezeichnet im allgemeinen jedes gezähmte oder Haustier, unter anderem den Hund.
hoko	Palme, *Oenocarpus bataua* Mart. Aus ihrer Frucht wird ein sehr nahrhaftes Getränk zubereitet, das die gerösteten Plátano begleitet.
hoko siki	Wedel der *hoko*-Palme, bei den Vorstellungstänzen verwendet.
hōrema	Vogelart, wahrscheinlich ein Steißhuhn. Sein Gesang wird mit der Sintflut sowie mit den Wildschweinen verbunden.
hutumi	Vogel, *Momotus momota aequatorialis.*
kakuru (kakuruwë)	Milchiger Stein, hart wie Quarz. Kakuruwë ist der mit diesem Stein verbundene Geist.
kanaye	Baum, *Tachigalia paniculata* Aubl.
kaomari	Raubvogel, der sich von Schlangen ernährt; *Micrastur ruficollis.*
kareshi	Palme, *Maximiliana regia* Mart. Ihre Frucht ist eßbar, ebenso ihr Kern und ihr Mark.
këkɨ	Abkürzung; Felsen in denen die *hekura* leben.
ketiba kë henakɨ	Blatt der *Ravenala guianensis*. Wird zur Abdeckung der Windschirme verwendet.
kōbari	Vogel, *Buteo albicantatus*. Sein Schrei ist ein böses Omen.
komishi kë henakɨ	Blatt des *Geonoma vgl. baculifera* (Poit.) Kunth.
kowahito	Volk von Wasser- und Steppendämonen.
kreōmari	Tukan, *Ramphastos vitellinus.*
kumato	Ölhaltige Nuß des *Caryocar Villosum* (Aubl.) Pers.
kumiti	Pflanzliches Attribut der *hekura*.
kunamaru	Krötenart (nicht identifiziert); man glaubt, daß ihr Urin, auf der Brust der Schlafenden verströmt, den Tod verursachen kann.
kushë ha	Formel zur Erzielung der gewünschten Wirkung.
manaka	Grasartiges Gewächs, das in den Gärten angebaut und in der schwarzen Magie verwendet wird, um die Frauen unfruchtbar zu machen.
mārāshi	Vogel, *Pipila cumanensis (Cracidae).*
miyōma kë henakɨ	Pflanze mit breiten Blättern und dornenüberzogenem Stiel; sie dienen zum Kochen und zum Bedecken der Waldhütten.
momo	Baum, *Micranda rossii (Euphorbiaceae);* seine Frucht ist giftig: die Indianer machen sie durch langes Kochen und

Glossar

	Wässern eßbar.
morē	Baum, *Dacryodes burseraceae*. Trägt alle vier bis fünf Jahre; die Indianer meinen, daß Donner sein Herr ist.
morō	Kleiner Tatu (nicht identifiziert).
mraka nahi	Baumart (nicht identifiziert).
nabë	Bedeutet gleichzeitig und je nach dem Kontext: Fremder (Nicht-Yanomami), Feind, anders. Bildet mit dem Wort *yanomami* (menschliches Wesen) ein Gegensatzpaar.
naiki	Wer Appetit auf Fleisch hat; steht in Gegensatz zu *ohi*.
naikiri	Jene, die Hunger auf Fleisch haben, die Kannibalen.
nat^{h}eki wakabi	Wörtlich: »Hoden des Riesentatu«; charakterisiert eine Krankheit der Hoden, die anormal anschwellen.
nii	Bezeichnet jede Pflanzennahrung; steht in Gegensatz zu *yaro,* Wild.
nosi	Verbraucht, wertlos.
nosiyemou	Die Bitte aussprechen, etwas zu tun oder tun zu lassen. So wird ein Fest genannt, das darin besteht, junge Männer Prüfungen zu unterziehen, in deren Verlauf sie ihre Unempfindlichkeit gegenüber Schmerzen unter Beweis stellen.
ohi	Hunger haben im allgemeinen, bezieht sich eher auf den Appetit auf Pflanzennahrung, steht in Gegensatz zu *naiki*.
ōi	Bienenart.
ōka	Zauberer. So heißen Personen, die auf feindliche Gruppen tödliche Substanzen »blasen«.
ōrihiyē	Bezeichnet krank angetroffene Tiere, die auf der Erde liegen; man glaubt, daß dies ein böses Zeichen ist, und hütet sich, sie zu essen.
rahaka shiiwë	So wird eine lanzenförmige Spitze genannt, sie soll die Ausbreitung der Fäkalien und einen sicheren Tod verursachen.
rasha	Palme, *Guilielma gasipaes* (HBK) Bailey. Ihre Frucht, die die Indianer hochschätzen, ist nicht zwangsläufig mit den Festen verbunden.
sikorobirimi	Bambusart; die Pfeilspitzen, die man daraus herstellt.
sina	Schlechter Schütze oder schlechter Jäger.
shabo	Beschwörungsformel der Frauen, zur Abwendung einer Krankheit oder eines Unglücks.
shabono	Rundhaus mit großem freien Platz in der Mitte, unabhängig von der Art der Konstruktion oder dem verwendeten Material.
shāki kë na	Schwarze Biene, die gern aus Verwesendem, Salz und Urin sammelt.
shamat^{h}ari	Für die zentralen Yanomami – um diese handelt es sich in diesem Buch – bezeichnet dieses Wort die südlichen Yanomami, die jenseits des linken Orinokoufers leben. Niemals bezeichnet *shamat^{h}ari* eine deutlich abgegrenzte Untergruppe, scheint nirgendwo eine Selbstbenennung zu sein; bildet ein Gegensatzpaar mit *waika*.
shanishani	Baum, *Miconia acinodendron* (L.) Sweet.

Glossar

shawara	Einer der Namen, mit denen die für Krankheiten und Seuchen verantwortlichen Dämonen benannt werden.
shitibori	Baum, *Jacaranda copaia*.
shobari kë wakë	Feuerglut der himmlischen Welt, in die die Seelen der Geizigen hineingeraten.
shoko	Auf Bäumen lebender Zahnlücker; der *Tamandua tetradactyla*. *Shokoriwë* ist der mit diesem Tier verbundene Geist.
shoro	Segler, wahrscheinlich der *Chaetura cinereiventris*.
shorori	Volk der *shoro*, Wasserdämonen, Herren des unterirdischen Feuers.
tabitabirimi	Kurze und runde Banane mit wohlriechendem süßem Fleisch.
tat^{h}e	Reif, im Hinblick auf Bananen; mit diesem Wort wird das Bananenkompott und ein geschlechtsreifes Mädchen bezeichnet (in letzterem Fall steht es in Gegensatz zu *ruwë*).
teshomomou	Offizielle Einladung, mit der jedes Fest beginnt.
tiriou	Sich in großer Zahl versammeln.
tirurou	Beschwörung der *hekura* durch einen Schamanen; seine Art zu singen.
tokori	Baum, *Crecropia orinocensis* Standl.
t^{h}oru	Pflanze, *Amazonia arborea* Verhin.
unokai	Zustand, in dem sich ein Mörder befindet; Gesamtheit von Nahrungsverboten und Vorschriften, die ein junges Mädchen, das ihre erste Regel hat, zusammen mit ihrem Gatten befolgen muß.
ushu	Formel zur Abwehr eines Unglücks.
ushuweimawë	Mit einem Fisch verbundener Geist.
waika	Terminus, mit dem die zentralen Yanomami ihre nördlichen und östlichen Nachbarn bezeichnen. Das Wort ist pejorativ, und keine Yanomami-Gruppe oder -Untergruppe nennt sich selbst *waika*. In keinem Fall bezeichnet das Wort eine bestimmte kulturelle Einheit. Es bildet ein Gegensatzpaar mit *shamat^{h}ari*.
wait^{h}eri	Grundwert im Moralkodex der Yanomami; bezeichnet den körperlichen Mut, die Fähigkeit, große Schmerzen zu ertragen, sowie die Fähigkeit, erhaltene Schläge zurückzugeben.
wakrashi	Onomatopöie.
waroo	Auf Bäumen lebende grünliche Schlange (nicht identifiziert).
watoshe	Diadem, das man den Schamanen während der letzten Phase ihrer Initiation aufs Haupt setzt; symbolisiert den Geist des Jaguar.
wayamou	Komplexes nächtliches Rederitual, das sich vornehmlich der Metapher und der Umschreibung bedient; konfrontiert einen Gast und einen Gastgeber während eines unterschiedlich langen Zeitraums (danach werden sie von Gefährten abgelöst). Das *wayamou*-Ritual ist in keinem Fall eine Art *lingua franca*, wie vermutet wur

Glossar

weyari	Die Dämonen der Abenddämmerung.
witiwitimi	Geselliger Vogel mit gespaltenem Schwanz (nicht identifiziert).
yaiyo	Totenklage ohne bestimmte Bedeutung.
yakōana	Bezeichnet die Halluzinogene, die man aus der Rinde bestimmter Bäume der Art *Virola* gewinnt, zum Beispiel *Virola elongata*.
yanomami	Vereinfachung von *Yanōmami*; dialektische Varianten: *yanōwami* und *sanima*; kulturelle und sprachliche Gesamtheit. Bedeutet »menschliches Wesen«, die »Gens«, Selbstbezeichnung der Indianer.
yaraka	Flacher und silbriger kleiner Fisch in Bächen.
yaro	Das erbeutete Wild, das Fleisch, die als eßbar geltenden Tiere.
yei	Palme der Art *Attalea*. Ihre Frucht ist eßbar.
yɨbɨ kë henakɨ	Strauch, *Sorocea guyanensis*. Seine Zweige werden für den Bau des Verschlages benutzt, in dem man die menstruierenden Mädchen absondert.
yohamɨ	Rebhuhnart (*Tinamidae sp.*).
yoi	Honigbienenart.
yōrimi	Vogelart (nicht identifiziert).
yubuu na	Salziges Gewürz, das aus der Rindenasche eines Baumes gewonnen wird.
yuri	Bezeichnet die Klasse der Fische.

Weitere Werke über die Yanomami

Biocca, Ettore, *Yanoáma,* Bari 1965; franz. Übers. Paris 1968 [dt.: *Yanoama. Ein weißes Mädchen in der Urwaldhölle,* übers. von Hans Boelicke und Anneliese Mönnick, Frankfurt-Berlin-Wien 1972].
Chagnon, Napoléon, *Yanomamö: The Firce People,* New York 1968.
– *Studying the Yanomamö,* New York 1974.
Cocco, Padre Luis, *Iyëwei-teri. Quince años entre los Yanomamos,* Caracas 1972, Escuela Técnica popular Don Bosco.
Lizot, Jacques, *Diccionario Yanōmami-Español,* Caracas 1974, Universidad Central de Venezuela.
– *El Hombre de la pantorilla preñada. Y otros mitos Yanomami,* Caracas 1975, Fundaciôn La Salle de Ciencias Naturales.
Zerries, Otto, *Waika: Die kulturgeschichtliche Stellung der Waika-Indianer des oberen Orinoco im Rahmen der Völkerkunde Südamerikas,* München 1964.

Konstruktionen der Weiblichkeit

Renate Schlesier verfolgt die Freudsche Weiblichkeitskonstruktion durch alle historischen und systematischen Brechungen seines Werks. Bei dieser Rekonstruktionsarbeit werden die von Freud entwickelten Konzepte der Verdrängung, des Unbewußten und der Mythologie sowie die von ihm begründeten methodischen Verfahren auf die psychoanalytische Theorie selbst angewendet. Dabei wird die Ambivalenz der Freudschen Weiblichkeitskonstruktion deutlich: sie ist Repräsentation und Mystifikation der Weiblichkeit zugleich. *258 S.*

Listen der Ohnmacht

Dieses Buch zum Wandel weiblicher Widerstandsformen dokumentiert nicht nur den Übergang von offener Rebellion zu sanfter Subversion und zum Aufbau von „Gegenwelten" durch die Bürgerinnen, er belegt auch die Domestizierung von Eigensinn und Widerspenstigkeit: die Ausschließung der Frauen der Unterschichten aus jenen gesellschaftlichen Bewegungen, die von ihnen zunächst entscheidend mitgeprägt worden waren, also den Antagonismus in der Befreiungs- und Kampfgeschichte der Frauen selbst. *454 S.*

Einmischung

„Ich würde mir wünschen, daß dieses Buch, das den passenden und schönen Titel ‚Einmischung' trägt, als Geschichtsbuch in der Schule verwendet wird, denn hier lernt man wirklich etwas über die Geschichte der Frauen und was beide miteinander zu tun haben."
Manuela Reichart, Rias Berlin
„Das Buch ist so gut geschrieben, so persönlich in seinen Betrachtungen und Formulierungen und darum so informativ wie seit langem keines mehr über die Frauenbewegung."
Viola Roggenkamp, Die Zeit
„Es ist ein Genuß, dieses Buch zu lesen, sich zu identifizieren, zu ärgern, auf jeden Fall unendlich viel daraus zu lernen."
Emma

Savignystraße 61-63 **Europäische Verlagsanstalt** *6000 Frankfurt/M.*